Leseselbstkonzept zu Beginn der Grundschulzeit

AF147953

Kalina Petrova Koychev

Leseselbstkonzept zu Beginn der Grundschulzeit

Entwicklung eines
Fragebogens für die Bereiche Lesen
und Phonologische Bewusstheit

 Springer VS

Kalina Petrova Koychev
Universität Hamburg, Deutschland

Dissertation Universität Hamburg, 2011

ISBN 978-3-658-01609-8   ISBN 978-3-658-01610-4 (eBook)
DOI 10.1007/978-3-658-01610-4

Die Deutsche Nationalbibliothek verzeichnet diese Publikation in der Deutschen Natio-
nalbibliografie; detaillierte bibliografische Daten sind im Internet über http://dnb.d-nb.de
abrufbar.

Springer VS
© Springer Fachmedien Wiesbaden 2013
Das Werk einschließlich aller seiner Teile ist urheberrechtlich geschützt. Jede Verwertung,
die nicht ausdrücklich vom Urheberrechtsgesetz zugelassen ist, bedarf der vorherigen Zustimmung des Verlags. Das gilt insbesondere für Vervielfältigungen, Bearbeitungen, Über-
setzungen, Mikroverfilmungen und die Einspeicherung und Verarbeitung in elektronischen
Systemen.

Die Wiedergabe von Gebrauchsnamen, Handelsnamen, Warenbezeichnungen usw. in diesem Werk berechtigt auch ohne besondere Kennzeichnung nicht zu der Annahme, dass
solche Namen im Sinne der Warenzeichen- und Markenschutz-Gesetzgebung als frei zu betrachten wären und daher von jedermann benutzt werden dürften.

Gedruckt auf säurefreiem und chlorfrei gebleichtem Papier

Springer VS ist eine Marke von Springer DE. Springer DE ist Teil der Fachverlagsgruppe
Springer Science+Business Media.
www.springer-vs.de

Danksagung

Das vorliegende Buch wurde unter dem Titel „Entwicklung eines Fragebogens zur Erfassung des Leseselbstkonzepts zu Beginn der Grundschulzeit" als Dissertation von der Universität Hamburg, Fakultät für Erziehungswissenschaft, Psychologie und Bewegungswissenschaft, Fachbereich Erziehungswissenschaft angenommen.

Mein Dank gilt insbesondere Prof. Dr. Rosemarie Mielke, die diese Arbeit mit großem Engagement betreut hat, mich intensiv in allen Phasen beraten und immer an mich geglaubt hat. Sie hat immer Zeit für mich gefunden und mir wertvolle Ideen und praxisorientierte Denkanstöße gegeben. Nach jedem unserer Treffen habe ich mich bereichert und gestärkt gefühlt und noch motivierter weitergearbeitet.

Gedankt sei den Lehrkräften in Bulgarien sowie in Deutschland für die Kooperationsbereitschaft und für die investierte Zeit. Danke auch den Müttern und Vätern und den zahlreichen Kindern, die an dieser Studie teilgenommen haben, für Ihre Offenheit und Interesse.

Ich danke weiterhin meinen Freunden, die meine Arbeit gelesen und mir wertvolle Tipps gegeben haben. Namentlich möchte ich Vanja Ivancheva (Sofia) danken, die mich durch ihr Fachwissen in der grafischen Gestaltung unterstützt hat, und Dr.phil. Alexandra Bauer (Hamburg), die meine Texte mit Sorgfalt und Leidenschaft für die Wissenschaft immer wieder gelesen hat.

Mein besonderer Dank gilt meinen Eltern Stefka und Petar Petrovi und meiner Schwester Antoaneta, die mich in jeder erdenklichen Art und Weise unterstützt haben, sowie meinem Mann Milen Koychev, der meine Arbeit mitgetragen und mich gestärkt hat.

Ohne sie alle hätte ich das nicht geschafft.

Kalina Petrova Koychev

Inhaltsverzeichnis

Abbildungsverzeichnis

Tabellenverzeichnis

1. Einleitung und Gliederung der Arbeit

Die Entwicklung von Kindern im Grundschulalter wird zu einem großen Teil durch die Erfahrungen in der Schule bestimmt. Der Erwerb kultureller Grundkenntnisse, die Zunahme an persönlicher Eigenständigkeit aufgrund schulisch-organisatorischer Erfordernisse sowie Erfahrungen im sozialen Kompetenzbereich, unter anderem durch die Gleichaltrigengruppe der Klassengemeinschaft, sind nur einige einschneidende Erfahrungshorizonte, die in diesen Zeitabschnitt kindlicher Entwicklung fallen. Das Lesenlernen stellt dabei die zentrale Lernaktivität in den ersten Schuljahren dar. Die Leistungsfähigkeit im Lesen ist ein traditionelles Kriterium für die Erhebung der Lernleistungen der Kinder zu Beginn der Schule und Basis für den weiteren Schulerfolg.

Unter den vielen lern- und leistungsbezogenen Merkmalen eines Schülers/einer Schülerin übernimmt das Selbstkonzept eigener Fähigkeiten eine Schlüsselrolle für die subjektive Bewältigung schulischer Lernanforderungen und für die Bewertung der eigenen Leistungen. In diesem Zusammenhang gewinnt gerade das Leseselbstkonzept besondere Wichtigkeit. Dieses Selbstkonzept steht im Fokus der vorliegenden Arbeit. Gelingt es, frühzeitig das individuelle Selbstkonzept der Lernenden zu ermitteln, kann unter Umständen schon zu einem frühen Zeitpunkt positiv durch die Lehrperson darauf eingewirkt werden und auf diese Weise auch auf spätere Verläufe in den Lernbiografien von Kindern erfolgreich Einfluss genommen werden. Die Beschäftigung mit diesem Teilbereich schulischen Lebens beziehungsweise individueller Lernprozesse ist daher von entscheidender Bedeutung für den positiven Verlauf der schulischen Biografie jedes Kindes. Aus dieser Sicht versteht sich die vorliegende Untersuchung als Beitrag zur Grundlagenforschung, mit deren Hilfe weitere Instrumente der Diagnostik sowie didaktische Methoden und Materialien entwickelt werden können.

In der aktuellen Forschung zu diesem Thema wird ein Mangel an Erhebungsverfahren für die Zeit des Schulbeginns festgestellt. Es wird die Befürchtung geäußert, dass genau die Altersperiode des Schulbeginns sich als kritisch beim Aufbau des positiven Selbstkonzepts erweisen könnte, besonders in Bezug auf die Bildungseinstellungen der Lernenden (Guay, Marsh, Boivin, 2003; Marsh, Debus & Graven, 1991).

Die Arbeit gliedert sich in einen theoretischen und einen empirischen Teil. Der Stand der Selbstkonzeptforschung am Anfang der Grundschule wird sowohl im deutschen als auch im englischen Sprachraum anhand von Studien vorgestellt, die wichtig für die vorliegende Arbeit erscheinen. Einen Überblick über die aktuelle Forschungssituation mit ihren Ergebnissen und bestehenden Kontroversen soll Kapitel 2 vermitteln. Der Terminus *Selbstkonzept* als Schlüsselbegriff dieser Arbeit wird auch anhand dazu relevanter Untersuchungen in der Literatur definiert. Wesentlich erscheinen hierbei das multidimensionale, hierarchisch aufgebaute Shavelson-Modell (Shavelson et. al., 1976) sowie seine Modifikationen (etwa bei Marsch, Byrne & Shavelson, 1988). Anschließend werden weitere Konzeptionen vorgestellt, welche die gegenwärtige Forschung beeinflusst haben und die Entwicklung des Selbstkonzepts angemessen aufzeigen, wie etwa die Arbeit von Susan Harter (1999). Ferner wird die Beziehung zwischen Fähigkeitsselbstkonzept und schulischer Leistung diskutiert mit ausdrücklichem Hinweis auf die umfangreich und langfristig angelegten Münchener Projekte LOGIK und SCHOLASTIK und auch auf Herbert Marsh und seine zahlreichen empirischen Untersuchungen. Ein weiteres, wesentliches Augenmerk gilt den Genderunterschieden in Bezug auf Leistung und Selbstkonzept. Schließlich wird die Leseselbstkonzeptforschung unter besonderer Berücksichtigung der Arbeiten von Chapman, Prochnow und Tunmer (2000, 2003) dargelegt. In einem weiteren Abschnitt werden die Inventare zur Erhebung des Fähigkeitsselbstkonzepts im deutschen Sprachraum abgebildet. In den letzten Abschnitten des Kapitels 2.1 werden als spezielle Problematik die Selbstkonzeptmessung bei kleinen Kindern und die Rolle des positiven Selbstbildes in diesem Alter diskutiert.

Der zweite Teil von Kapitel 2 dient der Ausführung des Begriffs „Lesekompetenz" unter Berücksichtigung neuerer, für die vorliegende Arbeit relevanter Theorieansätze. Nach der Darstellung erprobter Stufenmodelle der Lesekompetenz im Grundschulalter werden Erklärungsansätze zur Entwicklung der Lesekompetenz (z. B. Beutel & Hinz, 2008) vorgestellt. Anhand von Ergebnissen prominenter Studien (z. B. IGLU, 2006) wird im Anschluss die Bedeutung der frühen Begegnung der Kinder mit Büchern in der Familie und die Förderung des Schriftspracherwerbs noch vor der Einschulung herausgearbeitet. Darüber hinaus werden die wichtigsten prädiktiven Vorläuferkompetenzen, die ein erfolgreiches Lesenlernen ermöglichen, sowie weitere Bedingungsfaktoren des Lesenlernens erörtert. Ferner wird als Begriffserweiterung die Phonologische Bewusstheit in ihren beiden Facetten (im engeren und im weiteren Sinn) vorgestellt. Aufgrund seiner Wichtigkeit wird der Terminus *Phonologische Bewusstheit* in der vorliegenden Arbeit als feststehender Begriff benutzt und daher in Großschreibung wiedergegeben.

Vor diesem Hintergrund werden die Forschungsziele und -fragen der vorliegenden Arbeit formuliert. Im Anschluss wird die Auswahl der bestehenden Instrumente, die zur Überprüfung der Validität des neuen Verfahrens dienen sollen, begründet.

Im Kapitel 3 wird das neue, zweisprachig konstruierte Verfahren zur Erhebung des Leseselbstkonzepts und eines *Selbstkonzepts Phonologische Bewusstheit* zu Beginn der Grundschule vorgestellt. Ziel der darauffolgenden Kapitel ist es, das neue Instrument auf seine Zuverlässigkeit und Gültigkeit zu überprüfen und zu analysieren. Ferner werden die beiden in den Ländern Deutschland und Bulgarien für diese Arbeit realisierten Untersuchungen vorgestellt. Es handelt sich dabei um eine Pilot- und um die folgende Hauptuntersuchung.

Kapitel 4 stellt die Pilotuntersuchung näher dar und beschreibt insbesondere die einzelnen Schritte der Neukonstruktion des Fragebogens in den beiden relevanten Sprachen deutsch und bulgarisch. Bevor die Ergebnisse der Validierung der Kinderleseselbstkonzeptskalen erläutert werden, werden Befunde und statistische Analysen zu den Instrumenten, die zur Berechnung der Kriteriums- und Konstruktvalidität mit einbezogen wurden, erörtert. Kapitel 5 geht auf die Hauptuntersuchung ein. Im ersten Teil des Kapitels werden die erfassten Konstrukte vorgestellt sowie erneut die psychometrischen Eigenschaften der Instrumente berechnet und interpretiert. Der zweite Teil des Kapitels beschreibt und diskutiert die Ergebnisse aller Selbstkonzept- und Leistungstests zu drei Messzeitpunkten in jedem Land und fasst die Resultate zusammen. Zu Kapitelende wird das Kriterium *Änderungsvalidität* erläutert und die dazu hier vorgenommenen Berechnungen mit ihren Ergebnissen dargestellt. Den Abschluss des Kapitels bilden die Vorstellung des Eltern- und des Lehrerfragebogens und die damit gewonnenen Befunde. Ein Überblick über die familiären und schulischen Bedingungen war im Hinblick auf die Berücksichtigung der Änderungsvalidität erforderlich. Kapitel 6 fasst die wichtigsten Ergebnisse zusammen und diskutiert sie kritisch.

Der Anhang, der unter www.springer.com auf der Produktseite dieses Buches verfügbar ist, enthält in vier Teilen eine weitere Skalendokumentation und alle im Rahmen dieser Projektarbeit gewonnenen Materialien.

2. Theoretischer Hintergrund

2.1   Selbstkonzept

Geschichte und Entwicklung der Selbstkonzeptforschung werden in dieser Arbeit nicht eingehend erörtert. Dazu darf auf eine ausführlichere Darstellung der Forschungstradition im englischsprachigen Bereich bei Trautwein (2003) und auf die umfangreiche Erläuterung der Vielzahl der Selbstkonzepttheorien bei Mummendey (2006) hingewiesen werden. Die vorliegende Arbeit bezieht sich auf einzelne ausgewählte Autoren und empirische Arbeiten, wie sie für die hier formulierte Fragestellung relevant erscheinen.

2.1.1   *Begriffsklärung*

Was ist unter den Begriffen Selbstbild, Selbstwertgefühl, Selbsteinschätzung, Selbstwahrnehmung, Selbstwirksamkeit bzw. Selbstkonzept zu verstehen? In der Literatur werden diese Begriffe different, zuweilen jedoch auch synonym gebraucht. Helmke (1992) schreibt: „Es gibt nur wenige Forschungsbereiche, bei denen eine Beschreibung des Forschungsstandes auf so große Hindernisse stößt wie bei der Selbstkonzeptforschung" (S. 18). Shavelson und Bolus schlagen vor: „Self-concept, broadly defined, is a person's perceptions of him- or herself" (1982, S. 3). Mummendey (2006) spricht statt von dem Selbstkonzept lieber von Selbstkonzepten und versteht darunter „(...) die Gesamtheit der auf die eigene Person bezogenen Beurteilungen und Bewertungen eines Individuums, also die Gesamtheit der Einstellungen zu sich selbst" (S. 7). Diese Einstellungen können sich auf die gesamte Person (bezeichnet als allgemeines Selbstkonzept, im Englischen – general/global self-concept) beziehen oder auf einen bestimmten Bereich, wie z. B. als Schwerpunkt dieser Arbeit, auf den schulischen Bereich und dessen Facetten. Helmke (1992) versteht das Selbstkonzept „(...) weniger als Bewertung oder Akzeptanz der eigenen Person, sondern primär als die aus einem entsprechenden deklarativen Wissen hervorgehende Einschätzung der eigenen Leistungsfähigkeit" (S. 20).

Das Selbstkonzept wird in dieser Arbeit als eine Gesamtstruktur verstanden, gebildet durch die Überzeugungen hinsichtlich der eigenen Person. Innerhalb dieser Struktur lassen sich allerdings Teilbereiche (Domänen) des Selbstkonzepts klar voneinander unterscheiden. Die vorliegende Arbeit beschäftigt sich mit einem Teilbereich, der sich auf die kognitive Leistungsfähigkeit bezieht. Solche Selbstkonzepte werden als schulische Fähigkeitsselbstkonzepte oder kurz nur Fähigkeitsselbstkonzepte bezeichnet. Unter dem Begriff Fähigkeitsselbstkonzept werden in ihrer Gesamtheit die kognitiven Vorstellungen (Repräsentationen) eigener Fähigkeiten in schulischen Leistungssituationen verstanden (vgl. Schöne, Dickhäuser, Spinath & Stiensmeier-Pelster, 2002, 2003).

Im Fokus dieser Arbeit steht ein Selbstkonzeptbereich, der im Rahmen der Selbstkonzepte eigener Fähigkeiten eine spezifische kognitive Fähigkeit, die in der Schule zu erwerben ist, und zwar das Lesen, definiert.

2.1.2   *Strukturmodelle in der Selbstkonzeptforschung*

Die pädagogisch-psychologische und die entwicklungspsychologische Forschung zum Selbstkonzept bietet eine Reihe unterschiedlicher Modelle und theoretischer Vorstellungen. Lange Zeit blieb die Struktur des Selbstkonzepts umstritten: Neben den eindimensionalen und horizontalen Selbstkonzeptmodellen und dem so genannten „Rope-Modell des Selbstkonzepts" (s. dazu Mummendey, 2006) wurden mehrdimensionale, hierarchische Modelle präsentiert. Durchgesetzt haben sich gegenwärtig die Modelle des hierarchischen Selbstkonzepts und deren Modifikationen (z. B. Shavelson, Hubner & Stanton, 1976; Shavelson & Bolus, 1982; Marsh, Byrne & Shavelson, 1988). Solche Modellkonzeptionen und -modifikationen erlauben mit der sie kennzeichnenden logischen Schlüssigkeit Ansatzpunkte für empirische Untersuchungen.

Rosenberg und Kaplan (1982) unterscheiden zwischen *self-concept* und *self-esteem* neben dem Begriff *self-efficacy* (Bandura, 1977). Mummendey (2006) findet in einer „(...) Aufzählung selbstbezogener psychischer Funktionen und Prozesse in gewisserweise die alte Trias von Wahrnehmung, Bewertung und Intention (...)" oder „Denken, Fühlen und Wollen" wieder und überträgt auf das Selbstkonzept das Modell von Rosenberg (1960), das auf Einstellungen (attitudes) bezogen war (vgl. Mummendey, 2006, S. 38 und S. 59).

So könnte das hypothetische Konstrukt „Selbstkonzept", im Einklang mit den drei Begriffen der Psychologie Denken, Fühlen und Verhalten, in ein Drei-Komponenten-Modell eingebettet werden (Abb. 1).

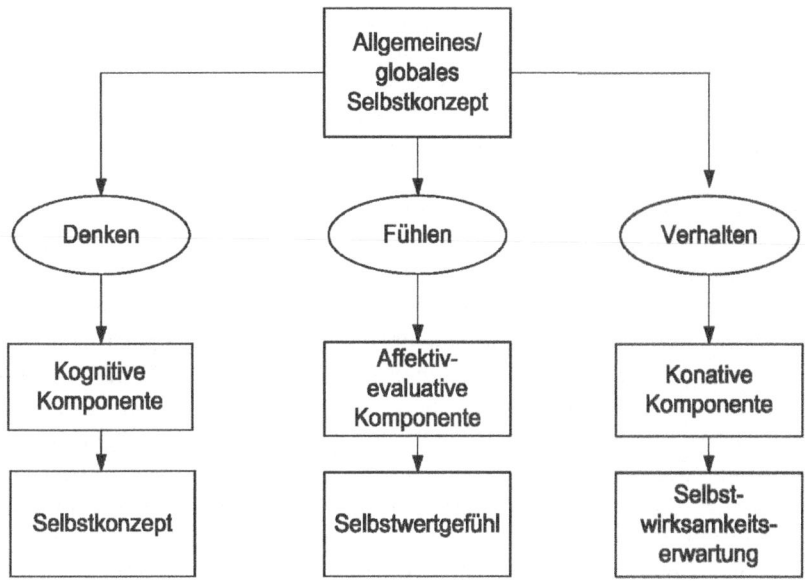

Abb. 1: Drei-Komponenten-Modell des Selbstkonzepts

Die kognitive Komponente besteht dann in der Wahrnehmung der eigenen Person einschließlich der Wahrnehmung eigener kognitiver Fähigkeiten. Das Selbstkonzept konstituiert und entwickelt sich in diesem Fall aus den Bewertungen der eigenen Kompetenzen als Ergebnis von bewältigten Anforderungen in Leistungssituationen. Für schulspezifische Situationen formuliert bedeutet das: „Selbstkonzepte beziehen sich auf die Selbsteinschätzung der Fähigkeiten in einem bestimmten Fach und stellen somit eine aggregierte Einschätzung über die in der Vergangenheit gezeigten Fähigkeiten in diesem Fach dar" (s. Frühauf, 2008, S. 59). Die zweite Komponente ist die affektiv-evaluative, die in enger Beziehung zum Selbstwertgefühl steht. Dieser Begriff wird im Sinne von Rosenberg (1965) als eine affektiv-evaluative Einstellung gegenüber den Fähigkeiten

der eigenen Person verstanden. Das Selbstwertgefühl setzt sich aus der evalua-
tiven Betrachtung und Beurteilung der einzelnen Selbstkonzeptbereiche zusammen. In gleicher Weise kann es sich auch auf das globale Selbstkonzept
beziehen. Über ein hohes Selbstwertgefühl zu verfügen, bedeutet dann, dass
eine Person sich selbst respektiert und sich als wertvoll annimmt; ein geringes
Selbstwertgefühl zeigt dagegen an, dass eine Person mit sich selbst unzufrieden
ist, sich selbst zurückweist oder gar verachtet. Die dritte Komponente ist die
konative. Sie wird im Sinne der Selbstwirksamkeit nach Bandura (1997) verstanden als subjektives Wissen, Erwartung und Überzeugung, mit Hilfe eigener
Kompetenz unbekannte und schwierige Anforderungssituationen bewältigen zu
können, und als die Vorstellung von der Effektivität des eigenen Verhaltens.
Personen, die sich ihrer Selbstwirksamkeit sicher sind, setzen sich höhere Ziele
und gehen zuversichtlicher und leistungsfördernder mit einer Aufgabensituati-
on um als Personen mit niedriger Selbstwirksamkeitsüberzeugung (vgl. Mielke,
1984; Schwarzer & Jerusalem, 2002).

Alle drei oben genannten Komponenten können sich auch auf Teilbereiche
des Selbstkonzepts beziehen: Als kognitive Komponente (die für ein For-
schungssetting wie das der vorliegenden Arbeit von Interesse ist) bezeichnet
man beispielsweise die Eigenwahrnehmung, dass man ein geselliger Mensch
sei. Die evaluative Komponente umfasst die Frage, ob diese Geselligkeit vom
Individuum selbst positiv oder negativ bewertet wird. Die konative Komponente
schließlich umfasst die Überzeugung, dass aufgrund der individuellen Geselligkeit schnell Sozialkontakte geschlossen werden könnten. Als weiteres Beispiel
dieser Komponenteneinteilung mag die Wahrnehmung eigener sportlichen
Leistung gelten: In der Selbstauffassung sieht sich das Individuum als schlechten
Sportler (kognitive Komponente), dies wird negativ bewertet (affektiv-
evaluative Komponente), schließlich wird daraus die persönliche Überzeugung
gewonnen, gewisse sportliche Leistungen nicht erreichen zu können (konative
Komponente).

Nach einer gewissen Entwicklungszeit der Theorie zum Selbstbild steht
nunmehr außer Frage, dass nicht von „dem (einzigen) Selbstkonzept", sondern
von „den Selbstkonzepten" einer Person zu sprechen sei. Dennoch existieren
auch weiterhin unterschiedliche Modelle, die einerseits die Prozesse (etwa das
dynamisch-flexible Netzwerkmodell von Markus und Wurf (1987) oder Hannover (1997)) oder andererseits die Struktur (das hierarchische Modell von Shavelson et al. (1976) oder das drei-dimensionale Modell von Greve (2000)) in den
Vordergrund rücken.

Solche speziellen Modelle sollen hier jedoch im Einzelnen nicht diskutiert werden, da sich die vorliegende Arbeit auf einen relativ begrenzten Abschnitt aus dem Gesamt-Selbstkonzept bezieht. Die kurze und überblicksartige Darlegung der wissenschaftlichen Auseinandersetzungen sollte auf deren Heterogenität hinweisen. Im Folgenden wird nur auf diejenigen theoretischen Modelle eingegangen, deren Ansätze für die vorliegende Arbeit als aufschlussreich erscheinen.

Ein in der Literatur oft zitiertes Modell ist das sogenannte Shavelson-Modell. Shavelson et al. (1976) verstehen das Selbstkonzept als eine mehrdimensionale und hierarchisch konzipierte Struktur (Abb. 2). An der Spitze der Hierarchie steht danach das allgemeine Selbstkonzept (General Self-Concept), das sich in zwei Stränge unterteilt: das schulische und das nicht schulische Selbstkonzept. Diese Stränge werden weiter untergliedert. Das schulische Selbstkonzept wird in fächerspezifische Facetten aufgeteilt. Das nicht schulische Selbstkonzept spiegelt teilweise die von James (1890) vorgeschlagene Struktur wider und beinhaltet das soziale Selbstkonzept, das emotionale Selbstkonzept und das physische Selbstkonzept (in der Arbeit von James: das soziale Selbst (social self), das geistige Selbst (spiritual self) und das materielle Selbst (material self)). Die unteren Niveaus implizieren die Bewertungen des eigenen Verhaltens in spezifischen Situationen, abhängig von den darüberliegenden Kategorien. So könnte beispielsweise die Kategorie Sprache in die Selbstkonzept-Unterfacetten Lesen, Rechtschreiben, Aufsatz schreiben unterteilt werden. Shavelson et al. (1976) vermuten, dass auch die Stabilität des Selbstkonzepts auf diese Hierarchiestufen zurückzuführen ist und zwar insofern, als sich die Spitze (das allgemeine Selbstkonzept) als stabil erweist, die bereichsspezifischen Selbstkonzepte jeweils auf niedrigerer Hierarchiestufen an Stabilität verlieren. Anders formuliert: Je spezifischer ein Selbstkonzept ist, desto situationsabhängiger und als desto weniger stabil erweist es sich. Als ein weiterer wichtiger Aspekt der angesprochenen Theorie erscheint auch die Annahme, dass das Selbstkonzept im Laufe seiner Entwicklung und mit zunehmendem Alter einer Person (vom Kindes- bis zum Erwachsenenalter) sich weiter ausdifferenziert.

Das Modell von Shavelson et al. (1976) geht davon aus, dass ein wesentlicher Zusammenhang zwischen dem sprachlichen und dem mathematischen Selbstkonzept besteht. Diese Prognose ergäbe sich auch aus dem typisch hohen Zusammenhang zwischen den Leistungen in den beiden Inhaltsbereichen.

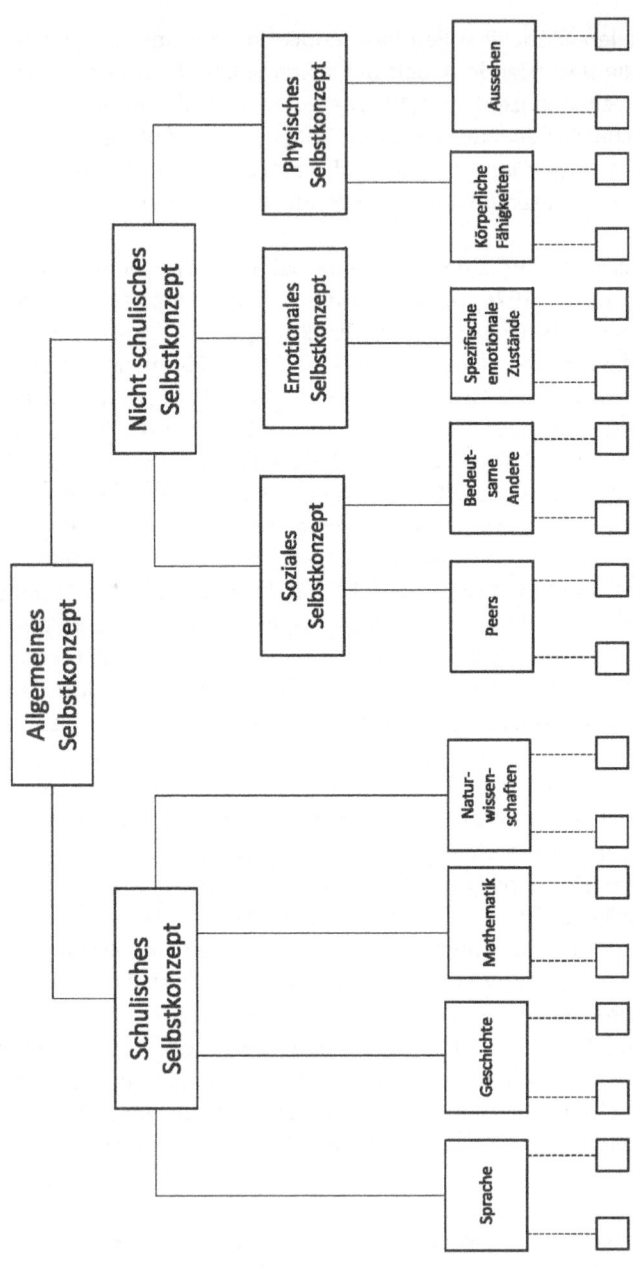

Abb. 2: Struktur des Selbstkonzepts nach Shavelson und Mitarbeitern (Shavelson et al., 1976, S. 413)

Die Forschung hat jedoch gezeigt, dass die mathematischen und sprachlichen Selbstkonzepte deutlich geringer miteinander zusammenhängen als die entsprechenden Fähigkeiten (Marsh, 1986). Im Gegensatz zu den Erwartungen der hohen Korrelationen zwischen dem mathematischen und dem verbalen Selbstkonzept zeigte sich nahezu eine Beziehungslosigkeit (Marsh & Hau, 2004; Marsh & Köller, 2003). Daraufhin wurde das bestehende Strukturmodell revidiert. Das akademische oder schulische Selbstkonzept, ursprünglich von Shavelson als eine Facette höherer Ordnung definiert, wurde später von Marsh, Byrne & Shavelson (1988) in mindestens zwei akademische Facetten (verbale und mathematische) unterteilt. Marsh entwickelte das Internale / Externale Bezugsrahmen-Modell (Internal/External-Frame-of-Reference-Model), kurz auch I / E-Bezugsrahmen-Modell, um zu erklären, warum mathematisches und sprachliches Selbstkonzept nicht miteinander zusammenhängen (Marsh, Byrne & Shavelson (1988). Die externe Referenz ist der typische soziale Vergleich, bei dem Schüler ihre selbstwahrgenommenen Leistungen in einem bestimmten Schulfach mit den wahrgenommenen Leistungen der anderen Schüler vergleichen. Nehmen bestimmte Schüler etwa im Verhältnis zu ihren Mitschülern gute Erfolge wahr, ist ein hohes akademisches Selbstkonzept in betreffendem Schulfach zu erwarten. Entsprechendes gilt für ihre Misserfolge. Bei der internen Referenz wird ein Vergleichsprozess durchgeführt, bei dem die Schüler ihre eigene Leistung in einem bestimmten Schulfach mit ihren persönlichen Leistungen in anderen Schulfächern vergleichen. Wenn zum Beispiel das beste Unterrichtsfach für eine Schülerin oder einen Schüler Mathematik ist, dann sollte diese/r Lernende ein positiveres mathematisches als ein verbales Selbstkonzept haben. So kann ein Kind nach diesem internen Vergleich ein positives mathematisches Selbstbewusstsein haben, wenn Mathematik sein bestes Fach ist, auch wenn dieses Kind nicht besonders erfolgreich in Mathematik im Vergleich zu seinen Mitschülern und externen Standards ist (Marsh & Hau, 2004). Die internalen und externalen Bezugsrahmen erklären ein scheinbar paradoxes Muster der Beziehungen zwischen mathematischem und sprachlichem Selbstkonzept.

2.1.3   *Erklärungsansätze zur Entwicklung des Selbstkonzepts*

Ein Kind erwirbt im Verlauf seiner Entwicklung nicht nur Kenntnisse und Kompetenzen sondern auch Wissen und Bewusstheit über sich selbst, wobei mit wachsendem Alter sein Selbstbild immer differenzierter und genauer wird. Welche Faktoren die Entwicklung des Selbstkonzepts mit zunehmendem Alter beeinflussen und wie dieses aufgebaut ist, wird unterschiedlich gesehen. Während Shavelson et al. (1976) die Hypothese der zunehmenden Ausdifferenzierung des Selbstkonzeptes aufstellen, vermutet Harter (1983), dass das Selbstkonzept zunehmend abstrakter wird. Harter erforschte eine große Anzahl von Phänomenen und ordnete die Ergebnisse in ein weitgehend schlüssiges System. Sie beschreibt ein Modell zur Entwicklung von Selbstkonzepten, indem sie für sechs Altersstufen, beginnend vom Säuglingsalter bis zur späten Adoleszenz, die Struktur des Selbstkonzepts formuliert und die wichtigsten für die jeweilige Altersstufe charakteristischen Inhalte hervorhebt (Harter, 1999). Dieses Modell ist von besonderem Interesse für die vorliegende Arbeit. Weiter unten wird daher detaillierter darauf eingegangen.

Fuhrer, Marx, Holländer und Möbes (2000) schlagen eine Zusammenfassung der wesentlichen Ergebnisse der Kleinkindforschung über die Selbstkonzeptentwicklung basierend auf der Annahme vor, „(...) dass bereits Neugeborene aufgrund biologischer Prädisposition in der Lage sind, mit Bezugspersonen sozial zu interagieren, was wiederum Voraussetzung ist, um ein Selbst zu entwickeln" (S. 39). Die Autoren folgen der „Entstehung" des Selbst-Bewusstseins und gliedern die Periode von der Geburt bis zum 30. Lebensmonat in fünf Stufen. Sie klassifizieren diese Zeit als Ontogenese der Selbstentwicklung: vom Können, Differenzen zwischen Selbst und Nicht-Selbst herzustellen, über die Empfindung der Kontinuität der eigenen Person über die Zeit bis zu der Phase, in der die Sprache einen wesentlichen Impuls gibt und sich damit die Möglichkeit eröffnet, das sogenannte „Mich-Selbst" zu beschreiben. Die Entwicklung in der Kindheit strukturieren die o. g. Autoren nach den drei Stufen des Modells von Harter (1999) in folgender Weise: In der Periode *bis zur frühen Kindheit* nehmen Kinder an, dass der Mensch ausschließlich „gut" oder „schlecht" sein kann, nicht aber beides gleichzeitig. In der *frühen zur mittleren Kindheit* formen die Kinder bereits Kategorien über Eigenschaften und Emotionen, sind in der Lage, Gegensätze zu erkennen und Reaktionen anderer zu antizipieren, und integrieren in ihr eigenes Verhalten die Werte und Normen anderer. Die sich daraus entwickelnden persönlichen Standards stellen die erste Form bewertender Selbstregulation dar. Die Kinder entwickeln Verhaltensweisen, die ein positives Selbstbild begünstigen (Fuhrer, Marx, Holländer & Möbes, 2000). Der größte Schritt während der *mittleren bis späten Kindheit* ist der Erwerb der Fähigkeit, eigene Selbstbilder zuzuordnen und miteinander zu koordinieren, wobei die Selbstkonzepte in Bereichen, die in der sie umgebenden Gesellschaft von besonderer Bedeutung sind (z. B. Schulkompetenz), das eigene Selbstbild sensivieren. In der Jugend entwickelt sich das abstrakte Denken weiter und somit wird im Laufe der Selbstkonzeptentwicklung die Beziehung von Subjekt und Objekt, also zwischen „Ich" und „Welt" immer neu geordnet.

Einen wichtigen Einfluss auf die Theorieentwicklung zur Struktur des Selbstkonzepts wie auch auf die Praxis übten die Ideen von Harter (1983, 1999) aus. Besonders hervorzuheben ist dabei ihr Modell der Entwicklungsniveaus des Selbstkonzepts, das die Veränderungen und deren Prozesse in geistigen Stufen darstellt. Auf damaligem Verständnis basierend und auf vorangegangene Theorien zurückgreifend, beschrieb Harter 1983 anhand systematischer Beobachtungen von Kindern und Jugendlichen deren Selbstkonzept-Entwicklungsphasen. Später entwickelte Harter (1999) mit Hilfe eines breit angelegten Forschungsprogramms ihre Theorie weiter. So identifizierte sie sechs Altersstufen in der Periode vom Krabbelalter bis zum späten Jugendalter. Die Kindheit unterteilte sie in drei Stufen und beschrieb für jede die Struktur/Organisation, die zugehörigen typischen Eigenschaften, die Veridikalität/Genauigkeit, die Art der Vergleiche und die Sensitivität zu anderen Personen.

Nach Harter (1999) herrschen in der Stufe vom *Säuglingsalter bis zur frühen Kindheit* (ca. 3 – 4 Jahre) konkrete, beobachtbare Charakteristika. Beschrieben sich die Kinder selbst, so benutzten sie einfache Klassifikationseigenschaften, präsentiert in Fähigkeiten, Aktivitäten, Besitz, Vorlieben. Harter erwartete, dass Kinder dieses Alters im „Alles-oder-Nichts"-Schema denken, es ihnen noch an Koordination mangele und sie keine direkten Vergleiche ziehen könnten. Sie resümierte, dass das kindliche Selbstbild unrealistisch positiv sei und Kinder noch nicht in der Lage seien, die Realität vom Ideal zu trennen. In der *frühen bis mittleren Kindheit* (ca. 5 – 7 Jahre) herrschen nach Harter (1999) immer noch das „Alles-oder-Nichts"-Denken und die idealistisch positive Einstellung. Bei Kindern dieses Alters sind jedoch bereits ausgearbeitete Klassifikationseigenschaften vorhanden. Die Kinder fokussieren auf spezifische Kompetenzen, die eigene Person wird mit sich selber zu einem früheren Zeitpunkt verglichen („Früher war ich schlecht, aber jetzt bin ich gut"). Es werden darüber hinaus Vergleiche mit Gleichaltrigen gezogen. In diesem Alter erwirbt das Kind die Erkenntnis, dass andere sich selbst bewerten und so kommt es gleichsam zur ersten Übernahme von Verhaltensweisen anderer: die Standards anderer werden zur Selbst-Regulierung des Verhaltens übernommen. Die *mittlere bis späte Kindheit* ist gekennzeichnet durch zunehmend realistischer werdende Selbstkonzepte. Es wird auf zwischenmenschliche Vergleiche von Fähigkeiten und Eigenschaften fokussiert, es werden darüber hinaus immer mehr vergleichende Bewertungen mit Gleichaltrigen vorgenommen, anders gesagt: Es werden zunehmend mehr soziale Vergleiche, die zum Zweck der Selbstbewertung benutzt

werden, durchgeführt. Zudem konstruiert sich eine höhere Ordnung von Verallgemeinerungen, die mehrere Verhaltensweisen subsumieren: z. B. „Ich bin gut
in Deutsch, weil ich gut lesen und schreiben kann". Es werden sowohl positive
als auch negative Bewertungen ausgesprochen, die an Genauigkeit gewinnen.
Stellungnahmen und Modelle anderer werden als Selbstregulationsnormen
übernommen.

Aus unterschiedlichen Blickwinkeln kann das selbstbezogene Wissenssys-
tem aus entwicklungspsychologischer Sicht nach Filipp und Mayer (2005) be-
leuchtet werden. Eine dieser Perspektiven beschäftigt sich mit der Frage, wie
sich die Quellen selbstbezogenen Wissens und ihre Nutzung im Laufe eines
Menschenlebens verändern und welche Selbstaspekte diese einzelnen Lebens-
phasen charakterisieren. Der Aufbau des selbstbezogenen Wissenssystems
beginnt nach Filipp und Mayer (2005) in der frühen und frühesten Kindheit mit
Anfängen der Selbst-Konzeptualisierung [Hervorhebung im Original; K. P. K].
Dieser Aufbau wird vom ersten Tag an durch das soziale Nahumfeld beeinflusst,
„(...) das Kind erlebt eine Welt, die von anderen geformt und angeleitet, sprach-
lich benannt und mehr und mehr explizit in linguistischen Kategorien abgebildet
wird" (Filipp und Mayer, 2005, S. 271f.). In diesen frühen Phasen erfolgt außerdem der *Aufbau der Selbst-Kontinuität* [Hervorhebung im Original; K. P. K].
Diesem Thema wurden einige neuere Studien gewidmet. Bei der Repräsentati-
on selbstbezogenen Wissens wird auf die Arbeit von Susan Harter hingewiesen,
ebenso auf neuere Studien (z.B. Marsh, Craven & Debus, 1998; Marsh, Ellis &
Craven, 2002). Schließlich wird festgestellt, dass Hinweise auf ein multidimensi-
onales, bereichsspezifisch organisiertes Selbstkonzept bei Kindern bereits ab
einem Alter von vier Jahren zu finden sei. In der mittleren und späten Kindheit
erfolge eine *Ausdifferenzierung des selbstbezogenen Wissenssystems*. Der
Übergang in das Schulalter führe zu weiteren selbstbezogenen Informationsquellen. Als Beispiel sei der Vergleich mit anderen Personen genannt. Die sozialen Vergleiche werden unter anderem dazu genutzt „(...) die eigene Person als
,anders als die anderen' zu konstruieren" (Filipp & Mayer, 2005, S. 284). Ab der
mittleren Kindheit können die Kinder Konzepte höherer Ordnung entwickeln,
konkrete Selbstaspekte (schnell laufen, hoch springen) werden in abstrakteren
Inhaltskategorien (gut in Sport) organisiert. Die Autorinnen stellen fest, dass die
Mehrheit der Studien, die das Selbstkonzept im Schulalter erforschen, die Leistungsfähigkeit im intellektuellen Bereich untersucht. Unterschieden wird zwischen dem Selbstkonzept der (globalen) Begabung und den Fähigkeitsselbstkonzepten (Einschätzungen in einzelnen Fähigkeitsselbstaspekten bzw. Schulfächern). Anschließend werden das externale und internale Bezugsrahmenmodell

und der sog. Fischteich-Effekt als Bezugsgruppeneffekt erläutert. Als nächste Aussage folgt, dass die kindlichen Einschätzungen „zunehmend akkurater werden" und „(...) sich dem tatsächlichen Leistungsniveau immer mehr annähern" (Filipp & Mayer, 2005, S. 288). Ferner wird auf die Annahme eingegangen, dass spezifische Selbstaspekte („gut in Algebra") in übergeordnete globale Selbstbewertungen der Begabung („gut in Mathematik") organisiert werden. Referiert wird, dass – wie inzwischen erhobenes Befundmaterial nachwies –, „(...) spezifische Fähigkeitsselbstkonzepte und das allgemeine Begabungsselbstkonzept sich über die Zeit nicht (wechselseitig) bedingen und eine hierarchische Struktur des generalisierten Selbstkonzepts der Begabung nicht angenommen werden muss" (Filipp & Mayer, 2005, S. 290). Daraus folgt, dass das erhobene allgemeine/globale Selbstkonzept nicht unbedingt mit den Selbstwahrnehmungen auf geringerem Abstraktionsniveau (fachspezifisch) überreinstimmen muss.

2.1.4   Schulische Selbstkonzepte

Entwicklungspsychologische Untersuchungen (Helmke, 1998) haben gezeigt, dass Kinder zu Beginn der Schule noch „extreme Optimisten" sind, d.h. ihren eigenen Leistungsstand und ihre Kompetenzen stark überschätzen, mit der Zeit jedoch zunehmend zu „Realisten" werden. Besonders in den ersten beiden Schuljahren verfügen die Grundschulkinder über hohe und sehr hohe Selbstkonzepte (z. B. Mücke, 2008). Als Hauptargument für diesen Entwicklungsverlauf wird häufig genannt, dass die Fähigkeit von Kindern, Informationen aus verschiedenen Quellen einzuarbeiten, im früheren Grundschulalter noch nicht voll entwickelt sei (Harter, 1983; Harter & Pike, 1984). Es erfolgen in dieser Altersstufe soziale Vergleichsprozesse, deren Ergebnisse nicht oder nicht systematisch für die eigene Fähigkeitseinschätzung verwendet werden. Der Abbau der nicht realitätsangemessenen Selbsteinschätzungen wird im Weiteren durch das schulische Benotungssystem stark beeinflusst. Es wird festgestellt, dass Kinder zwischen fünf und acht Jahren Wunsch und Wirklichkeit noch nicht trennen könnten (Harter, 1999).

Ein sehr wissenschaftlicher und hier besonders relevanter Aspekt der Selbstkonzeptforschung erscheint die Datengewinnung, auf deren Ergebnissen Systeme aufgebaut werden können. Kurz gesagt: Wie kann am effektivsten das Selbstkonzept kleiner Kinder erfasst werden? Harter und Pike (Harter, 1983; Harter & Pike, 1984) schlagen statt der für ältere Kinder üblichen Gruppenfragebögen vereinfachte Iteminhalte und Antwortformate, basierend auf Bildern

und in der Form individueller Interviews, vor. Dazu entwickelten sie ein vierstufiges Antwortformat, bei dem jedes Item einer (vierstufigen) Ratingskala zugeordnet werden kann. So werde für das Kind die Zustimmung auch zu negativen
Darstellungen legitimiert und auf diese Weise werden auch die sozial erwünschten Antworten reduziert. Harter und Pike (1984) lehnen eine Skala über das
globale Selbstkonzept ab und entscheiden sich für vier Bereiche des Selbstkonzepts (körperlich, kognitiv, Peers und Mutterakzeptanz). Die Items sind alters-
adäquat in Bilderformat individuell durchzuführen und die zwei-Ebenen-Abfrage
ergibt eine vierstufige Antwortskala. Ohne die Kinder zu überfordern erlaubt
das Verfahren auf diese Weise eine differenziertere Erfassung als eine zweistu-
fige Skala (Ja-Nein oder gut-schlecht). Das Instrument beinhaltet vier Bereiche,
die Faktorenanalyse zeigte aber nur zwei Faktoren: Kompetenzen und soziale
Akzeptanz.

Marsh, Debus und Graven (1991) werten das zweifaktorielle Modell von
Harter aus und schlagen eine Prozedur mit 64 Items zur Erhebung eines mehrdimensionalen Selbstkonzepts von jungen Kindern (Alter fünf bis acht Jahre)
vor, wobei sie eine 4-faktorielle Struktur identifizieren. Auf jedem getesteten
Niveau (Kindergarten, 1. und 2. Klasse) erfassen die o.g. Autoren acht verschiedene Skalen, inklusive des globalen Selbstkonzepts sowie des mathematischen
und des Leseselbstkonzepts. Mit zunehmendem Alter wird die Anpassung dieses Modells mit acht Faktoren besser und es bestätigt sich die Annahme, dass
das Selbstkonzept mit dem Alter differenzierter wird. Durch diese Untersuchung
der drei Forschenden zeigte sich, dass das Selbstkonzept offensichtlich bereits
weiter differenziert ist als früher angenommen wurde. Auch Feststellungen von
Faber (1992) sprechen dafür, dass Grundschüler (4. Klasse) neben sozialen auch
dimensionale Leistungsvergleiche vollziehen. Marsh, Ellis, Graven (2002) beschreiben Befunde, dass sogar sehr junge Kinder noch im Vorschulalter (4- bis
5-Jährige) ein klar differenziertes und mehrdimensional angelegtes Selbstkonzept besitzen. Auch Chapman & Tunmer (1995) zeigen, dass kleine Kinder im
Kindergarten und auch in der ersten Klasse ihre Selbstkonzepte innerhalb verschiedener Domänen einschätzen und tatsächlich differenzieren können. Stipek
und Mac Iver (1989) konstatieren dennoch, dass kleine Kinder ein wenig diffe-
renziertes Konzept über Schulkompetenzen besitzen, das sich jedoch während
der Grundschulzeit deutlicher differenziere als andere Aspekte (wie etwa die
soziale Kompetenz).

Aus der Selbstkonzeptforschung ist bekannt, dass das Selbstkonzept in den
ersten Schuljahren im Durchschnitt einem Abwärtstrend unterliegt (z. B. Helmke, 1998; Kaufmann, 2007). Besonders in der ersten Klasse schwächt sich die

positive Selbsteinschätzung unter den Rückmeldungen durch den Lehrer und durch die Mitschüler als bedeutsame Andere deutlich ab. Die Ergebnisanalyse zum KILIA-Projekt („Kooperationsprojekt Identitäts- und Leistungsentwicklung im Anfangsunterricht" Kammermeyer & Martschinke, 2004) zeigte, dass Einflussmöglichkeiten insbesondere im Selbstkonzept in der ersten Klasse noch am größten sind, dass sich das Selbstkonzept am Schuljahresanfang signifikant auf das Selbstkonzept am Schuljahresende auswirkt und dass der Zusammenhang von Leistung und Selbstkonzept durch die Veränderung von Freiheitsspielräumen beeinflusst werden könnte. Auch neuere Untersuchungen bestätigen, dass Kinder in der frühen Grundschulzeit zu einer Überschätzung ihrer eigenen Fähigkeiten neigen (Martschinke & Frank, 2002; Prücher, 2002; Spinath, 2004; Beutel & Hinz, 2008).

In der entwicklungspsychologischen Forschung werden oft und überwiegend Querschnittstudien durchgeführt, bei denen zu einem definierten Zeitpunkt verschiedene Altersgruppen entsprechend gewisser Eigenschaften oder Merkmale untersucht und miteinander verglichen werden. Das spart sowohl Zeit als auch Kosten und liefert Daten über die Altersunterschiede, jedoch keine Information über die individuellen Entwicklungsverläufe (Weber und Stefanek, 1998). Längsschnittstudien sind sehr aufwendige Untersuchungen, die sich dadurch kennzeichnen, dass ein und dieselbe Stichprobe über längere Zeit (über mehrere Messzeitpunkte) beobachtet und untersucht wird.

Besonders verdienstvoll für die Selbstkonzeptforschung im deutschsprachigen Bereich erscheinen die umfangreich und langfristig angelegten Münchener Projekte LOGIK (Longitudinalstudie zur Genese individueller Kompetenzen) und SCHOLASTIK (Schulorganisierte Lernangebote und Sozialisation von Talenten, Interessen und Kompetenzen) von Weinert und Mitarbeitern (1998, 1997). Die Resultate der LOGIK-Studie (Helmke, 1998) bestätigen die bereits in der internationalen Literatur beschriebene Tendenz. So zeigen die Ergebnisse einen Abstieg von einer im Durchschnitt extrem überdurchschnittlichen (im Kindergarten) zu einer mäßig überdurchschnittlichen Selbsteinschätzung (in der 1. Klasse). Dabei ist zu beachten, dass die Selbsteinschätzungen während der gesamten sieben Jahre (vom Kindergarten bis zum Ende der 6. Klassenstuffe) über dem Durchschnitt bleiben. Die ersten Monate der 1. Klasse haben das schulische Ziel, Grundregeln einzuführen und einzuprägen. Dieser Zeitraum wird als eine Art "Schonzeit" bezeichnet, in der noch kaum negative Rückmeldungen der Lehrkräfte über die Leistung der Kinder gegeben und soziale Vergleiche vermieden werden (Helmke, 1998, S. 121). Demzufolge überwiegen bei den meisten Schülern Erlebnisse von Erfolg denen von Misserfolgen. Nach der extrem positiven Selbsteinschätzung in der 1. Klasse erfolgt eine realistischere Einschätzung in der 2. Klasse, die noch vor der Noteneinführung eintritt, wobei Noten maßgeblich dazu beitragen, wie günstig oder ungünstig sich ein Kind innerhalb der jeweiligen Klasse einschätzt.

Untersuchungen (Helmke, 1998) zeigen, dass tatsächlich eine Abwärtsentwicklung des Fähigkeitsselbstkonzepts bei den Kindern stattfindet. Dabei ist zu beachten, dass es zwar einen durchschnittlichen Verlauf dieser Art gibt, sich aber dahinter vielfältige, sehr unterschiedliche individuelle Verlaufsformen verbergen. Solche unterschiedlichen Verlaufsformen sind auch fach-, klassen- oder personenspezifisch: In Klassen, in denen den Schülern beispielsweise größere Freiräume erlaubt sind, finden die ansonsten schwächeren Schüler Nischen für ihre Selbsteinschätzung (Helmke, 1998; Martschinke, S., Kammermeyer, G., Frank, A. & Mahrhofer, C., 2002). Die Resultate zeigen eindeutig, dass kein gradliniger Abstieg vom Optimisten zum Realisten existiert. Vielmehr zeichnet sich eine Vielzahl an Modifikations- und Entwicklungssträngen ab, die ein heterogenes und vielschichtiges Bild der Selbstkonzeptgenerierung und -entwicklung vermuten lassen.

Die Frage der Genauigkeit der Fähigkeitsselbsteinschätzungen wurde beim LOGIK-Projekt gelöst, indem die individuelle Selbsteinschätzung mit dem realen Leistungsstand verglichen wurde. Im Kindergarten wurden die Daten durch die kombinierten Einschätzungen der jeweiligen Lehrkraft und der Mutter erhoben. Die Ergebnisse belegen einen Zuwachs an Genauigkeit, wobei der Beginn der Notengebung für deren besonderen Anstieg verantwortlich ist. An diesem Zuwachs sind auch weitere Faktoren beteiligt, etwa die sich immer besser entwickelnde Fähigkeit der Schüler, ihren Leistungsstand real einzusehen sowie die Tatsache, dass im Laufe der Schulzeit die Bedeutung von Leistung, Konkurrenz und Schulerfolg für die Schüler stark zunimmt (Helmke, 1998). Auch die Ergebnisse der LOGIK-Studie sprechen eindeutig für verschiedene Dimensionen des Selbstkonzepts, da sie unterschiedliche Entwicklungsverläufe der Fähigkeitsselbstkonzepte in verschiedenen Inhaltsbereichen (z. B. Mathematik und Deutsch), auch geschlechtsabhängig (verschiedene Verläufe bei Jungen und Mädchen) nachweisen.

Davis-Kean und Sandler (2001) erstellten eine Meta-Analyse mit dem Ziel, die Erfassung von Selbstkonzepten bei Kindern zusammenzustellen, um die Entwicklung künftiger Methoden zur Messung dieses Konstrukts zu unterstützen. Die Aufarbeitung der Literatur begann mit einer Überprüfung der Begriffe auf der Grundlage einer breiten Literaturrecherche. Die primären Quellen der Literatur für die umfassende Überprüfung waren der Educational Resource

Information Center (ERIC), Psychological Abstracts (PsycINFO, PsycLIT), Social Science Citation Index (SSCI oder Social SciSearch) und Dissertation Abstracts. Zu dieser Meta-Analyse wurden alle verfügbaren Selbstkonzeptstudien herangezogen und ausgewertet, die für die Vorschule und die frühe Grundschule gedacht waren, allerdings nur für den englischen Sprachraum. Die Ergebnisse zeigen, dass die Zuverlässigkeit der Instrumente für junge Kinder durch den Aufbau der Untersuchung und die Anzahl der Items in der Skala prognostiziert werden kann, wobei das Alter der untersuchten Kinder, die Methode der Datenerhebung (Fragebögen oder Bilder) sowie der sozioökonomische Status der Kinder von Bedeutung sind. In künftigen Studien, in denen zuverlässige Messinstrumente für junge Kinder generiert werden sollen, muss daher auf Alter und Anzahl der Items geachtet werden, da diese sich als kritische Merkmale erwiesen haben. Mit den Instrumenten und mit den unterschiedlichen Methoden, die bei Untersuchungen im englischen Sprachraum verwendet wurden (z. B. Bilder, Fragebögen, Marionetten), um selbst bei sehr kleinen Kindern Daten zu erheben, ist nach Davis-Kean und Sandler (2001) nur begrenzter Erfolg erzielt worden.

Weiterhin besteht demnach die Frage, warum es so schwierig ist, ein gutes Selbstkonzeptmessinstrument für kleine Kinder zu entwickeln. Die Antwort darauf erweist sich als äußerst komplex. Sie erfordert sowohl die Berücksichtigung der allgemeinen Debatte über die Definition von Selbstkonzept als auch die Beschäftigung mit den Fragen zu den Entwicklungswerkzeugen / kognitiven Fähigkeiten von jungen Kindern. Im Ergebnis ihrer Literaturrecherche unterscheiden Davis-Kean und Sandler (2001) zwischen *Selbstwirksamkeit (self-esteem)* als einer positiven oder negativen Einstellung zu sich selbst, dem Grad der Neigung oder der Zufriedenheit mit dem eigenen Selbst und dem Gefühl des wahrgenommen Wertes im Vergleich zu anderen sowie dem *Selbstkonzept (self-concept)* als die Summe aller Erfahrungen über die Lebensspanne, die Verhaltensweisen und soziale Interaktionen beeinflussen, sowie der Bewertung dieser Erfahrungen.

Zusätzlich zu den prinzipiellen Definition-Fragen ergeben sich bei Selbstkonzepterhebungen bei kleinen Kindern weitere schwerwiegende Probleme. So müssen sprachliche Grenzen und kognitive Entwicklungsunterschiede berücksichtigt werden. In der Regel benötigen Selbsteinschätzungen eine gewisse sprachliche Fähigkeit des Lesens oder zumindest des Verstehens gesprochener Sprache. Vertreten wird daher die Auffassung, dass junge Kinder unter acht Jahren noch nicht die erforderliche kognitive Entwicklungsstufe erreicht hätten, um sich abstrakter Ideen zu bedienen und das Selbstkonzept zu bewerten.

Diese beiden Probleme allein scheinen die Messung und die Bewertung des Selbstkonzepts bei kleinen Kindern zu erschweren, wenn nicht gar unmöglich zu machen (hierzu sei noch einmal auf Davis-Kean und Sandler, 2001 verwiesen). Die bisherige Forschung hat jedoch überzeugend gezeigt, dass bereits Kinder im Vorschulalter sowohl über die hierzu notwendige sprachliche Kompetenz als auch die kognitiven Fähigkeiten verfügen (z.B. Marsh et al., 1991). Davis-Kean und Sandler (2001) betonen, dass viele Forscher versucht haben, die Frage der Entwicklungseinschränkungen bei der Gestaltung der Selbstkonzeptinstrumente für Kleinkinder zu angemessen zu berücksichtigen (Eder, 1989; Harter & Pike, 1984). Eder (1990) ging zum Beispiel von der Annahme aus, dass, selbst wenn die Kinder ein Gefühl vom eigenen Selbst in jungen Jahren haben, dieses nicht so auszudrücken vermögen, dass es von den Forschern aufgezeichnet werden könne und forderte daher (Eder, 1989) den Einsatz von nonverbalen Methoden, etwa Puppen. Andere Autoren stellen wiederum fest, dass einfache und direkt an die Kinder gerichtete Fragen durchaus geeignet sind und mithin den besten Weg darstellen, um zuverlässige Informationen zu erhalten (Davis-Kean & Sandler, 1995; vgl Davis-Kean und Sandler, 2001; Marsh et al., 1991).

Davis-Kean und Sandler (2001) vermuten, dass schulthematisch beladene Selbstkonzeptinstrumente den Kindern helfen könnten, Fragen zu Mathematik- und Lesefähigkeiten zu beantworten. Da diese beiden Fähigkeiten den Kindern die wichtigsten seien, könnten sie entsprechende Einstellungen besonders leicht aus dem Gedächtnis abrufen. Daher werde dasjenige Instrument gute Erfolge zeigen, für das eine ausreichende Itemanzahl paralleler Inhalte zusammengefügt sei. Untersuchungen von Marsh et al. (1998) unterstützen diesen Befund. Verwendete Instrumente mit älteren Kindern (6-bis 6,5-Jährigen) erwiesen sich als zuverlässiger als solche mit jüngeren Kindern (4- bis 5-Jährigen). Dieses Ergebnis repliziert die Ergebnisse anderer Forscher, fassen Davis-Kean und Sandler (2001) zusammen, etwa die wahrgenommene Kompetenz (Harter & Pike, 1984), die Selbst-Wahrnehmungen (Eccles et al. 1993) und die Selbst-Beschreibungen (Marsh et al., 1991). Alle hier genannten Autoren kamen zu dem Schluss, dass sich generell die Zuverlässigkeit ihrer Instrumente mit Zunahme des Alters der Kinder erhöht.

2.1.5   *Zusammenhang zwischen Selbstkonzept und Leistung*

In der einschlägigen Literatur lassen sich zwei kontroverse Verständnisrichtungen finden, die beide versuchen, die kausale Beziehung zwischen dem Fähigkeitsselbstkonzept von Schülern und ihren Leistungen zu erläutern. Die eine Richtung (genannt *„skill development"*) sieht das Selbstkonzept als Folge vorangegangener Leistungen an. Die andere Richtung (genannt *„self-enhancement"*) geht davon aus, dass die Leistung nicht nur von vorangegangenen Leistungen sondern in erheblichem Umfang vom Selbstkonzept beeinflusst wird (van Aken, Helmke & Schneider, 1997).

Die Wechselwirkungen zwischen dem Selbstkonzept der eigenen Fähigkeiten von Heranwachsenden und ihren Leistungen sind von besonderem Interesse für die Forschung. Immer wieder wird erneut die Frage gestellt, ob die Fähigkeitsselbstkonzepte stärker durch die Schulleistungen beeinflusst werden oder umgekehrt. Die ständig steigende Anzahl einschlägiger Studien bezieht sich überwiegend auf ältere Kinder, also der 5. bis 13. Klasse (z. B. Helmke, (1992, 1998); Marsh, (1989, 1990); Shavelson & Bolus, (1982). Grundschulkinder (ab der 2. Klasse) waren an den Untersuchungen von Newmann, (1984) und van Aken, Helmke und Schneider (1997) beteiligt, Pekrun (1987) testete Schüler ab der 4. Klasse. Die Studien bezogen sich überwiegend auf die Inhaltsbereiche Mathematik und/oder Rechtschreibung und zeigen, dass beide Wirkungsrichtungen von Bedeutung sind, jedoch keine eindeutige Tendenz erkennen lassen. Neuere Untersuchungen (Guay, Marsh & Boivin, 2003) liefern starke Belege dafür, dass sich sogar in den jungen Grundschuljahren reziproke Wirkungen erkennen lassen.

Der Einfluss der Schulleistung auf das Fähigkeitsselbstkonzept ist mit der Rolle der Tests und der Noten zu erklären – es gibt eine direkte Reaktion der Leistungsrangordnung und -stellung auf die subjektive Einschätzung der Kinder (Helmke & van Aken, 1995). Auf diese Tendenz weisen die Ergebnisse der SCHOLASTIK-Studie hin, allerdings für Kinder erst ab Klassenstufe 2 (Helmke, 1998; van Aken, Helmke & Schneider, 1997). Die gegenläufige Tendenz hebt die Komplexität der tief verankerten Wirkungsmechanismen bei den Fähigkeitsselbstkonzepten hervor. Von Wichtigkeit seien auch das Niveau der wesentlichen Vorkenntnisse sowie die Höhe der Intelligenz (z.B. Newmann, 1984).

Für die Richtung der kausalen Beziehung zwischen Selbstkonzept und Schulleistung ist allerdings auch von Bedeutung, welches Design für die Untersuchung ausgewählt wurde und welche Inhaltsbereiche und Aspekte einbezogen wurden (van Aken, Helmke & Schneider, 1997). Helmke & van Aken (1995) entschieden sich für die Leistungsindikatoren Noten und Tests im Fach Mathematik und konnten zeigen, dass es einen Unterschied macht, ob nur ein Faktor oder beide Faktoren in der Analyse berücksichtigt wurden. Wurden beide Indikatoren miteinbezogen, zeigte sich das Selbstkonzept als Folge vorangegangener Leistungen. Anzeichen für die Gegentendenz im Mathematikbereich wurden nicht festgestellt. Von Bedeutung schien auch zu sein, ob die Leistung in der Muttersprache oder in einer Fremdsprache erbracht wurde.

Die ersten Pilotergebnisse mit Grundschulkindern im Rahmen eines Modellprojekts der Bund-Länder-Kommission (Mücke, 2008) zeigten keine statistisch signifikanten Zusammenhänge zwischen schulischem Selbstkonzept und den Leistungen bei Grundschulkindern mit Migrationshintergrund. Bei Kindern ohne Migrationshintergrund gab es jedoch nennenswerte signifikante Korrelationen, die mit der Zeit stets stiegen. Befunde von Kaufmann (2007) dagegen zeigten keine signifikanten Effekte des Migrationsstatus und der Muttersprache, in ihren Untersuchungen also beeinflussten diese beiden Faktoren das Fähigkeitsselbstkonzept der getesteten Schüler nicht.

Van Aken, Helmke & Schneider (1997) untersuchten über mehrere Messzeitpunkte hinweg die Entwicklung von Schulleistungen und Selbstkonzepten im Grundschulalter aus der Perspektive Noten und Tests nicht nur im Bereich Mathematik, sondern auch im Bereich Rechtschreibung. Aus den Ergebnissen lässt sich schließen, dass das Selbstkonzept auf die Leistung im Laufe der Grundschulzeit abnehmend einwirkt und sich als weniger stabil erweist, wobei sich die Leistung zunehmend stabilisiert. Zu Beginn der Grundschulzeit dagegen herrschen reziproke Beziehungen: das früher erhobene Selbstkonzept beeinflusst die nachfolgenden Leistungen besonders im Rechtschreiben, die gegenläufige Tendenz ist auch zu sehen. Das Fähigkeitsselbstkonzept im Rechtschreiben wird von den Lehrerbeurteilungen wenig beeinflusst, andererseits zeigen vorangegangene Ergebnisse Effekte auf das später erhobene Selbstkonzept, wobei mit der Zeit diese Effekte noch stärker werden. Im Gegensatz dazu zeigen die Noten im Fach Mathematik eine größere Bedeutung für die Schülerselbsteinschätzung. Eine Erklärungsmöglichkeit bietet nach Ansicht der Autoren die bessere Vorhersagbarkeit der Rechtschreibleistungen als Note als die in Mathematik. Neben Rechtschreibkompetenzen beinhaltet die Deutschnote zudem andere Komponenten, wie zum Beispiel Lesekompetenz oder das Leseverstehen.

Schöne, Dickhäuser, Spinath & Stiensmeier-Pelster (2003) überprüften mithilfe einer Adaptation der SESSKO-Skalen (Schöne et al., 2003) für das Fach Mathematik und der entsprechenden vergebenen Noten, ob sich der Zusammenhang zwischen Selbstkonzept und Schulleistung unterscheidet, je nachdem, ob ein generelles schulisches oder ein fachspezifisches Selbstkonzept gemessen wird. Die Analyse zeigte keine statistisch bedeutsamen Unterschiede: das allgemeine Fähigkeitsselbstkonzept, erhoben durch das Verfahren SESSKO, sowie das fachspezifische Fähigkeitsselbstkonzept wiesen analoge Korrelationen mit der Mathematik-Leistung auf. Das führe zur Bestätigung der Annahme, dass „(...) ein auf höherem Abstraktionsniveau erhobenes Fähigkeitsselbstkonzept ähnlich gute Vorhersagen über fachspezifische Leistungen erlaubt wie das auf geringerem Abstraktionsniveau (fachspezifisch) erfasste Fähigkeitsselbstkonzept" (S. 12).

In einer hohen Anzahl von Studien untersuchte Herbert Marsch unter anderem auch den Zusammenhang zwischen Selbstkonzept und Leistung und zeigte, dass bei der weiteren Forschung zumindest verbale und mathematische Selbstkonzepte in Betracht gezogen werden sollten statt eines einzigen allgemeinen Aspekts der akademischen Selbst-Konzepte. In einer Untersuchung mit Schülern der Sekundarstufe (Marsh, Byrne & Shavelson, 1988) wurden die akademischen Selbstkonzeptskalen aus drei verschiedenen Instrumenten bearbeitet. Die Studie lieferte weitere Unterstützung für das I / E-Bezugsrahmen-Modell. Im Ergebnis zeigten sich: (a) das verbale und mathematische Selbstkonzept nahezu unkorreliert, (b) die mündliche Leistung beeinflusste positiv das verbale Selbstkonzept, beeinträchtigte dagegen das mathematische Selbstkonzept, (c) die mathematische Leistung betraf positiv das mathematische Selbstkonzept, beeinträchtigte dagegen das verbale Selbstkonzept und (d) die Ergebnisse waren konsistent für alle Selbstkonzept-Instrumente. Auch in einer interkulturellen Stichprobe (Marsch & Hau, 2004) von 15-Jährigen aus 26 Ländern wurden I / E-Vorhersagen unterstützt, indem (a) mathematische und sprachliche Leistungen stark miteinander korrelierten, aber mathematische und sprachliche Selbstkonzepte nahezu unkorreliert waren, (b) die mathematische Leistung hatte positive Auswirkungen auf das mathematische Selbstkonzept, aber negative Auswirkungen auf das verbale Selbstkonzept und (c) die mündliche Leistung hatte positive Auswirkungen auf das verbale Selbstkonzept, aber negative Auswirkungen auf das mathematische Selbstkonzept.

Auch im deutschen Sprachraum wurden Untersuchungen durchgeführt, die empirische Belege für das oben beschriebene Modell lieferten. Köller et al. (1999) bestätigten jeweils das I/E-Modell anhand einer Längsschnittstudie und damit seine Gültigkeit auch bei den Selbstkonzeptveränderungen. Pohlmann et al. (2006) fanden dagegen stärkere Effekte von Abwärtsvergleichen als von Aufwärtsvergleichen sowohl für das mathematische als auch für das verbale Selbstkonzept, was auf beteiligte Schüler mit extrem schwachen Leistungen zurückgeführt wurde; zudem, weil der Unterschied zwischen einer mittleren Leistung und schlechteren Leistungen als größer erlebt wird als der Unterschied zwischen einer mittleren Leistung und besseren Leistungen. Streblow (2004) überprüfte die Gültigkeit des I/E-Modells für Fächerkombinationen mit Hilfe

einer Erweiterung um zusätzliche Fächer. Sie fasst in einer ausführlichen theoretischen Darstellung die Studien, die einerseits der Entwicklung des Modells zu
Grunde liegen, zusammen. Andererseits stellt sie das Modell überprüfende
Replikationsstudien vor, die unterschiedliche Faktoren (verschiedene Fächer,
Alter, Geschlecht, spezielle Schülergruppen) berücksichtigen. Eine weitere,
umfangreiche Zusammenfassung stellen Möller und Köller (2004) her. Die Wissenschaftler stellten 34 voneinander unabhängig sowohl im englischen- auch im
deutschsprachigen Raum durchgeführte Studien vor, in denen das I/E-Modell
gezeigt wurde. Die Autoren berichten über die festgestellten Zusammenhänge
zwischen den Leistungen und den Selbstkonzepten in den jeweiligen Domänen.

   In der Studie von Skaalvik & Rankin (1990) wurden das I / E Modell von
Marsh und die Geschlechterunterschiede in der Struktur des akademischen
Selbstkonzepts mit Daten von norwegischen Sechstklässlern untersucht. Die
mathematischen und sprachlichen Selbstkonzepte auf kognitiver Ebene wurden
als Erfolgserwartungen an erläuterten Aufgaben definiert. Es wurde keine starke Unterstützung für das I / E-Modell gefunden: Mathematische und verbale
Selbstkonzepte korrelierten stark miteinander und es gab keine wesentlichen
direkt negativen Wirkungen in den erwarteten Richtungen. Das Ergebnis unterschied sich von der bisherigen Forschung und Untersuchung der Dimensionen
der mathematischen und sprachlichen Selbstkonzepte, was darauf hindeutet,
dass sich hier entweder bemerkenswerte kulturelle Unterschiede gezeigt haben
oder die akademischen Selbstkonzepte noch komplexer sind, als bisher angenommen. Eine weitere Erklärung lieferten Rost et. al (2004), die anhand einer
Schülerstichprobe des 7. und 8. Jahrgangs in vier Fächern gezeigt haben, dass
die entsprechenden Selbstkonzepte nur bei unterschiedlichen Noten gering
korrelieren. Sind dagegen die Noten in verschiedenen Fächern gleich, reduzie-
ren sich die Effekte – d.h. kontrastierende Effekte verringern sich, so dass auch
die entsprechenden Selbstkonzepte deutlich positiv zusammenhängen.

   Tunmer, Chapman und Prochnow (2003) legten ebenfalls Studien zum kausalen Zusammenspiel zwischen akademischen Selbstwahrnehmungen und der
Leistung vor, und zwar in Bezug auf das Lesen. Dieser Zusammenhang kann
nach den o.g. Autoren einem Entwicklungstrend folgen, der (1.) mit über das
Selbstkonzept überwiegenden Leistungen während der ersten Klassen beginnt,
(2.) sich zur Mittelschul-Phase, in der überwiegend eine gegenseitige Auswir-
kung zu finden ist, bewegt, und (3.) in die High-School-Zeit, als Selbstkonzept
eine kausale Dominanz über die Leistung entwickelt, geht. Auf die Untersuchungen der o.g. Forscher wird auch später an entsprechender Stelle detailliert
eingegangen. Eine weitere Arbeit zur Entwicklung der kausalen Ordnung zwi-

schen akademischen Leistungen und akademischem Selbstkonzept von Grundschulkindern legten Guay, Marsh und Boivin (2003) vor. Die Autoren behaupten, im Gegensatz zur bisherigen Forschung, eine methodisch starke Studie
bieten zu können. Die Studie umfasst drei Phasen der Datenerhebung mit einem 1-Jahres-Intervall zwischen den einzelnen Messzeiten (2., 3. und 4. Klasse).
Die Analyse zeigt signifikante Korrelationen zwischen den erhobenen Selbstkonzepten zu verschiedenen Messzeitpunkten (MZP) (zwischen 1. und 2. MZP .44*;
zwischen 2. und 3. MZP. .57*). Lange Zeit sprachen Forschungsbefunde bei
Kindern im Grundschulalter für den skill-enhancement Ansatz. Die von Guay,
Marsh und Boivin vorgelegten Ergebnisse unterstützten das Gegenseitige-
Effekt-Modell für die ersten beiden Phasen der Datensammlung für alle drei
Altersgruppen. Die Autoren bedauern ausdrücklich das Fehlen ausreichender
Untersuchungen mit kleinen Kindern in den ersten Schuljahren (z. B. am Anfang
der Schule, in der 1. Klasse) oder noch in den Kindergarten.

Über die Bedingungen, welche die schulischen Fähigkeitsselbstwahrnehmungen im Grundschulalter determinieren, berichtet Spinath (2004). Im Abstand von sechs Monaten wurden Daten bei Kindern der Klassenstufen 2. bis 4.
(Alter zwischen 7 und 11 Jahren) erhoben. Die Fähigkeitsselbstwahrnehmungen
zum 1. MZP sowie die Leistungseinschätzungen durch die Lehrkraft erwiesen
sich als starke Prädiktoren der Fähigkeitsselbstwahrnehmungen zum 2. MZP in
der Gesamtstichprobe. Dasselbe Muster spiegelte sich bei der separaten Analyse für die 3. und 4. Klasse wieder. In der 2. Klasse dagegen war der stärkste
Prädiktor die elterliche Fähigkeitswahrnehmung für ihre Kinder. Dieser Faktor
wurde zwar auch in der 1. Klasse erhoben, zeigte aber keine Korrelation mit den
kindlichen Selbstkonzepten. Zur Erklärung der Fähigkeitsselbstwahrnehmungen
trug die erhobene Intelligenz der Kinder nicht bei.

2.1.6   *Genderunterschiede als Teilaspekt der Selbstkonzeptforschung*

Eine weitere interessante Fragestellung ist die über die Genderunterschiede in
Bezug auf Leistung und Selbstkonzept. Die Untersuchungen Marshs (1989) mit
Jugendlichen in der Vorpubertät haben für die beiden Geschlechter differieren-
de Selbstkonzepte gezeigt, die jeweils höheren bei Jungen bei Körperfähigkeiten
(Physical Ability), bei Mädchen eher für das Lesen (Reading). Geschlechtsunter-
schiede registrieren van Aken, Helmke & Schneider (1997) auch bei Grundschul-
kindern in Bezug auf die Leistungen (im Bereich Mathematik erwiesen sich die
Jungen stärker, die Mädchen dagegen im Bereich Rechtschreiben). In Bezug auf

die Beziehung zwischen Selbstkonzept und Leistung waren diese Unterschiede aber ohne Bedeutung.

Helmke (1998) zeigt einen geschlechtsspezifischen Einfluss bei der Entwicklung des Selbstbildes, so ließen sich verschiedene Verläufe der Selbstkonzeptentwicklung bei den Jungen und Mädchen beobachten. Sowohl im Kindergarten als auch in der 1. Klasse beurteilen demnach Mädchen ihre Leistungen in Mathematik als ebenso gut wie Jungen. Ab der 2. Klasse aber schätzen die Schülerinnen ihren Leistungsstand erheblich ungünstiger ein. Im Fach Deutsch ist die Konstellation gerade umgekehrt, nur dass die Differenzen hier erheblich geringer sind. Im Fach Mathematik bleiben die Unterschiede auch in den folgenden Klassenstufen bestehen, im Fach Deutsch gleichen sie sich fast völlig aus. Die Analyse zeigt, dass am Schulanfang die Jungen wirklich ein höheres Leistungsniveau in Mathematik aufweisen. Die Geschlechtsunterschiede werden während der Grundschule jedoch immer geringer. Im Unterrichtsfach Deutsch befinden sich Jungen und Mädchen am Anfang der Grundschulzeit auf gleichem Leistungsniveau, an deren Ende zeigen die Mädchen ein höheres Leistungsniveau. Es wurden schließlich zwei weitere Gruppen gegenübergestellt: Kinder, die nach der 4. Klasse auf das Gymnasium und Lernende, die auf die Hauptschule wechseln sollten. Während der Grundschulzeit wiesen die Schüler und Schülerinnen, die später eine Gymnasialempfehlung erhielten, eine günstigere Selbsteinschätzung im Fach Deutsch auf als jene, die eine Hauptschulempfehlung bekamen. Die Abstände waren im Fach Mathematik nicht so stark ausgeprägt.

Das Geschlecht und das Selbstkonzept sowie die frühen Leseleistungen waren auch in den Untersuchungen von Tunmer, Chapman & Prochnow (2003) wichtige Aspekte der Betrachtung. Es zeigte sich jedoch, dass am Anfang der 1.Klasse sowie am Ende der 1. und 2. Klasse die Ergebnisse keinen statistisch signifikanten Unterschied zwischen Jungen und Mädchen sowohl für die Leseleistung/Phonologische Bewusstheit als auch für das Leseselbstkonzept ergaben. Die einzige Ausnahme bestand in der Mitte des 3. Jahres für die Selbstkonzept-Bewertung: Jungen zeigten hier ein höheres lesebezogenes Selbstkonzept als Mädchen. Darüber hinaus fanden die Forscher keinen Beweis dafür, dass Jungen die Schule weniger vorbereitet als Mädchen besuchen würden. Es gab weiterhin keine Unterschiede zwischen Jungen und Mädchen bezüglich der Messungen der allgemeinen kognitiven Fähigkeiten zum Schulanfang (etwa zum verbalen Arbeitsgedächtnis und zum rezeptiven Wortschatz), ebenso wenig bei der Variable, die am meisten die spätere Leseleistung vorherzusagen ermöglicht: der Phonologischen Bewusstheit. Im deutschsprachigen Raum steht dieser Befund im Einklang mit den Arbeitsergebnissen von Barth und Gomm (2008).

Der von den deutschen Wissenschaftlern durchgeführte t-Test zeigte in der Gesamtleistung der Phonologischen Bewusstheit keine statistisch bedeutsamen Geschlechterunterschiede.

2.1.7   Leseselbstkonzept

Der Erwerb von Lesekompetenzen nimmt eine zentrale Bedeutung ein, wenn es um die Entwicklung kognitiver Fähigkeiten in der Kindheit geht. Es war lange umstritten, ob Kinder in der Lage seien, ihre bereichsspezifischen akademischen Selbstkonzepte zu identifizieren. Inzwischen existieren aber Studien (Eccles et al., 1993), die berichten, dass die Erstklässler für verschiedene Selbstkonzept-domäne (z.b. Mathematik, Lesen, Musik, Sport) differenzierte Vorstellungen besitzen. Die Autoren fanden nicht nur heraus, dass die Erstklässler ein diffe-renziertes Mathematik und Leseselbstkonzept besitzen, sondern dass sie auch zwischen der Fähigkeitserkenntnis und der subjektiven Anwendung der beiden Selbstkonzeptbereiche unterscheiden.

Das in dieser Arbeit im Fokus stehende Selbstkonzept lässt sich gut in die Hierarchie des Shavelson-Modells einordnen. Es befindet sich unterhalb der Ebene „academic self-concept" und unterhalb des „verbalen Selbstkonzepts". Es werden dazu in der vorliegenden Studie zwei Ebenen abgedeckt: Unterebene Lesen und auf noch tieferer Ebene die Facette Phonologische Bewusstheit. Neben der Facette Phonologische Bewusstheit konnten als weitere Facetten Buchstabenkenntnis, Wort-, Satz- und Textverständnis lokalisiert werden.

Mittlerweile gilt als konsensfähig, dass das Selbstkonzept eine wichtige Be-deutung für die Selbstverwirklichung in der Schule und für die Zukunft der Kin-der hat. Auf die Bedeutsamkeit auch des Leseselbstkonzepts für das gesamte akademische Selbstkonzept wird von mehreren Autoren hingewiesen (Chap-man, Tunmer & Prochnow, 2000; Möller & Schiefele, 2004).

Das Leseselbstkonzept (reading self-concept) steht, aufgrund des Stellen-werts des Lesens in der Grundschule, im Fokus der Untersuchungen von Chap-man und Tunmer. Das von ihnen konzipierte Instrument zum Erheben des Le-seselbstkonzepts (Reading Self-Concept Scale – RSCS) (vgl. Tunmer, Chapman & Prochnow, 2003) ist für Schüler ab der 1. bis zur 3. Klasse gedacht und besteht aus 30 Items. Alle Items wurden in Frageformat formuliert (Itembeispiel: „Are you a good reader?") (Tunmer et al., 2003, S. 49)). Die Kinder reagierten auf jedes Item entlang einer Fünf-Punkte-Skala.

Die Forscher berichteten im Jahr 1995 über vier in Neuseeland durchgeführte Untersuchungen, anhand derer die Leseselbstkonzeptentwicklung bei
kleinen Kindern erfasst wurde. Das erste Experiment gab Klarheit über das von
Marsh (1986) berichtete Phänomen, dass die Antworten auf negative Items mit
den Antworten auf positive Items nicht übereinstimmten. Das zweite Experiment hatte zum Ziel, dieses Phänomen mit Hilfe von Wortänderung und Item-
design zu eliminieren. Experiment drei definierte das Leseselbstkonzept als eine
Struktur, die drei Unterkomponenten berücksichtigt: die Erkenntnis/das Selbstbild über die Lesekompetenz (perceptions of competence in reading), die Er-
kenntnis/das Selbstbild über Schwierigkeiten beim Lesen (perceptions of diffi-
culty with reading) und die Erkenntnis/das Selbstbild über die Einstellung zum
Lesen (attitudes toward reading) [Übersetzung K. P. K.]. Das vierte Experiment
zeigte, wie sich die Relation zwischen diesen Subkomponenten mit zunehmendem Alter ändert. Das Selbstbild über die Lesekompetenz bezieht sich auf die
Leistungsfähigkeit und die Kenntnisse bei Leseaufgaben. Das Selbstbild über
Schwierigkeiten beim Lesen bezieht sich darauf, dass Lesetätigkeiten mühevoll
sind. Die Festlegung der Subkomponenten des Leseselbstkonzepts indiziert,
dass diese bei kleinen Kindern gut definiert sind, was die Annahme und die
Ergebnisse anderer Studien (Eccles et al., 1993; Marsh et al., 1991) bestätigen,
nämlich, dass ab dem Alter von fünf Jahren kleine Kinder in der Lage sind, ihre
Selbstkonzepte zu differenzieren. Die Ergebnisse zeigen auch, dass diese Subkomponenten in sich verändernder Relation zueinander und zum aktuellen
Leseselbstkonzept stehen.

Trotz der zentralen Rolle des Lesens schenkte die Forschung der Entstehung des Leseselbstkonzeptes bisher wenig Aufmerksamkeit, weshalb nur wenige Untersuchungen bei kleinen Kindern durchgeführt wurden (Chapman &
Tunmer, 1995). Ein Grund für diese Forschungslücke ist nach den o.g. Autoren
der Mangel an Kriterien für das Leseselbstkonzept. Dieser Mangel wiederum
wird durch die Schwierigkeiten bei der Item-Konstruktion und den Antwort-
Formaten verursacht. Psycholinguistische Faktoren, die dem Niveau der kognitiven Entwicklung von kleinen Kindern nahestehen, beeinflussen unzulässig die
Erhebungsinstrumente. Marsh (1986) warnt vor dem Effekt, dass kleine Kinder
negativ formulierte Selbstkonzeptitems anders beantworten als positiv formulierte. Er interpretiert das Phänomen als „negative item bias" und konstatiert,
dass es zudem altersabhängig sei. Chapman und Tunmer (1995) stimmen
Marshs (1986) Schlussfolgerung, negative Items von den Skalen für junge Kinder
völlig auszuschließen, nicht zu. Vielmehr fanden sie heraus, dass negative Items
beim Messen des Selbstbildes über Schwierigkeiten beim Lesen als eine Kom-

ponente des Leseselbstkonzepts integriert werden können. Sie schlagen vor, die deklarativen Aussagen in Fragen zu verwandeln, die das Personalpronomen „du" enthalten: z.B. „Bist du ein guter Leser?", anstatt der üblichen deklarativen Format z.B. „Ich bin ein guter Leser" (Tunmer, Chapman & Prochnow, 2003). Beim Verwenden interrogativer Items mit dem Pronomen „du" sind Selbstkonzeptaussagen in der natürlichen Sprache eingebettet und fordern nicht, dass kleine Kinder ihre vor kurzem erworbenen oder sich noch entwickelten Prüfsysteme verwenden. Daher empfehlen Chapman und Tunmer (1995), statt negative Items in für kleine Kinder bestimmte Selbstkonzeptskalen zu eliminieren, alle Items im Format interrogativer Aussagen mit dem Personalpronomen „du" zu formulieren.

Chapman und Tunmer (1997) konstatieren, dass die Korrelation zwischen lesebezogener Leistung und Leseselbstkonzept während der 1. Klasse .15 beträgt, in der 2. Klasse aber auf .36 steigt. Diese Beziehung deutet auf eine relative Instabilität während der ersten zwei Jahre der Grundschule hin (vgl. Chapman, Tunmer & Prochnow, 2000). Diese Ergebnisse sind nicht überraschend, da die Kinder sowohl Schwierigkeiten als auch Erfolge während des Prozesses des Lesenlernens erleben. Damit sich ein stabiles und schlüssiges Selbstbild über Lesefähigkeiten entwickeln kann, sind einige Jahre notwendig. Es gibt aber auch Kinder, die relativ konsistente Erfahrungen über ihre Leistungen und Schwierigkeiten beim Lesenlernen seit der Einschulung machen. Chapman, Tunmer und Prochnow, (2000) setzten in ihrer Untersuchung Kinder mit positivem, negativem und typischem Schulselbstkonzept nach dem zweiten Schuljahr zusammen. Die Wissenschaftler fanden heraus, dass Kinder mit negativem Schulkonzept eine wesentlich schwächere phonologische Sensitivität am Schulanfang besaßen. Am Ende der ersten – und danach wieder in der Mitte der dritten Klasse – lesen solche Kinder Bücher auf einem relativ niedrigen Niveau. Auch ihre Worterkennung und ihr Leseverstehen bewegen sich auf einem geringeren Niveau. Das Leseselbstkonzept zeigt sich, entsprechend dem Schulselbstkonzept, ebenfalls differenziert. Das wurde zum ersten Mal ca. sechs bis acht Wochen nach dem Schulbeginn gemessen. Zu diesem Zeitpunkt besaßen bereits die Gruppen mit negativem Schulselbstkonzept pessimistischere Einstellungen gegenüber dem Lesen als die mit positivem. Auch die Gruppen mit den von den Autoren als typisch klassifiziertem Schulselbstkonzept besaßen weniger Lesekompetenz als die mit positivem. Bis zur Mitte des dritten Jahrgangs schätzten sich die negativen Gruppen als weniger lesekompetent als die positiven ein. Sie hatten mehr Schwierigkeiten und zeigten weniger Lust zum Lesen als die Gruppen, die ein positives oder typisches Schulselbstkonzept besaßen. Die Unterschiede beim

Leseselbstkonzept zeigten sich während der ersten beiden Monate nach dem Schulbeginn (Chapman, Tunmer & Prochnow, 2000) und kontrastieren die Ergebnisse anderer Studien, die berichten, dass die Kinder mit einer optimistischen Einstellung in die Schule kommen und dass einige Jahre vergehen müssen, bis die Schulrealität dieses überwiegend positive Selbstbild ausgleicht. Chapman, Tunmer und Prochnow (2000) vermuten, dass ein verhältnismäßig großer Anteil der an der genannten Untersuchung beteiligten Kinder bei der Einschulung über relativ geringe Phonologische Bewusstheit und wenig Schreibkompetenzen (z.B. Schreiben des eigenen Namens) verfügten. Diese Fähigkeiten fördern jedoch einen erfolgreichen Prozess des Lesenlernens nachhaltig.

Das Ziel einer weiteren Studie von Tunmer, Chapman & Prochnow (2003) war es, das entstehende kausale Zusammenspiel zwischen Leistung und Selbstkonzept zu prüfen. Obwohl leistungsbezogene Wahrnehmungen mit den akademischen Leistungen verbunden sind, ist nicht bekannt, in welchem Alter diese Beziehung sich zu bilden beginnt, insbesondere in Bezug auf das Lesenlernen. Es wurden Analysen der Daten aus der Drei-Jahres-Langzeitstudie verwendet, um die Beziehungen zwischen Lesefähigkeiten und Leseselbstkonzept zu Beginn der 1. Klasse sowie in der Mitte der 2. und der 3. Klasse zu prüfen. Die Korrelationen zwischen den Variablen Lesekompetenz und Leseselbstkonzept zeigten im Verlauf der Zeit eine stetige Zunahme (1. MZP .11, 2. MZP .21*, 3. MZP .35**). Der Befund zeigt, dass sich ein signifikanter Zusammenhang zwischen dem Lesen und dem Leseselbstkonzept während des zweiten und dritten Schuljahres zu bilden beginnt. Kinder in Neuseeland beginnen die Schule am oder um ihren fünften Geburtstag, so dass das formale Lesenlernen zu dieser Zeit beginnt. Die Feststellung einer bescheidenen, aber signifikanten Korrelation zwischen dem Lesen und Leseselbstkonzept in der Mitte des zweiten Schuljahres, also im Alter von etwa 6 ½ Jahren, erscheint bedeutsam. Diese Beobachtung legt nahe, dass das Entstehen einer Beziehung zwischen den mit einem spezifischen Aspekt des Selbstkonzepts verbundenen Wahrnehmungen (Leseselbstkonzept) und dem tatsächlichen Leistungsverhalten (Leseleistung) früher auftritt, als das andere Forscher beobachtet haben (vgl. Tunmer, Chapman & Prochnow, 2003). Die nichtsignifikanten Werte vor der Mitte des zweiten Jahres weisen darauf hin, dass diese frühen lesebezogenen Selbstwahrnehmungen keinen direkten kausalen Einfluss auf die Leseleistung haben. Auf der anderen Seite lässt der bescheidene, aber statistisch signifikante Wert in der Mitte des zweiten Schuljahres den Schluss zu, dass das Leseselbstkonzept eher eine Folge als eine Ursache der Leseleistung ist. Weiterhin zeigten die Ergebnisse, dass die Leseleistung zwischen Mitte des zweiten Jahres und Mitte des dritten Jahres gelegentlich prädominant gegen das Selbstkonzept hervortritt. Die anfänglichen Lektüre-Erfahrungen in der Schule waren mit der Entwicklung des Leseselbstkonzepts innerhalb der ersten zweieinhalb Jahre der Ausbildung verbunden. Dieser Abschnitt umfasst die Zeit, in welcher der „negative Effekt" (der Schwache wird schwächer) erstmals wahrnehmbar wird, eben für diejenigen Schüler, die anfängliche Schwierigkeiten mit dem Lesen haben. Es zeigte sich keine signifikante Beziehung zwischen der Prä-Lesefähigkeit und dem anfänglichen Leseselbstkonzept bald nach der Einschulung. Das könnte dadurch erklärt werden, dass zu diesem frühen Zeitpunkt vielleicht eher eine Unter-Domäne des Leseselbstkonzepts „aktiv" ist, nämlich das Selbstkonzept Phonologischer Bewusstheit. Darüber hinaus trug keine dieser Variablen – Prä-Lesefähigkeit und Leseselbstkonzept – einen signifikanten Beitrag zur Leistungsvorhersage am Ende des zweiten Schuljahres bei. Diese Studie zeigt deutlich, dass die Interaktion zwischen Lesekompetenz und Leseselbstkonzept während des zweiten und dritten Schuljahrs beginnt, also im Alter von sechs bis sieben Jahren. Dieser Zusammenhang entwickelt sich weiter innerhalb der zweiten Hälfte des zweiten Jahres und dem Anfang des dritten Jahres. Der genauere Zeitpunkt aber, zu dem diese Selbstwahrnehmung sich auf die Leseleistung auszuwirken beginnt, bleibt hier unklar. Erkenntnisse anderer Wissenschaftler haben gezeigt, dass das schulische Selbstkonzept möglicherweise Einfluss auf die Leistungen zwischen der 3. und der 5. Klasse oder aber im Zeitraum ab der 5. bis zur 6. Klasse nimmt (z. B. Helmke, 1992).

Die Feststellung in der Studie von Tunmer, Chapman & Prochnow (2003), dass das Leseselbstkonzept eine Beziehung mit der Leseleistung im zweiten und dritten Schuljahr bildet, wirft wichtige Implikationen für Schüler mit anfänglichen Leseschwierigkeiten auf. Insgesamt stimmen die Ergebnisse dieser Studie mit der Ansicht überein, dass die akademischen Selbstkonzepte sich als Reaktion auf die frühen Lernerfahrungen bilden.

Nachdem die Bedeutung der Lesekompetenz für den schulischen Erfolg der Schüler und Schülerinnen offensichtlich wurde (insbesondere im Kontext der Erkenntnisse aus PISA), ist diese Fähigkeit zu einem wichtigen Begriff und Untersuchungsaspekt der Bildungsforschung avanciert. Auch die Internationale-Grundschul-Lese-Untersuchung (IGLU), die im englischsprachigen Raum unter der Bezeichnung PIRLS (Progress in International Reading Literacy Study) zu finden ist, beschäftigt sich mit der sogenannten Lesekompetenz. Sprach man bis dahin nur allgemein von Leseverständnis, etablierte sich durch die genannten Studien der Terminus der reading literacy, der neben dem bloßen Verständnis auch die motivationale Einstellung zu Texten berücksichtigt. Die 2001 und 2006 durchgeführten IGLU-Studien lieferten zusätzlich Erkenntnisse zu dem Bereich des Selbstkonzeptes: So zeigten sich signifikante Unterschiede zwischen den Selbstkonzepten von Jungen und Mädchen am Ende der 4. Klasse. Die Selbstkonzepte der Kinder in Bezug auf die Fächer Lesen und Mathematik fielen eher positiv aus, wobei Mädchen ein positiveres Bild von ihren Lesefähigkeiten und die Jungen eher von ihren Fähigkeiten in Mathematik besaßen. Die Unterschiede in Mathematik waren jedoch nicht signifikant (Valtin, Wagner, & Schwippert, 2005). Die Ergebnisse wiesen im Weiteren auf eine Beziehung zwischen kindlichen Selbsteinschätzungen und ihren Leseleistungen hin. Die IGLU-Studie präsentierte hierzu im Jahr 2006 fast identische Ausprägungen bei den Kindern in Deutschland und in Bulgarien hinsichtlich ihres Leseselbstkonzepts: So zeigten 58 % der Schülerinnen und Schüler, sowohl der deutschen als auch der bulgarischen Stichprobe, ein hohes Leseselbstkonzept und standen somit im oberen Viertel der Ergebnislisten der Teilnehmerstaaten. Ein mittleres Leseselbstkonzept besaßen 40 % der Kinder in Deutschland und 38 % in Bulgarien. Über ein niedriges Leseselbstkonzept verfügten 2 % der Lernenden in Deutschland und 4 % in Bulgarien (Bos et. al., 2007, S. 134). Ebenfalls vergleichbar sind die Lesetestleistungen der Kinder in den beiden Ländern (Mittelwerte für die Gesamtskala Lesen: 548 für Deutschland und 547 für Bulgarien) (Bos et. al., 2007, S. 141). Die Studie, die eine Einordnung Hamburgs in die Selbstkonzept-Ergebnisse der IGLU-Studie erlaubt, ist KESS 4 (Mielke, Goy & Pietsch, 2006). Als flächendeckende Längsschnittstudie untersuchte KESS 4 (Kompetenzen und Einstellungen von Schülerinnen und Schülern) ab der zweiten Hälfte des Jahres 2003 die Fertigkeiten der Schülerinnen und Schüler in Bezug auf Deutsch, Englisch, Mathematik und Naturwissenschaften sowie ihre Einstellung zum schulischen Lernen. Auch hier wurde die Lesefähigkeit als „(...) Kernkompetenz für das schulische und das darüber hinausgehende lebenslange Lernen (...)" verstanden und die zentrale Bedeutung des Leseselbstkonzepts für das akademische Selbstkonzept gesehen (Mielke, Goy & Pietsch, 2006, S. 91). Die Korrelation zwischen dem Leseselbstkonzept und der gemessenen Leseleistung spricht auch bei dieser Untersuchung für einen positiven Zusammenhang beider Faktoren.

2007 wurden ebenfalls in Deutschland Studien, die lesebezogene Selbstkonzepte von Schülerinnen und Schülern in den ersten Jahren der Grundschulzeit erheben, durchgeführt. Die Leistungsselbstsicht von Grundschulkindern (ab der 2. Klasse) mit Schwerpunkt Leseleistung untersucht Morys (2007) und bestätigt die Annahme über die in diesem Alter zu erwartende Selbstüberschätzung. Sie berichtet weiterhin, dass überraschenderweise auch Kinder, die zusätzliche Unterrichtsstunden in Leseförderung besuchen, ihre Leseleistung überschätzen. Erwartet wurde zunächst, dass dieser das Kind innerhalb des Klassenverbandes kennzeichnende Vorgang einen „Etikettierungseffekt" mit negativen Auswirkungen auf das Selbstkonzept ausüben wird (Morys 2007, S. 446). Das bedeutet, dass Kinder dieses Alters nicht alle Informationsquellen bei ihrer Selbstwahrnehmung berücksichtigen, sogar dann, wenn die externen Standards deutlich zu einem negativen Selbstbild beitragen sollten. Morys (2007) beschreibt ihren eigenen Forschungsansatz als „(...) qualitative Forschung unter Einbezug von quantifizierenden Forschungsmethoden (...)" (S. 80). Das bedeutet, dass aufgrund des Designs eine Replizierung der Ergebnisse dieser Studie an einer großen, repräsentativen Stichprobe nicht zu erwarten ist.

Mithilfe des DÜnE-Projekts (Der Übergang in die neue Eingangsphase – Untersuchung zur Entwicklung von Bewältigungsstrategien und Lesekompetenzen in der neuen Schuleingangsphase in Nordrhein-Westfalen) (Beutel & Hinz, 2008) wurden in der beginnenden Grund-Schulphase Unterschiede in den Selbstkonzepten von Grundschulkindern in jahrgangsgebundenen und in jahrgangsübergreifenden Klassen erforscht. Die Autorinnen der Studie kombinieren qualitatives methodisches Vorgehen und quantitative Ergänzungen und führen leit- bzw. fragebogenunterstützte Einzelinterviews mit den Kindern, punktuelle Erhebungen zu deren Leseleistungen sowie die Fremdeinschätzungen durch Eltern und Lehrkräfte. Die erste Erhebung wurde in den ersten beiden Monaten nach der Einschulung durchgeführt und war in der Form eines Leitfadeninterviews mit offenen Fragestellungen konzipiert. Bei den folgenden Erhebungen kam ein daraus entwickelndes Fragebogen-Interview zum Einsatz. Die zu den zur Schlussversion gehörigen sechs Skalen besitzen zwischen vier und acht Items, drei davon sind lesebezogen: Bedeutung des Lesens (Itembeispiel: „Ich würde in der Schule gerne mehr lesen"), Empfindungen zum Schwierigkeitsgrad des Lesens (Itembeispiel: „Buchstaben lesen ist für mich leicht/schwer") und schließlich die sogenannte Skala „Akademisches Selbstkonzept", die im Grunde nur lesebezogene Items beinhaltet (Itembeispiel: „Ich finde es schwer, neue Wörter zu lesen") (Beutel und Hinz, 2008, S. 85). Das Antwortformat lehnt sich an die deutsche Version der Selbstkonzeptskalen von Harter an (Asendorf & VanAken, 1993) und beinhaltet für die Schulanfänger die Abstufungen „großes Nein", „kleines Nein", „großes Ja" und „kleines Ja" (Beutel und Hinz, 2008, S. 86). Als visuelle Unterstützung gab es zwei farbige „Spielfelder": gelb für Zustimmung und blau für Ablehnung (Beutel und Hinz, 2008, S. 86). Die Antworten der Kinder wurden zum Teil quantitativ, zum Teil qualitativ ausgewertet. Die Ergebnisse (statistisch dargestellt ab der zweiten Erhebung, Mitte der 1. Klasse) zeigten eine positive bis sehr positive Selbsteinschätzung. Die Fähigkeitsselbstkonzepte der Kinder in den Dimensionen Lernen und Lesenlernen blieben im positiven Bereich und über die Messzeiten ließ sich sogar eine leichte Steigerung beobachten. In der Dimension „Akademisches Selbstkonzept" zeigte sich darüber hinaus ein signifikanter Unterschied bezüglich der Variable „Geschlecht": Am Ende des Projekts (Ende der 2. Klasse) besaßen die Mädchen ein positiveres Fähigkeitsselbstkonzept, was auch den tatsächlichen Leseleistungen entsprach. Die Untersuchung bestätigt einerseits die Anwendbarkeit des vierstufigen Antwortformats bei deutschsprachigen Schulanfängern und -anfängerinnen und andererseits das für dieses Alter charakteristische positive Selbstbild über die eigenen Fähigkeiten. Weiterhin deuten die Ergebnisse auf keine bestehenden Geschlechterunterschiede in Bezug auf das Leseselbstkonzept während des ersten Schuljahres, auch wenn die Befunde erst ab dem zweiten Halbjahr statistisch dargelegt wurden.

Die Mehrheit der in der ersten Schulklasse eingesetzten Studien, die primär oder auch nur am Rande Leseselbstkonzepte erheben, wurde nicht unmittelbar zu Beginn des Schuleintritts mit den Schulanfängern- und -anfängerinnen durchgeführt. Zwei Beispiele hierfür stellen das Kooperationsprojekt KILIA und das Forschungsprojekt DÜnE dar. In beiden Untersuchungen wurde erst mehrere Wochen nach der Einschulung eine Selbstkonzepterhebung hinsichtlich der kindlichen akademischen und sozialen Selbstvorstellungen vorgenommen. Durch die „verspätete" Evaluierung (bei KILIA ab der fünften, bei DÜnE ab der zweiten Schulwoche) können jedoch nur vorsichtige Aussagen über die Selbstkonzepte der Schüler und Schülerinnen als Lernvoraussetzung gegeben werden, da schon durch die ersten Wochen dieser vollständig neuen Lebenssituation „Schule" ein verändernder Einfluss auf die kindliche Eigenwahrnehmung zu erwarten ist, der störend auf das Erhebungsergebnis wirken kann und somit nicht den tatsächlichen Anfangszustand wiederzugeben vermag. Dieses Umstandes bewusst, verweisen die Autorinnen des KILIA-Projektes explizit auf dieses Problem der äußeren Einflüsse: „Man kann hier [gemeint ist KILIA-Projekt; K. P. K.] nur noch eingeschränkt von Lernvoraussetzungen zu Schulanfang sprechen, da die ersten Schulwochen bereits Eindrücke bei den Kindern hinterlassen haben und erste Einflüsse durch Lehrer und Mitschüler bereits wirksam geworden sein können" (Martschinke, Kammermeyer, Frank & Mahrhofer, 2002, S. 31).

Im Gegensatz zu den oben genannten Studien, in denen von einer sozialen und unterrichtlichen Beeinflussung bereits durch die ersten Schulwochen ausgegangen wird, liegt der hier vorliegenden Untersuchung die Annahme zugrunde, dass sich die kindlichen Kenntnisse, Fertigkeiten, Einstellungen, Motive, Denkmuster und Strategien sowie ihre Selbstkonzepte auch kurz nach Schuleintritt messen lassen – dieses sogar notwendig ist, um frühzeitig diagnostisch und fördernd tätig zu werden.

Für den Bereich des Schriftspracherwerbs wird in der Literatur a priori zwischen einem Selbstkonzept im Lesen und einem Selbstkonzept im Schreiben differenziert. Mit Hilfe der Faktorenanalyse konnten Martschinke, Kammermeyer, Frank & Mahrhofer (2002) die Richtigkeit dieser Annahme in ihrer Untersuchung mit Erstklässlern „(...) im Großen und Ganzen bestätigen (...)", jedoch gab es „(...) einzelne Items, [die; K. P. K.] jeweils zugleich auf anderen Faktor laden" (s.o. S. 30). Mit einer Faktorenanalyse konnte Helmke (1997) die Dimensionen Deutsch und Mathematik bei Viertklässlern im Rahmen des SCHO-LASTIK-Projekts voneinander trennen. Das Selbstkonzept in Deutsch spaltete sich jedoch in weitere Faktoren. Die Items zum Selbstkonzept im Vorlesen repräsentierten nahezu zwei Faktoren, was auf eine Heterogenität deutet. Darüber hinaus legt dieser Datensatz nahe, dass zumindest ein separater Faktor für das Selbstkonzept im Aufsatzschreiben differenziert werden kann. Das mag für die Komplexität und den Facettenreichtum des verbalen Selbstkonzepts von Kindern dieses Alters sprechen.

2.1.8   *Inventare im deutschen Sprachraum*

Für die Selbstkonzepterfassung von Grundschulkindern gilt allgemein, dass wenige differenzierte Verfahren erarbeitet wurden. Das kann unter anderem auch damit erklärt werden, dass „(...) lange Zeit falsche Annahmen über mangelnde kognitive Kompetenzen bei jüngeren Kindern (...)" herrschten (Asendorpf & van Aken, 1993, S.65).

Schöne, Dickhäuser, Spinath und Stiensmeier-Pelster nannten im Jahr 2002 für den deutschen Sprachraum zwei, allerdings bereits vor mehreren Jahren normierte Verfahren (bzw. darin enthaltene Subskalen) zur Erfassung von Fähigkeitsselbstkonzepten (nämlich Deusinger, 1986 und Wagner, 1977) und fünf weitere nicht normierte Fragebögen (Asendorf & van Aken, 1993; Pekrun 1983; Rost & Lamsfuss, 1992; Hörmann, 1985; Wünsche & Schneewind, 1989). Die Unterskala „Frankfurter Selbstkonzeptskala zur allgemeinen Leistungsfähigkeit" (FSAL) von Deusinger (1986) umfasst 10 Items, welche die Einstellungen zur eigenen Leistungsfähigkeit erfassen sollten. Sie ist ab einem Alter von 13 Jahren normiert. Der „Fragebogen zum Selbstkonzept für 4. – 6. Klassen" (FSK 4 – 6) von Wagner (1977) enthält sechs Unterskalen, eine davon ist die „Einschätzung eigener Fähigkeiten". Kritisch anzumerken nach Schöne, Dickhäuser, Spinath und Stiensmeier-Pelster (2003) ist, dass diese Skala teils nicht die Einschätzung eigener Fähigkeiten, d.h. das Fähigkeitsselbstkonzept erfasst, sondern diesbezügliche Bewertung anderer Personen, d.h. die wahrgenommene Fremdeinschätzung (Itembeispiel: „Meine Eltern halten mich für klug."). Angesichts dieser Kritik schlagen die o.g. Autoren die „Skalen zur Erfassung des schulischen Selbstkonzepts" (SESSKO) als ein neues Verfahren vor, welches in vier Skalen (kriterial, individuell, sozial und absolut) das schulische Selbstkonzept ab der 4. bis zur 10. Klasse erfassen soll (Schöne, Dickhäuser, Spinath & Stiensmeier-Pelster, 2002). Die Forscher berichten zudem über einen Aspekt, der bislang bei der Selbstkonzeptmessung vernachlässigt worden sei: Sie schlagen eine klare Trennung zwischen affektiven („Ich schäme mich...") und kognitiven („..., dass ich nicht so schlau bin.") Repräsentationen des Selbstkonzepts vor (S. 4). Der explizite Ausschluss der affektiven Komponente bei der Messung von Fähigkeitsselbstkonzepten führe zu theoretischer Klarheit sowie zu genaueren Verhaltensvorhersagen und Interventionsstrategien.

Hasselhorn, Marx & Schneider (2003) komplettieren die zurzeit verfügbaren normierten deutschsprachigen Verfahren zur Erfassung des Fähigkeitsselbstkonzepts und benennen zu den SESSKO-Skalen noch den „Fragebogen zu Kompetenz- und Kontrollüberzeugungen (FKK)" (Krampen, 1991) mit einer Subskala über eigene Fähigkeiten, jedoch über das generalisierte Selbstkonzept eigener Fähigkeiten (Itembeispiel: „Ich komme mir manchmal taten- und ideenlos vor"). Der FKK-Fragebogen wurde für einen höheren Altersbereich (ab 14 Jahre) konstruiert.

Einen Überblick über Verfahren zur Messung von Selbstkonzepten präsentierte im Jahr 2008 Susanne Frühauf und stellte Instrumente sowohl für den deutschen als auch für den englischen Sprachraum vor. „Die meisten dieser Verfahren sind jedoch für Schüler höherer Klassenstufen konzipiert worden" (S. 66), stellt die Autorin schließlich fest. So schlägt sie ein neues Verfahren vor, welches für die 3. Klasse der Grundschule das Selbstkonzept in inhaltlich unterschiedlichen Bereichen messen sollte (Frühauf, 2008). Die Autorin schreibt den sozialen Vergleichen eine Sonderrolle zu. So sind alle Items in Frageform gehalten und fordern von den Kindern stets, soziale Vergleiche mit ihren Klassenkameraden zu ziehen (Itembeispiel: „Machst du beim Lesen mehr Fehler als die anderen Kinder in deiner Klasse?"). Nach demselben Muster wurden drei Skalen mit jeweils 13 Items für die Bereiche Lesen, Schreiben und Rechnen gebildet.

In einem Beitrag zur 16. Jahrestagung der Kommission "Grundschulforschung und Pädagogik der Primarstufe" in der Deutschen Gesellschaft für Erziehungswissenschaft berichtet Mücke (2008) kurz über die ersten Ergebnisse der Pilotierung eines bildbasierten Testverfahrens. Dieses Verfahren misst das schulische Selbstkonzept in zwei Dimensionen (Kompetenzüberzeugung mit 12 Items und soziale Integration mit 7 Items). Der Autor referiert über erste Korrelationen zwischen dem erhobenen Selbstkonzept und den Leistungen in Rechtschreibung, basalem Lesen und Textverständnis, die halbjährig erfasst wurden. Der Test will das schulische Selbstkonzept im Anfangsunterricht erheben (am Ende der 1. und 2. Klasse), jedoch nicht das bei der Einschulung. Schwarz-Weiß-Zeichnungen stellen schulische Alltagssituationen dar und die Kinder müssen sich für jeweils ein Bild der Bildpaare entscheiden (Itembeispiel: „Schreiben mag ich gerne" vs. „Schreiben mag ich nicht gerne").

Der kurze Überblick zeigt, dass in den letzten Jahren im deutschen Sprachraum Verfahren, die durchaus handlungs- und praxisbezogen erscheinen, entwickelt wurden. Einige theoretische und diagnostisch-pädagogische Fragestellungen können differenziert behandelt werden, da immer zahlreichere und spezifischere Instrumente generiert, erprobt und publiziert wurden. Jedoch mangelt es immer noch an solchen Messinstrumenten, die bereichsspezifische schulische Fähigkeitsselbstkonzepte bei Grundschulkindern, besonders für den Anfangsunterricht, erheben können.

2.1.9 *Besonderheiten der Selbstkonzeptmessung bei kleinen Kindern*

Die Problematik der Selbstkonzeptmessung in der frühen Kindheit wurde bereits mehrmals angesprochen. Mehrere Faktoren erschweren die Erhebung des Selbstkonzepts bei jüngeren Kindern. Wegen möglicher Verständnisschwierigkeiten darf die Befragungsform nicht rein verbal sein und die Inhalte müssen kindgemäß gestaltet sein. Aufgrund der potenziell begrenzten Konzentrationsfähigkeit sollte die Durchführungsdauer eine gewisse Zeitspanne nicht überschritten werden. Da die Entwicklung von Gruppentests zusätzlich auf Schwierigkeit stößt, wird zudem eine aufwendigere individuelle Befragung benötigt (Asendorpf & VanAken, 1993; Marsh, Ellis & Graven, 2002), hinzu kommt noch die Instabilität kindlicher Urteile (Mummendey, 2006). Für ältere Kinder ist die mehrdimensionale, hierarchische Struktur des Selbstkonzepts bekannt und etabliert. Die mangelnde Anzahl der Untersuchungen mit jüngeren Kindern führte zu der Vorstellung, dass deren Selbstkonzept schlecht differenziert ist und das Globale Selbstkonzept vielleicht gar nicht existiert.

Die bereits erwähnte Tatsache, dass relativ zahlreiche Selbstkonzeptmessungen bei älteren Kindern unverhältnismäßig wenigen bei Kindern unter zehn Jahren gegenüberstehen, wird immer wieder in der Literatur beklagt, zumal die Bedeutung des Vor- und beginnenden Grundschulalters für die Entwicklung des kindlichen Selbstkonzepts durchaus betont wird. So stellen Marsh, Debus und Graven (1991) fest, dass das genannte Alter eine kritische Entwicklungsphase beim Aufbau eines positiven Selbstkonzepts darstellt, besonders in Bezug auf die späteren Bildungseinstellungen. Die Autoren gehen davon aus, dass der Mangel an Studien für dieses Alter durch den Mangel an theoretischen Modellen und angemessenen Verfahren zum Erheben des Selbstkonzepts erklärbar ist. Nach der Grundschulzeit seien die Persönlichkeitsunterschiede häufig jedoch schon so „verfestigt", dass die Antriebe, die zu ihrer Entstehung geführt haben, nicht mehr feststellbar sind (Pekrun, 1997).

Stipek und Mac Iver (1989) nehmen an, dass die Probleme mit den bestehenden Erhebungsverfahren auf die mangelnde Differenzierung der Kinderselbstkonzepte zurückzuführen sind und empfehlen angemessene Erhebungsprozeduren. Marsh, Debus und Graven (1991) vermuten, dass die Entwicklung von besseren, mehrdimensionalen Erhebungsinstrumenten zum Fortschritt in Theorie und Forschung mit kleinen Kindern führen könnte, ähnlich wie es bei der Forschung mit älteren Kindern bereits stattgefunden hat.

2.1.10   *Rolle des positiven Selbstkonzepts zu Beginn der Grundschule*

Eine positive Selbsteinschätzung wird von verschiedenen Autoren als einer der wichtigsten Indikatoren emotionalen Wohlbefindens im Kindes- und Jugendalter angesehen (Harter, 1999; Rosenberg, 1965), als ein Zeichen von psychosozialer Gesundheit (Helmke, 1998) sowie als Faktor, der das Gelingen der Leistungsprozesse beeinflusst und somit als Aufgabe der schulischen Erziehung (Beutel und Hinz, 2008) gedeutet wird.

Die Auswirkungen einer positiven Selbsteinschätzung auf Entscheidungen, Motivation und Ausdauerbereitschaft in Lern- und Leistungssituationen sind Objekt andauernder relativ intensiver Forschung. Das positive Selbstkonzept ist ein erwünschtes Ergebnis, das weitere – erwünschte – Ergebnisse bewirkt, etwa eine gute Schulleistung (Beutel und Hinz, 2008; Marsh, Debus und Graven, 1991). Umgekehrt entwickeln Schüler und Schülerinnen aufgrund sich immer wiederholender Fehler ein negatives Fähigkeitsselbstbild. Solche Lernenden geben infolge ihrer Erfahrungen und wegen ihrer geringen Erfolgserwartungen schneller als andere Kinder auf (Tunmer, Chapman & Prochnow, 2003).

In diesem Zusammenhang erhebt sich die Frage, welche Situation für die Kindesentwicklung zum Zeitpunkt des Schulanfangs und während der Grundschulzeit am günstigsten erscheint: Wenn Kinder ihre eigenen Leistungen unterschätzen, wenn sie diese realistisch einschätzen oder wenn sie sich überschätzen? Die bisherigen Analysen (Helmke, 1998) zeigen, dass sich eine realistische Einschätzung und besonders eine Unterschätzung eher ungünstig für die weitere psychosoziale Entwicklung auswirken. Am günstigsten ist es demnach, wenn sich Kinder für leistungsstärker halten als es ihrem aktuellen Zustand entspricht. Bei einem positiven Fähigkeitsselbstkonzept werden auch schwierige Aufgaben von den Kindern in Angriff genommen, d.h. die leicht erhöhte Selbsteinschätzung wirkt sich als ein motivationssteigernder Faktor aus, wobei auch die Lernausdauer gesteigert wird (Helmke, 1998). Ungünstig zeigt sich die Situation allerdings dann, wenn die kindliche Selbsteinschätzung extrem hoch ist, so dass von deutlichem Realitätsverlust gesprochen werden kann. Dann würden die erforderlichen Anstrengungen nicht mehr erbracht, weil der Lernerfolg für selbstverständlich gehalten wird (Helmke, 1992).

2.2 Lesekompetenz

Die fundamentale Fähigkeit des Lesens weckt als alte Kulturtechnik und mit den sie begleitenden Prozessen seit Jahrzehnten das besondere Interesse sowohl der Vertreter der Theorie als auch der empirischen Forschung. Zahlreiche Lesetheorien und Stufenmodelle der Lesekompetenz wurden entwickelt (z.B. Günther, 1995) und anspruchsvolle Messinstrumente und Diagnoseverfahren evaluiert. Die vorliegende Arbeit berücksichtigt insbesondere neuere Theorieansätze, die im Rahmen der Aufgabenstellung relevant erscheinen.

Durch Studien wie PISA und IGLU etablierte sich der Begriff der Lesekompetenz bis in die öffentliche Diskussion über Bildung, Schule und Unterricht. Solchen wissenschaftlichen Studien liegt dabei üblicherweise die aus angelsächsischen Ländern stammende Auffassung der *Reading-Literacy* zu Grunde, die sich jedoch keineswegs auf den Sprach- und Literaturunterricht beschränkt sondern sich vielmehr auf alle Bereiche des Lernens erstreckt. Lesekompetenz soll daher – auch hier – als eine *Basiskompetenz* verstanden werden. Sie ermöglicht es, erworbenes Wissens in bestehenden Lese- und letztendlich Lebenssituationen anzuwenden.

Die Lesekompetenz bestimmt weitgehend den Schulerfolg und ist ein zentrales Ziel im Grundschulunterricht. In der PISA-Studie (2000) wurde die Lesekompetenz in den Mittelpunkt der Betrachtung gestellt, „(...) weil die Beherrschung der Schriftsprache als bedeutsamer Pfeiler in der Entwicklung der Persönlichkeit angesehen wird, der darüber hinaus auch höchste Relevanz für die gesellschaftliche Eingliederung einer Person besitzt" (Schneider, 2004 S.13). Damit wächst die lebenspraktische Nutzbarkeit dieser Kompetenz und deren Erforschung und Erhebung bereits ab einem sehr frühen Alter von Kindern.

Nach Bos u.a. (2003) setzt sich die Lesekompetenz aus zwei Teilkompetenzen zusammen. So muss der Lesende textimmanente Informationen nutzen und gleichzeitig externes Wissen heranziehen können (S. 79). Die Nutzung textimmanenter Informationen umfasst dabei das Erschließen und Verwenden der einzelnen textlichen Einzelinformationen sowie das Ermitteln der Beziehungen zwischen Textteilen und -abschriften, um explizite Informationen zu erkennen und wiederzugeben und um Schlussfolgerungen ziehen zu können. Das Heranziehen externen Wissens umfasst zusätzlich die Reflexion über Inhalte und Strukturen des Textes, um einerseits komplexe Schlussfolgerungen und Interpretationen vornehmen und andererseits den Inhalt des Gelesenen und die Sprache prüfen und bewerten zu können (Bos u.a. 2003, S. 79).

„Das Konstrukt der Lesekompetenz umfasst (...) sowohl das (...) relevante aufgabenorientierte Fertigkeits- als auch das übersituative, generelle Fähigkeitsniveau im Sinne einer (relativ) zeitüberdauernden Handlungsdisposition" (Groeben, 2002, S. 13). Ferner wird die Kompetenz als ein Personencharakteristikum gesehen, das von dem situationalen Kontext abhängig ist: die verschiedenen Textsorten und -inhalte werden von Personen mit unterschiedlichen Lebens- und Erfahrungssituationen aufgenommen. Das bedeutet, dass sich die emotionale und motivationale Situationsangepasstheit mit kognitiven Aspekten verknüpft (Groeben, 2002, S. 14ff.).

Wichtiger gedanklicher Hintergrund für die vorliegende Arbeit ist die Rahmenidee der Internationalen Grundschul-Lese-Untersuchung (IGLU) (Lankes et al., 2003), wonach neben der Leseleistung auch das Interesse am Lesen, die Lesefreude und die Selbstwahrnehmung als Leser berücksichtigt werden, sowie das Rahmenmodell zur Erklärung von Leistungsergebnissen (S.16), in dem die Leseleistungen nicht nur als Unterrichtsergebnis betrachtet werden, sondern auch als Resultat verschiedener schulexterner, familiärer und institutioneller Merkmale. Als Lesekompetenz wird im Folgenden die in der Grundschule zu

erwerbende Grundfertigkeit bezeichnet, einzelne Wörter, Sätze und ganze (kurze) Texte lesen zu können und in der Lage zu sein, diese im ganzen Textzusam-
menhang zu verstehen.

2.2.1   *Lesekompetenzmodelle*

Nach Gibson und Levin (1980) ist das Lesen ein komplexer Verlauf, währenddes-
sen der Leser die aktuell gelesene Information stets mit dem verknüpft, was
vorher im Text stand und was als nächstes kommen wird. Dies erscheint keinesfalls als ein linearer Prozess, der mit dem Dekodieren des visuellen Inputs beginnt und mit dem Verstehen endet. Die Verständnisprozesse, die beim Lesen
ablaufen, stellt Irwin (1986) in einem detaillierten Modell dar, das fünf basale
Prozesse unterscheidet. Auf vier Ebenen (Satz-, Absatz-, Text- und Prozessebe-
ne) bettet sie diese fünf Verläufe ein, beginnend mit Mikroprozessen bis hin zu
metakognitiven Prozessen (nach Voss et al., 2005; vgl. auch Blatt & Voss, 2005).
Ein vierstufiges Modell, eingebunden in Irvins Modell, verdeutlicht das Leseer-
ständnis im Rahmenkonzept von IGLU (Bos et al., 2003). Die erste Stufe reflek-
tiert eine elementare Lesekompetenz und umfasst „Erkennen und Wiedergeben
explizit angegebener Informationen" (Bos et al., 2003, S. 80). Auf der zweiten
Stufe wird erwartet, aus dem Gelesenen „einfache Schlussfolgerungen ziehen"
zu können (s.o.). Die dritte Stufe beinhaltet Aufgaben, die von den Kindern
fordern, „komplexe Schlussfolgerungen [zu; K. P. K.] ziehen und [zu; K. P. K.]
begründen" bzw. eine Interpretation des Gelesenen durchzuführen (s.o.). Um
auf der vierten Stufe zu interagieren, müssen die Kinder in der Lage sein, Inhalt
und Sprache zu prüfen und zu bewerten, d.h. eine „umfangreiche Sprachverste-
henskompetenz in Form von Kritikfähigkeit, Erfassung der Tiefenstruktur des
Textes etc." zu besitzen (Voss et al., 2005, S. 18f.). Prägnant und klar formuliert
wurden die vier Kompetenzstufen von Bos und Mitarbeitern (Bos, Lankes,
Schwippert et al., 2003, S. 88; Bos, Pietsch & Stubbe, 2006, S. 58) in folgender
Weise: (1.) „Gesuchte Wörter in einem Text erkennen"; (2.) „Angegebene Sachverhalte aus einer Textpassage erschließen"; (3.) „Implizit im Text enthaltene
Sachverhalte aufgrund des Kontexts erschließen"; (4.) „Mehrere Textpassagen
sinnvoll miteinander in Beziehung setzen". Es wird angenommen, dass Schülerinnen und Schüler, die eine bestimmte Stufe erreicht haben, mit hoher Wahr-
scheinlichkeit über die Fähigkeiten der unteren Kompetenzstufen verfügen
(Valtin et al., 2008). Das IGLU-Modell wurde entwickelt zur Beschreibung kindlicher Lesekompetenzen zum Ende der 4. Klasse, d.h. für eine Ebene, auf welcher

der Leselernprozess für die Kinder vollzogen sein sollte. Nach Beutel und Hinz (2008) ermangelt es bisher an einer „(...) Anfangsstufe, die jene am Schulbeginn relevanten, elementaren, z. T. noch voralphabetischen ‚Leseleistungen' erfasst" (S. 61). Das leserelevante Wissen und Können während der ersten beiden Schulbesuchsjahre werden von den o.g. Autorinnen als „Kompetenzstufe 0" bezeichnet und als ein „Drei-Säulen-Fähigkeiten-Modell" verstanden, welches das „Erkennen von Buchstaben", die „Erfassung von Wortbedeutungen" und die Herstellung „syntaktischer und semantischer Relationen zwischen Wortfolgen" impliziert (Beutel & Hinz, 2008, S. 61f.). Eine solche Anfangsstufe klar zu definieren ist notwendig, um die auch für die vorliegende Arbeit relevanten Kompetenzen zu bezeichnen: Ein Vorstadium, das die voralphabetischen Leistungen im Bereich des Lesens charakterisiert, das eine vorbereitende Rolle spielt und das auch die zum Schulbeginn bestehenden vorschulischen Erfahrungen und Vorläuferkompetenzen berücksichtigt.

2.2.2   Erklärungsansätze zur Entwicklung der Lesekompetenz

Das kompetente und verstehende Lesen, als Ziel der Lesekompetenzentwicklung, hängt hauptsächlich von zwei wichtigen Faktoren ab: einerseits vom *technischen Lesen*, welches neben dem Unterricht in der Schule vor allem von den phonologischen Fähigkeiten der Kinder beeinflusst wird, und andererseits vom *mündlichen Sprachverständnis*, das das Vermögen der Kinder beschreibt, die Sprache effektiv zu gebrauchen, basierend auf dem eigenen Wortschatz und dem Weltwissen und nach der Auswahl passender lexikalischer, syntaktischer und textorganisatorischer Alternativen (vgl. Leseman & de Jong, 2004, S. 169).

Vor diesem Hintergrund erläutern Leseman und de Jong (2004) die Entwicklung der Lesekompetenz und stellen diese in einer Erweiterung (Abb. 3) des vorhandenen, mehrgleisigen Modells von Snow (1991) dar. Die Autoren begrüßen Snows Annahme, dass Verläufe in der Familie zu verschiedenen Zeitpunkten und an verschiedenen Schnittstellen wirksam werden. Sie verstärken in ihrer Darstellung noch die Rolle der phonologischen und kognitiven Kompetenzen (vgl. Leseman & de Jong, 2004).

Der Aufbau von Lesekompetenz erfolgt auf Grund von „(...) mehrfachen Wechselwirkungen zwischen Dispositionen, Fähigkeiten und situationsspezifischen Anforderungen (...)" (Hurrelmann, 2002, S. 276). Das Lesekompetenzkonzept nach Hurrelmann erklärt die Entwicklung allgemeiner Leistungsfähigkeiten im Lesen im Zusammenhang mit situativen Bedingungen.

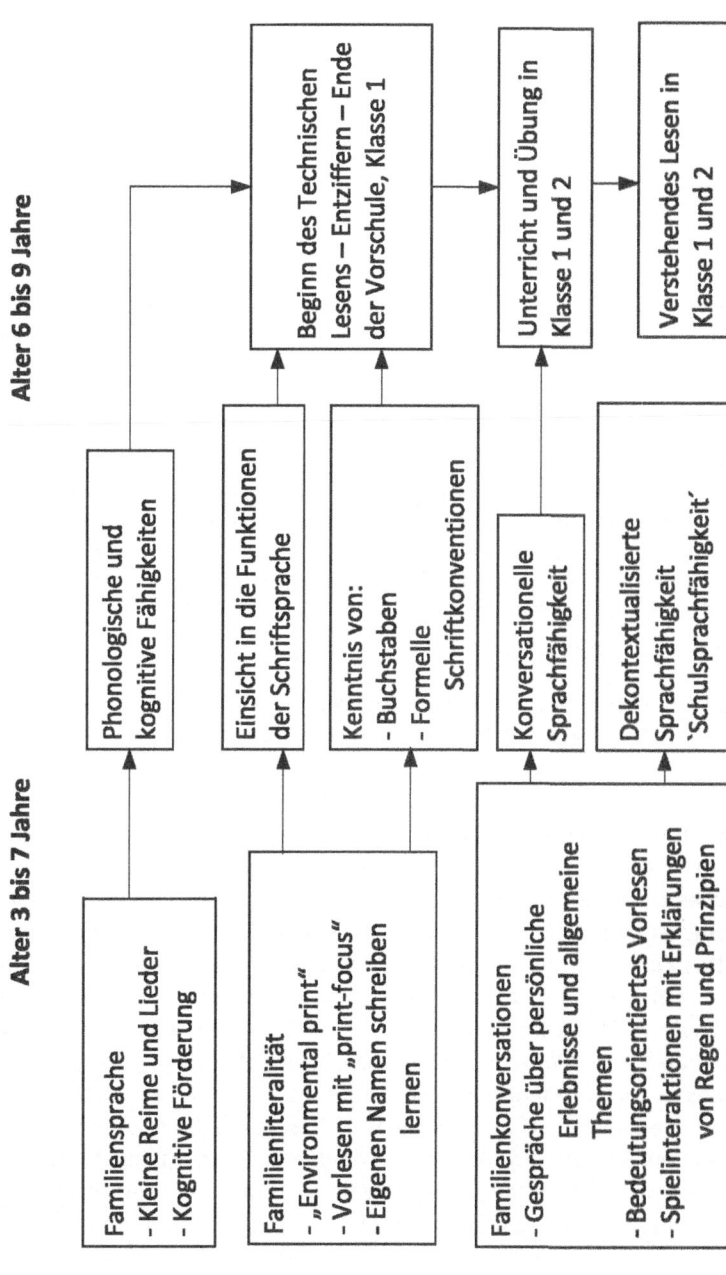

Abb. 3: Mehrgleisiges Modell der Lesekompetenzentwicklung nach Leseman und de Jong (2004, S. 170)

Nach Hurrelmann schließt das Lesekompetenzkonzept dimensional unterscheidbare Fähigkeitskomponenten ein:

> „Danach gehören zur Lesekompetenz nicht nur bestimmte kognitive Leistungen sondern auch emotionale und motivationale Fähigkeiten, außerdem Fähigkeiten zur Reflexion und zur Weiterverarbeitung des Verstandenen in Anschlusskommunikationen im Rahmen sozialer Interaktion" (Hurrelmann, 2002, S. 276).

Die Autorin ist der Auffassung, dass es nicht sinnvoll sei, den Begriff vom Schriftspracherwerb bzw. von der Lesekompetenz der Leseanfänger her zu entwickeln: „(...) deren Fertigkeiten und Lesestrategien das Komplexitätsniveau noch nicht erreicht haben, das den ausgebildeten Leser kennzeichnet" (s.o.). Beutel & Hinz (2008) äußern hingegen folgende Meinung:

> Nehmen wir allerdings die Leseentwicklungsstufen schon sehr junger Schulkinder und die an sie gestellten Anforderungen im Prozess des erfolgreichen Lesenlernens in den Blick, so müssen wir auch da von Lesekompetenz sprechen: Lesekompetenz auf entsprechend individuellem Anspruchsniveau. Hierarchieniedrige Teilfertigkeiten der Lesekompetenz wie die Phonologische Bewusstheit, das Symbolverständnis u.a. sind zu Beginn des Leselernprozesses von sehr hoher Bedeutung, also keinesfalls als hierarchieniedrig anzusehen. (S. 58).

Beutel und Hinz (2008) skizzieren die Entwicklungsverläufe der Lesekompetenz, indem sie im Vorfeld ihrer Untersuchung systematische Kriterien definieren und den Lernentwicklungsstatus jeweils in sechs Phasen einteilen sowie die dazugehörigen Fähigkeiten und Einsichten der Lesekompetenz und die begleitende Lernbeobachtung beschreiben. Das Leseverhalten wird in der ersten Phase als (1.) *„Als-ob" Lesen/präliteral-symbolische Phase* noch imitiert. (2.) *Naivganzheitliches Lesen* gehört zur *logographemischen Phase,* in der die Kenntnis einzelner Buchstaben erfolgt und die Schrift als Merkmal der Umwelt gesehen wird. (3.) Das *Benennen von Lautelementen* (häufig orientiert am Anfangsbuchstaben) entsteht in der *beginnenden alphabetischen Phase*, was auch als beginnende Phonologische Bewusstheit (vorerst im weiteren Sinn) gesehen wird. (4.) *Die alphabetische Phase* ist durch das *buchstabenweise Erlesen* gekennzeichnet, das der gewonnenen Einsicht in die Buchstaben-Laut-Beziehung und Phonologische Bewusstheit im engeren Sinn (z.B. Laute/Buchstaben erkennen, austauschen) entspricht. (5.) *Das fortgeschrittene Lesen* ist ein Merkmal der *orthographischen Phase,* in der nicht Einzelbuchstaben, sondern größere Segmente (z. B. Silben, Endungen) erlesen werden. (6.) Das *Automatisierte Worter-*

kennen und die Hypothesenbildung kennzeichnen die *Integrativ-automatisierte Phase*. Erst in dieser Phase erfolgt die Konzentration auf den Inhalt des gelesenen Textes (Beutel & Hinz, 2008, S. 75ff.).

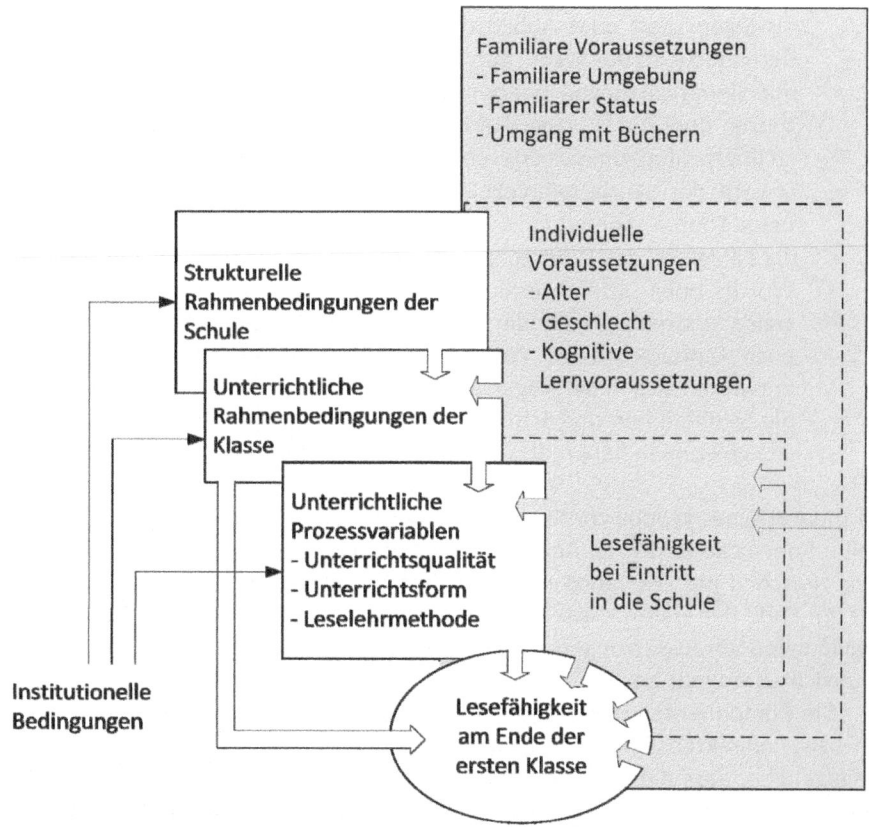

Abb. 4: Entwicklung der Lesefähigkeit im ersten Schuljahr von Poerschke (1999, S. 45)

Dehn (2006) schlägt in ihrem Buch Anregungen für den Unterricht vor, formuliert dabei aber weitere, für sie als zentral geltende, Voraussetzungen für das Leselernen. Diese Voraussetzungen seien im Unterricht zu entwickeln, unabhängig von den verwendeten Lesematerialien:

- „Vergegenständlichung von Sprache" in der Schrift: z. B. das Wort nicht als Eigenschaft oder Abbild der Bedeutung zu verstehen (vielen Kindern erscheint das Wort „Kuh" länger als „klitzeklein");
- mit Sinnerwartungen operieren: Leseanfänger müssen lernen, Hypothesen über die Wortbedeutung und den Textsinn zu formulieren und zu überprüfen, um das Erlesen zu strukturieren und zu verkürzen;
- Erwerb der Synthesefähigkeit (z. B. durch Austausch eines Buchstabens: Tonne – Sonne);
- die Fähigkeit, das Wort zu strukturieren (z. B. silbische Gliederung des Wortes oder Differenzierung nach Vokal und Konsonant; ausnahmsweise sind einzelne Kinder in der Lage, auch von sich selbst Wörter nach Morphemen als Wortbausteinen zu gliedern. Diese Fähigkeit entwickelt sich in der Regel aber erst später, ab der 2. Klasse, nachdem die Schülerinnen und Schüler einen Einblick in die Prinzipien der Sprache gewonnen haben) (Dehn, 2006, S. 143ff.).

Ein theoretisches Modell zur Entwicklung der Lesefähigkeit im ersten Schuljahr stellte Poerschke (1999) (s. Abb. 4) vor. Gesucht wurde nach dem Zusammenhang zwischen der Lesefähigkeit beim Eintritt in die Schule und der Lesefähigkeit am Ende der ersten Klasse. Dieser wurde auf der Grundlage familiärer und individueller Voraussetzungen sowie institutioneller Bedingungen (schul- und unterrichtsbezogen) erklärt.

Die Komponenten dieses Modells sind so verknotet, dass alle einen direkten bzw. indirekten Einfluss auf die Lesekompetenz ausüben. Es wird davon ausgegangen, dass die Lesekompetenz am Ende der 1. Klasse unmittelbar von den unterrichtlichen Prozessvariablen (Unterrichtsqualität und -form sowie Leselehrmethode), welche ihrerseits von den unterrichtlichen und schulstrukturellen Rahmenbedingungen abhängig sind, beeinflusst wird. Sowohl die familiären als auch die individuellen Voraussetzungen – jeweils gegenseitig voneinander abhängig – stehen in einem engen Zusammenhang mit der Lesefähigkeit der Kinder beim Eintritt in die Schule und mit der Lesefähigkeit am Ende der ersten Klasse. Die Faktoren sind derart vernetzt und ineinander verkettet, dass sie eine komplexe, aber strukturierte Einheit bilden (Poerschke, 1999, S. 44f.).

2.2.3 Vorschulische Erfahrung und Lesekompetenz

Innerhalb der Forschungsliteratur herrscht weitgehend Übereinstimmung über die Wichtigkeit der frühen Begegnung von Kindern mit Büchern und die Förderung von *Literalität* in der Familie. Leseman und de Jong definieren die Literalität als einen Komplex von Fähigkeiten und Einstellungen, die auf das Lesen und Schreiben bezogen sind und gewährleisten, dass auch bei komplexen Texten die kommunikative Absicht eines Autors mit einem angemessenen Aufwand in einer vertretbaren Zeitspanne beim Leser hinreichend ankommt (vgl. Leseman & de Jong, 2004, S. 169). Der Begriff wird derzeit häufig auch als ein Synonym des Begriffes *Schriftspracherwerb* verwendet.

Im Kontext vorschulischer Erfahrung wird insbesondere die Bedeutung des Vorlesens für die Entwicklung schulischer Lesekompetenz hervorgehoben (z. B. Leseman & de Jong, 2004). Auch die Relevanz von Institutionen wie Kindergarten oder Vorschule wird betont. Der Zusammenhang zwischen der Leseleistung und dem Besuch einer vorschulischen Einrichtung wird auch in der Studie IGLU 2006 nachgewiesen: diejenigen Kinder (sowohl in Deutschland als auch in Bulgarien), die eine solche Einrichtung länger als ein Jahr besucht hatten, zeigten bessere Werte im Lesetest als diejenigen mit einem kürzeren Besuch (Bos et al., 2006, S. 138f.).

Schon vor der Einschulung eignen sich Kinder zu Hause und auch außerhalb der Familie zahlreiche Kenntnisse über die Schriftsprache an. Bereits Dreijährige finden in ihrer Umgebung Elemente geschriebener oder gedruckter Sprache und zeigen Interesse an ihnen (z. B. Logos, Symbole, Buchstaben). Sie versuchen, diese Symbole zu beobachten und nachzuzeichnen. Dabei ahmen sie auch ihre Eltern nach, wenn diese lesebezogene Tätigkeiten ausführen. Im Alter von vier bis fünf Jahren versuchen manche Kinder schon, ihren Namen zu lesen und zu schreiben. Sie kennen bereits verschiedene Buchstaben des Alphabets. Für dieses informelle Lernen wurde der Begriff der sich entwickelnden Literalität („emergent literacy") gebräuchlich, als deren bestimmendes Merkmal Leseman und de Jong (2004) die Buchstabenkenntnis definieren. Eine weitere, sich stets wiederholende, kommunikative Interaktion erzeugen die Gespräche während der gemeinsam eingenommenen Mahlzeiten in der Familie. Tischgespräche, ob über persönliche Erlebnisse oder zu allgemeinen Themen bieten immer wieder Situationen mit neuen oder selten gebrauchten Wörtern. Solche Erfahrungen üben einen wichtigen Einfluss auf die Erweiterung des Wortschatzes und auf die Entwicklung der Lesekompetenz aus (Weizman & Snow, 2001). Als weitere

bedeutsame Interaktionssituationen im Haushalt gelten darüber hinaus Tischspiele (z.B. das Puzzeln) und Problemlöseaktivitäten (etwa das Spielen mit Bau-
klötzen), da sie Meinungsaustausch, Beratung und Planung zwischen den Kom-
munikationspartnern erfordern.

2.2.4   *Prädiktive Vorläuferkompetenzen*

In vielen pädagogisch-psychologischen und entwicklungspsychologischen Untersuchungen konnte gezeigt werden, dass der Erwerb des Lesens und Schreibens nicht erst mit der Einschulung beginnt, sondern dass wichtige, den schulischen Schriftspracherwerb effektiv unterstützende Vorläuferfertigkeiten bereits
früher identifiziert werden können (Barth & Gomm, 2008; Marx, 2004). Dabei
wird zusätzlich deutlich, dass einige untergeordnete, bereits vor der Schulzeit
erworbene Fertigkeiten offenbar zwingend notwendig sind, bevor ein Kind vom
Leseunterricht profitieren kann (Gibson & Levin, 1980).

   Es besteht demnach die Frage: Welche sind diese Prädiktoren – und besonders, welche davon sind die wesentlichen, die für ein erfolgreiches Lesenlernen verantwortlich sind? Hurrelmann (2002) beschreibt die „prototypischen
Merkmale der Lesekompetenz", also diejenigen Fähigkeiten und Fertigkeiten,
die bereits Vorschulkinder durch die lesebezogene Tätigkeiten in der Familie
gewinnen, in folgender Weise: Beim Lesen verknüpfen sich *Kognitionen* (Wort-
und Satzidentifikation, Satzfolgenverkettung, Textsortenerkenntnis, Textinten-
tion), *Reflexionen und Anschlusskommunikationen* (Vergleich des verstandenen
Textes mit dem Weltwissen und den Erfahrungen des Lesers) sowie *Motivatio-
nen und Emotionen* (Mobilisierung von Lesebereitschaft, Abstimmung von Lese-
bedürfnis und Leseangebot) (S. 277ff.). Den Erläuterungen des letztgenannten
Merkmals sollte aus Sicht der Autorin vorliegender Arbeit das Leseselbstkonzept angefügt werden. Die Wahrnehmung eigener Leistungsfähigkeit kann das
Verhalten und das Durchhaltevermögen in schwierigen oder langandauernden
Lernsituationen beeinflussen. Schülerinnen und Schüler entscheiden bei
schwierigen Texten, ob sie diese von Anfang an ablehnen, ob sie bei eventuell
auftretenden unbekannten Begriffen gleich aufgeben oder Ausdauer beweisen
und trotzdem weiter lesen. Befunde von Helmke (1998) bestätigen diese Aus-
wirkung des Selbstkonzepts.

   Marx (2004) äußert die Ansicht, dass Kinder, die aus ihrem Gedächtnis spezifische sprachliche Informationen schnell abrufen können und in der Lage sind,
noch vor der Einschulung die Lautstruktur der gesprochenen Sprache wahrzu-

nehmen und mit dieser kompetent zu hantieren, z. B. in der Form von Reimerkennung oder Silbensegmentieren, keine Schwierigkeiten beim Erwerb des Lesens bekommen sollten. Das bedeutet, dass der Erfolg des Leseerwerbprozesses von Teilkompetenzen abhängt, die noch vor Schuleintritt vorhanden sein sollten.

Auf der Basis der Lese-Rechtschreibentwicklung und der beteiligten Verarbeitungsprozesse wählen Marx, Jansen und Skowronek (2000) zwei Prädiktoren aus, und zwar die Phonologische Bewusstheit (gesehen als Silbengliederung, Erkennen von Klanggleichheiten, Verbinden von Lautfolgen und Phonemgliederung) sowie die Aufmerksamkeit und das Gedächtnis (gemessen als Gedächtnisabruf von Bild-, Wort- oder Zahlenmaterial; Gedächtnisspeicherung von Laut- oder Buchstabenfolgen und visuelle Aufmerksamkeit) (s.o. S. 14ff.).

Eine Reihe verschiedener Fähigkeitskomponenten als Vorläufer der Lesekompetenzentwicklung testeten Leseman und de Jong (2004) in ihrer Längsschnittstudie mit niederländischen, surinamischen und türkischen Kindern. In der ersten und in der zweiten Klasse der Vorschule (Kinder im Alter von fünf bis sechs Jahren) wurden der rezeptive Wortschatz, die phonologischen Fähigkeiten (Erkennen von Anfangs- und Endreim), die Benennungsgeschwindigkeit bekannter Objekte, die Arbeitsgedächtniskapazität sowie die Buchstabenkenntnis erhoben. Am Ende der ersten Grundschulklasse (Kinder im Alter von sieben Jahren) wurde erneut der rezeptive Wortschatz getestet, zusätzlich wurden die technische Lesefertigkeit (Entziffern, Anzahl der richtig gelesenen Wörtern in einer Minute, der sog. „Ein-Minuten-Test") und das verstehende Lesen (kurze Texte mit Verständnisfragen in Multiple-choice-Format) überprüft (Leseman & de Jong, 2004, S. 177). Die Ergebnisse zeigten die höchsten signifikanten Korrelationswerte zwischen Buchstabenkenntnis und technischem Lesen (.56), phonologischen Fähigkeiten und technischen Lesen (.53) sowie zwischen phonologischen Fähigkeiten und verstehendem Lesen (.52). Bei einer weiteren Messung in der 3. Klasse stieg diese Korrelation noch weiter. Zwischen verstehendem Lesen und phonologischen Fähigkeiten und zwischen verstehendem Lesen und Buchstabenkenntnis betrug der Wert .59. Es scheint demnach, dass die Phonologische Bewusstheit und die Buchstabenkenntnis den wichtigsten Einfluss auf die anfänglichen Leseleistungen der Kinder ausgeübt haben. Das bedeutet, dass diese beiden Vorläuferkomponenten die beiden höchst relevanten Merkmalsbereiche für das Lesenlernen darstellen.

Auch Dehn (2006) schreibt über die Bedeutung der Buchstabenkenntnis und dass diese „(...) bei guten Leseanfängern einen anderen Stellenwert hat als bei schwachen" (Dehn, 2006, S. 29). Laut Dehn versuchen die guten Leser, das

Fehlende zu kompensieren. Verwechslungen dagegen verwirren die schwachen Leser und ließen diese bei den Versuchen ein solches Hindernis zu überwinden, scheitern.

Im Projekt DÜnE bestimmen Beutel und Hinz (2008) vier Prädiktorbereiche der Lesekompetenz: die Phonologische Bewusstheit, die Lesesozialisation, die Lesemotivation und das lesebezogene Selbstkonzept. Hinweise auf den Stellenwert der ersten drei Bereiche für die Lesekompetenz sind bereits in der bis dahin veröffentlichten zugänglichen Literatur zu finden. Mit ihrer Ausage zur Bedeutung des Leseselbstkonzepts weisen aber die beiden Autorinnen auch diesem eine bestimmende Rolle zu. Das bedeutet, dass sie einen direkten kausalen Zusammenhang zwischen Selbstbild und Fähigkeit feststellen, wobei das Selbstbild eines Kindes gültige Aussagen über die künftige Entwicklung seiner Lesekompetenz erwarten lässt. Das Selbstbild wird dadurch zu einer prognostitionsfähigen Variable, die hilfreich in der Diagnostik ist.

2.2.5   *Weitere Bedingungsfaktoren des Lesenlernens*

Das Lesenlernen wird von einer Vielzahl von Faktoren beeinflusst, die auf Grund komplexer Zusammenhänge und wechselseitiger Beeinflussung empirisch schwer erfasst und interpretiert werden können (vgl. Poerschke, 1999).

Leseman und de Jong (2004) betrachten die Lesekompetenz als einen Prozess, der „(...) aus verschiedenen mehr oder weniger unabhängigen Entwicklungslinien besteht, wobei jeder eine eigene Entwicklungsgeschichte und ein differentieller Einfluss der familiären Prozesse zugrunde liegt" (Leseman & de Jong, 2004, S. 186). Die Linie, die von der Entwicklung phonologischer und kognitiver Fähigkeiten zur technischen Lesekompetenz hinführt, wird relativ schwach von den familiären Prozessen beeinflusst. Der Einfluss dieser Prozesse von der Entwicklung der Buchstabenkenntnis zur Einsicht in die Funktionen der Schriftsprache dagegen ist relativ groß, wenn auch von kurzer Dauer. Zudem wurde festgestellt, dass familiäre Prozesse eine relativ große Bedeutung auf dem Weg von der Wortschatzentwicklung zum verstehenden Lesen haben.

Zahlreiche empirische Untersuchungen haben auf den Zusammenhang zwischen schulischem Erfolg und soziokultureller und sozioökonomischer Umgebung, wie etwa dem elterlichen Bildungsniveau, der gesprochenen Sprache in der Familie oder dem Zugang zu lernrelevanten Medien wie Computern oder Büchern, hingewiesen. Im Rahmen der IGLU-Studie haben Schwippert et al. (2003) gezeigt, dass das Leseverständnis der Kinder selbst davon abhängt, welcher Dienstklasse die Eltern angehören und dass die Bildungserfolge der Schüle-rinnen und Schüler einheimischer Familien besser ausfallen als die der zuge-wanderten Familien. Auch Zöller et al. (2006) bestätigen in Einklang mit bisheri-gen Untersuchungen, dass Kinder aus bildungsfernen Familien meist geringere Schulerfolge erzielen als die gleichaltrigen Mitschüler und -schülerinnen, deren Eltern über ein vergleichsweise hohes Bildungsniveau verfügen. Besonders für den Bereich des Lesens und bereits zu einem sehr frühen Zeitpunkt (in der 2. und in der 3. Klasse) wird nach den o.g. Befunden der Schulerfolg unter ande-rem durch soziokulturelle Merkmale der Herkunftsfamilien determiniert.

Um den Einfluss solcher Faktoren zu verringern, wurde die Sozialstruktur der für die vorliegende Untersuchung ausgewählten Schulstandorte berücksich-tigt.

Die Leseleistung der Kinder ist jedoch nicht nur von den familiären Prozes-sen abhängig, auch weitere Faktoren sind daran beteiligt. Poerschke (1999) fasst die Bedingungsfaktoren des Lesenlernens in drei Gruppen zusammen: Familiäre Voraussetzungen, individuelle Voraussetzungen (Alter, Geschlecht, kognitive Voraussetzungen sowie affektiv-motivationale Einflüsse) und instituti-onelle Bedingungen. Die letzte Gruppe impliziert die vorschulischen Vorausset-zungen (Kindergarten/Vorschule bzw. Schulkindergarten) und den Unterricht in der Schule. Der Autor stützt sich auf bestehende Forschungsergebnisse und gliedert den Unterricht in der Grundschule in fünf Komponenten, die er aus-führlich beschreibt:

- Strukturelle Rahmenbedingungen der Klasse (Anzahl der Schülerinnen und Schüler, Anteil ausländischer Kinder, Klassenform),
- Räumlich-materiale Ausstattung des Klassenzimmers (Sitzmöbel, Ti-sche, Beleuchtung, Bücher-Leseecke, elektronische Medien, didakti-sche Hilfsmittel etc.),
- Unterrichtsqualität (Unterrichtsmethoden, Klassenmanagement, Sozi-alformen und -klima, individuelle Fähigkeiten und Verhaltensweisen der Lehrkraft),
- Unterrichtsformen (offener Unterricht vs. Frontal- bzw. traditioneller Unterricht),
- Leselehrmethoden.

Zusammenfassend lässt sich feststellen, dass „(...) mehrere Bedingungsfaktoren zusammentreffen, die das Lesen zu einem seltenen Ereignis werden lassen" (Poerschke, 1999, S. 37).

2.2.6   *Phonologische Bewusstheit*

Wie bereits unter Punkt 1. ausgeführt, wird in der vorliegenden Arbeit der Terminus *Phonologische Bewusstheit* als fester Begriff betrachtet, weswegen er
hier stets als Eigenname behandelt und groß geschrieben wird.

Als sprachtheoretischer Ausgangspunkt für die vorliegende Arbeit wurde
die Bedeutung der Phonologischen Bewusstheit als eine Voraussetzung für
einen erfolgreichen Schriftspracherwerb angenommen.

Nach Schneider (2002) meint Phonologische Bewusstheit „(…) die Fähigkeit
von Kindern, die Lautstruktur der gesprochenen Sprache korrekt erfassen zu
können" (S. 144). Leseman und de Jong (2004) bezeichnen die phonologischen
Fähigkeiten als Teilkomponente des technischen Lesens und als „(…) das Vermögen, die Phoneme der Sprache zu unterscheiden, zu manipulieren und im
Gedächtnis zu speichern (…)" (S. 169). Forschungen, vor allem im englischen
und amerikanischen, aber auch im deutschen Sprachraum, weisen darauf hin,
dass „(…) die phonologischen Fähigkeiten der Kinder das Lesenlernen bis weit in
die Grundschule stark beeinflussen" (Leseman & de Jong, 2004, S. 171; vgl. auch
Marx, 2004). Der Sprachsektor Phonologischer Bewusstheit expliziert metalin-
guistische Fähigkeiten, die für den Erwerb grundlegender Lesefertigkeiten des
Dekodierens und Rekodierens notwendig sind (Marx, Jansen & Skowronek,
2000; vgl. auch Marx, 1998).

Die Phonologische Bewusstheit wird nach Skowronek und Marx (1989) in
zwei Facetten unterteilt: im engeren und im weiteren Sinn. Im engeren Sinn
bezieht sie sich auf die Phoneme als kleinste lautliche Einheiten, im weiteren
Sinn auf größere lautliche Einheiten (etwa Silben oder Reime) (Marx, 2004;
Marx & Schneider, 2000; Marx, Jansen & Skowronek, 2000). Martschinke,
Kirschhok und Frank (2001) definieren die Phonologische Bewusstheit im weiteren Sinn als Segmentieren und/oder Zusammensetzen von Silben und Erkennen
von Endreim, im engeren Sinn als Phonemanalyse, Lautsynthese und Erkennen
von An- und Endlaut. Auf dieser Basis ist auch das „Nürnberger Erhebungsverfahren zur phonologischen Bewusstheit" entwickelt worden (Martschinke,
Kirschhok & Frank, 2001; vgl. auch Fried, 2004). Dieses Verfahren ist von besonderem Interesse für die vorliegende Arbeit. Weiter unten wird daher detailliert
darauf einzugehen sein.

Der Sprechrhythmus unterstützt die Phonologische Bewusstheit im weiteren Sinn und wird daher als ein Bereich relevanter Vorläuferfertigkeiten beschrieben, das Kindern am Schulanfang keine großen Schwierigkeiten bereiten

sollte. Phonologische Bewusstheit im engeren Sinn wird dagegen auch als schriftsprachspezifische Teilfertigkeit verstanden, die begleitend zum Schriftspracherwerb und mit zunehmender Einsicht in die Schriftsprache und in das alphabetische Prinzip erworben wird. Dieser Bereich ist durch die Fähigkeit, mit einzelnen Phonemen geschickt umzugehen, gekennzeichnet. Die Schulanfänger/innen können allerdings Aufgaben zur Phonologischen Bewusstheit im engeren Sinn auf akustischem Weg bewältigen (Martschinke, Kirschhok & Frank, 2001; Martschinke, Kammermeyer, Frank & Mahrhofer, 2002). Demnach besitzt das Wissen über Phonologische Bewusstheit keine einseitig kausale Rolle für den erfolgreichen Erwerb des Lesens und des Schreibens sondern es müsste eher von „(...) einer reziproken, sich gegenseitig interaktiv bedingten Abhängigkeit zwischen der phonologischen Bewusstheit und dem Schriftspracherwerb ausgegangen werden (...)" (Beutel und Hinz, 2008, S. 69, vgl. auch Kirschhock, 2003).

Es wird deutlich, wie heterogen der Forschungsstand zu diesem Begriff ist. Ist die Phonologische Bewusstheit eine Ursache oder eine Folge des Erwerbs des alphabetischen Prinzips? Entsteht sie aus diesem Erwerb oder erleichtert sie das „Entziffern" (vgl. Europäische Kommission, 1999; auch Schneider, Brügelmann & Kochan, 1995)? In zahlreichen Studien, besonders der letzten Jahre, erforschten Wissenschaftler intensiv die Beziehung zwischen beiden Phänomenen und legten Befunde vor, die entweder die eine oder auch die andere Hypothesen stützten. Kann aber die Phonologische Bewusstheit zugleich Ursache *und* Folge beim Erwerb des alphabetischen Systems sein? Studien, publiziert im Band „Lesenlernen in der Europäischen Union" (Europäische Kommission, 1999), unternahmen den Versuch, „(...) den Teufelskreis dieser Frage zu durchbrechen (...)" (ebd., S. 33), und eine Hypothese der reziproken Kausalität dargestellt. Es wird angenommen, dass es ausreiche, wenn ein „Minimum" dieser Kompetenz vorhanden sei, die den Einstieg in den Leselernprozess erlaubt. So werde dieser Einstieg zu einer Weiterentwicklung der Phonologischen Bewusstheit führen (vgl. ebd., S.33).

Ferner wird in den o.g. Studien die Phonologische Bewusstheit abhängig vom Abstraktionsniveau der betrachteten phonematischen Einheiten differenziert. Als das am wenigsten abstrakte und daher den Kindern am ehesten bewusste sprachliche Organisationsniveau gilt die Silbe. Die Silbe ihrerseits umfasst „Untereinheiten" wie den Anfangsrand und den Reim. Der Reim beinhaltet den Kern der Silbe (einen Vokal) und eventuell die Koda (konsonantische Endlaute) (vgl. Europäische Kommission, 1999; für Besonderheiten der deutschen Sprache vgl. Eisenberg, 2004; für Besonderheiten der bulgarischen Sprache vgl.

БАН, 1982). An dieser Stelle sei auf die hohe Bedeutung dieser Einheiten – Anfangsrand und Silbenreim – für die Entwicklung der Phonologischen Bewusstheit und für die zukünftige Lesefertigkeit hingewiesen. Laut Schneider (Zitat in den Studien der Europäischen Kommission, 1999, S. 33) sei „(...) zwischen ‚phonemischer Bewusstheit' als Bezeichnung für die Fähigkeit, mit Phonemen als solchen umzugehen, und ‚phonologischer Bewusstheit' als Bezeichnung für die Fähigkeit, mit phonemübergeordneten Einheiten umzugehen" zu unterscheiden.

Der Begriff *Phonologische Bewusstheit* wird in der Literatur oft mit dem Begriff „Risikokinder" in Zusammenhang gebracht, als prognostische und diagnostische Variable, die frühzeitig die Kinder mit potentiell auftretenden Lese- und Rechtschreibschwierigkeiten identifizieren kann (z. B. Barth & Gomm, 2008). Während verschiedene Reim- oder Sprachspiele eher die sprachliche Entwicklung unterstützen, erfordern effektive Fördermaßnamen sowohl gute diagnostische Instrumente als auch gezielte Übungen mit Trainingselementen. Aus diesem Grund stehen Diagnose und Förderung immer häufiger in Verbindung miteinander (z. B. Martschinke et. al., 2001). Ob die fehlenden Voraussetzungen für den Schriftspracherwerb gezielt aufgedeckt werden müssen oder „nur" der Entwicklungsstand der Kinder festgestellt werden soll, die Phonologische Bewusstheit gewinnt nach heutigem Erkenntnisstand immer mehr an Bedeutung.

Für die vorliegende Arbeit gilt die Annahme, dass die Phonologische Bewusstheit ein wichtiger und entscheidender, keinesfalls aber der einzige Einfluss auf die Entwicklung der Schriftsprache von Schulanfängern bzw. die Prävention von Lese-Rechtschreibschwierigkeiten ist. Es wird beabsichtigt, im Rahmen der gegebenen Aufgabestellung, mit dem Modell von Martschinke, Kirschhok und Frank, (2001) die möglichen Lernfortschritte festzustellen.

Auch nach eingehender Recherche im Vorfeld zu dieser Arbeit sind der Autorin in der zugänglichen Literatur keine bisher durchgeführten Studien zu einer gezielten einschlägigen Forschung zum *Selbstkonzept Phonologische Bewusstheit* bekannt, die jedoch notwendig ist, um das Selbstkonzept der Schulanfänger/innen vollständig erfassen zu können. Unter *Selbstkonzept Phonologische Bewusstheit* wird in der vorliegenden Arbeit die kindliche Selbstwahrnehmung über Fähigkeiten zu verfügen, die ermöglichen, lautliche Spracheinheiten korrekt zu erkennen und mit diesen kreativ arbeiten zu können, verstanden. Das *Selbstkonzept Phonologische Bewusstheit* wird als „Unterfacette", auch Domäne des Leseselbstkonzepts gesehen. Dieser Teilaspekt und untrennbare Teilkomponente des Leseselbstkonzepts erlaubt einen Überblick über die wichtigen

Bereiche der eingeschätzten Phonologischen Bewusstheit noch vor dem vollständigen Aufbau der Lesekompetenz.

2.2.7 Leistungsmessungen im sprachlichen Bereich

Schulleistungsmessungen haben eine lange Tradition, die zwar hin und wieder kritisiert oder gar in Frage gestellt wird, dennoch ein integraler Bestandteil des Schullebens bleibt. Der Einsatz standardisierter Testverfahren garantiert eine zuverlässige und valide Erfassung der Schülerkompetenzen sowie eine objektive Auswertung. Laut Schneider (2002) sei gerade im Schriftsprachbereich über längere Zeit ein Mangel an neu geeichten und ökonomisch durchzuführenden Instrumenten festzustellen. Heutzutage existiert eine Mehrzahl neuer Verfahren, die für unterschiedliche weitere Fragestellungen gut geeignet zu sein scheinen. Einen Überblick über die Lesetests in deutscher Sprache für die Grundschule verschaffen Voss und Blatt (2005). Mit dem Ziel Instrumente zur Diagnostik von Lese-Rechtschreibschwierigkeiten zu thematisieren, präsentieren Hasselhorn, Schneider und Marx (2000) auch Instrumente zum Erheben der Phonologischen Bewusstheit. Fried (2004) schlägt eine kritische Betrachtung der Spracherfassungsverfahren für Schulanfänger vor.

Es darf grundsätzlich als eine Herausforderung angesehen werden, Ausgangskompetenz direkt am Schulanfang zu erheben. Dazu schreiben Beutel und Hinz (2008): „Ein grundlegendes Problem bei der Erhebung lesebezogener Ausgangskompetenzen besteht darin, dass derzeit kein diagnostisches Instrument existiert, mit dem die Lesekompetenz in all ihren Facetten, vor allem hinsichtlich der Vorläuferfähigkeiten und basalen Wissensbestände erhoben werden kann" (S. 74). Am häufigsten wurde bisher der Versuch unternommen, Instrumente zur Erhebung der Phonologischen Bewusstheit zu konzipieren. Dabei ging es ausschließlich um Einzeltests, wie z.B. der in der vorliegenden Arbeit eingesetzte Test „Der Rundgang durch Hörhausen" (Martschinke, Kirschhok & Frank, 2001), deren Durchführung pro Kind etwa 30-40 Minuten in Anspruch nimmt.

Um Untersuchungen erheblich ökonomischer zu gestalten, entwickelten neuerdings Barth und Gomm (2008) einen Gruppentest, der die Erhebung größerer Stichproben im Bereich Phonologische Bewusstheit ermöglicht. Unter dem Grundsatz „frühe Hilfen sind die wirksamsten Hilfen" (S. 9) stellt sich das Instrument als der erste in Deutschland publizierte Gruppentest zur Früherkennung und Prävention von Lese-Rechtschreibschwierigkeiten dar. Die empirischen Befunde zeigen, dass dieser Gruppentest in der Lage ist, phonologische Fähigkeiten von Kindern valide zu erfassen; allerdings liegen zurzeit noch keine Angaben zur Reliabilität vor. Die vorgestellte Stichprobe enthielt 474 Schulanfänger. Der Test ist für Kindergartenkinder sowie auch für Schulanfänger in den ersten 2 bis 4 Wochen nach der Einschulung konzipiert. Die Autoren unterscheiden ebenso wie die vorliegende Untersuchung theoriegeleitet zwei Bereiche der Phonologischen Bewusstheit: die im weiteren und die im engeren Sinn (s.o.), wobei sie explizit betonen, dass die Phonologische Bewusstheit im weiteren Sinne sich vor der Phonologische Bewusstheit im engeren Sinne entwickelt. Die Variante für die Schulanfänger enthält sechs Subtests: Reimerkennung, Silbensegmentierung und Erfassung der Wortlänge (Phonologische Bewusstheit im weiteren Sinne) sowie Anlautanalyse, Lautsynthese und Identifikation des Endlautes (Phonologische Bewusstheit im engeren Sinne). Der Aufbau auch dieses Tests erlaubt eine kombinierte Erhebung von Kompetenz und Selbstkonzept mit der in der vorliegenden Arbeit vorgestellten Skala „Selbstkonzept-Phonologische Bewusstheit". Auf die Aufgabenbereiche der beiden Verfahren und deren Übereinstimmung wird weiter unten detailliert eingegangen.

Nach einer eingehenden Recherche und unter Berücksichtigung unterschiedlicher Aspekte werden die für die vorliegende Arbeit festgelegten Instrumente ausgewählt. Diese werden im Kapitel 2.4 vorgestellt.

2.3   Zielsetzung und Fragestellung

Im vorliegenden Forschungsvorhaben werden der Verlauf der Selbstkonzeptentwicklung und der Fähigkeitsaufbau bei Schülern im ersten Schuljahr untersucht. Der Zusammenhang zwischen der Selbstkonzeptentwicklung und den Erwerbskompetenzen wird am Beispiel Lesekompetenzerwerb als Voraussetzung für den Schulerfolg erforscht.

Das Ziel dieser Arbeit ist es, eine gültige und dabei ökonomische Erfassungsmethode zu entwickeln, die Erhebungen im Grundschulalter über das Leseselbstkonzept und über das Selbstkonzept der Phonologischen Bewusstheit als eine Teilkomponente des Leseselbstkonzepts erlaubt. Spezifik der Aufgabe besteht darin, die Datenerhebung im Klassenverband zu realisieren. Die Selbstkonzeptskalen sind dabei als ein änderungs- und bedingungssensibeles Instrument gedacht. Vermutet wird, dass Selbstkonzepte sich unter differierenden Bedingungen unterschiedlich entwickeln.

Damit ergibt sich die folgende grundlegende Fragestellung:
Ist es am Anfang der Grundschule möglich, bereichsspezifische Selbstkonzepte –
und ganz konkret ein *Selbstkonzept Phonologische Bewusstheit* und *Leseselbstkonzept* – im Gruppensetting zu erfassen?

Die Ziele im Einzelnen waren:
- Erfassung des Selbstkonzepts „Phonologische Bewusstheit" noch in den
  ersten Tagen nach der Einschulung.
- Erfassung des Selbstkonzepts „Phonologische Bewusstheit" am Ende
  des ersten Schulhalbjahres.
- Erfassung des Leseselbstkonzepts zum Schuljahresende.

Die Erfassungsmethode sollte folgende Anforderungen erfüllen:
- Sie sollte altersgemäß gestaltet sein.
- Eine Erhebung im Gruppensetting sollte möglich sein.
- Sie sollte die Gütekriterien Reliabilität und Validität erfüllen.
- Zur Bestimmung der Kriteriumsvalidität sollten die Leistungen in den
  Bereichen Phonologische Bewusstheit und Lesekompetenz als Außen-
  kriterien dienen; bei der Konstruktvalidität sollten die empirischen In-
  dikatoren konvergent und diskriminant überprüft werden.
- Als zusätzlicher Indikator wurde in dieser Arbeit die Änderungsvalidität
  mit den Komponenten temporal und lokal-kulturell eingeführt.

Das Projekt wurde als eine Zwei-Länder-Untersuchung in Deutschland und Bulgarien geplant. Dies ist nicht als Ländervergleich gedacht sondern als Voraussetzung, verschiedene Lernbedingungen angeben zu können. Das bot einerseits die
Möglichkeit, im Verlaufe des ersten Schuljahres zu unterschiedlichen Zeitpunkten die Entwicklung des Leseselbstkonzepts (also die temporale Sensibilität) zu
erfassen. Andererseits konnte das Leseselbstkonzept an verschiedenen Orten
(Hamburg und Sofia) bei differierenden Lernbedingungen - und damit gleichzeitig die lokal-kulturelle Sensibilität der Methode selber, erforscht werden.

Zwei Ausrichtungen waren vorgesehen: Einerseits sollte herausgefunden
werden welche Fortschritte die Schulanfänger/innen bei den Vorläuferfertigkeiten des Lesens bzw. beim Lesenlernen im Erstleseunterricht machen. Andererseits sollte überprüft werden wie die Selbstkonzepte der Kinder ihren eigenen
Leistungen folgen.

Ferner sollten folgende Fragen bearbeitet werden:

- Sind Erstklässler in der Lage ihre bereichspezifischen akademischen Selbstkonzepte zu identifizieren?
- Können negativ formulierte Items in Selbstkonzeptskalen für junge Kinder integriert werden?
- Ist es in dem betrachteten Alter möglich Hinweise über die Selbstbildstabilität zu gewinnen?
- Sind statistisch signifikante Unterschiede zwischen Mädchen und Jungen in Bezug auf die Leistung oder in Bezug auf die Selbstkonzepte festzustellen?
- Sind die Ergebnisse der vorliegenden Untersuchung in Übereinstimmung mit Studien aus der Literatur?
- Sind die Schlussfolgerungen in den beiden Ländern gleich oder sind verschiedene Bilder festzustellen?

Weiterhin sollten die Ergebnisse der hier forschungsleitenden Fragen in den Kontext des bislang erreichten Forschungsstands gestellt werden.

2.4   Auswahl der Instrumente

Die Datenerhebungsinstrumente für dieses Projekt wurden aufmerksam ausgewählt, wobei zahlreiche Aspekte zu berücksichtigen waren. Die für den Beginn der ersten Klasse geplanten Verfahren sollten für Schulanfänger und Schulanfängerinnen und nicht für Vorschulkinder konzipiert sein, da die „Begleitung" der Kinder vom Kindergarten in die 1. Klasse in den beiden Ländern aus organisatorischen und landesspezifischen Unterschieden nicht möglich war.

Bei den Leistungstests muss die Struktur der beiden Sprachen berücksichtigt werden, damit den Kindern übereinstimmende und möglichst identische Aufgaben trotz verschiedener Muttersprachen angeboten werden können. Die bulgarische Sprache besitzt ähnlich der deutschen Sprache eine recht regelmäßige und anschauliche orthographische Struktur, die Anfängern die Aneignung der Phonem-Graphem-Korrespondenz im Sprachunterricht erleichtert (als Gegenbeispiel kann etwa Englisch genannt). Das erleichtert die Übertragung ins Bulgarische der in deutschsprachiger Form ausgewählten Instrumente. Im Deutschen stehen 40 Phonemen 26 Grundbuchstaben, zuzüglich der drei Umlaute (Ä, Ö, Ü) und bei der Kleinschreibung (ß) gegenüber (Thomé, 2000). Das bulgari-

sche Alphabet enthält 30 Buchstaben, einschließlich (й, ь). Laut der traditionel-
len Schule (vgl. БАН, 1982) beinhaltet das Konsonantensystem der bulgarischen
Sprache 39 Phoneme dazu noch die sechs Vokale – insgesamt 45 Phoneme.

Ferner war bei der Auswahl der Instrumente, unter Berücksichtigung des
Alters der befragten Kinder wichtig, dass die Datenerhebung die Kinder möglichst wenig zusätzlich belastet und von ihnen nicht als „Testsituation" empfunden wurde. In den folgenden Kapiteln werden die Verfahren vorgestellt, wie sie
für die vorliegende Arbeit eingesetzt wurden.

2.4.1   Instrumente zum Erheben des Selbstkonzepts

2.4.1.1   „Selbstkonzept-Phonologische-Bewusstheit 1" (SkPhB-1) und „Selbst-
konzept-Lesekompetenz 1" (SkLk-1)

Zur Erhebung des Leseselbstkonzepts wurde ein neues für Schulanfänger geeignetes Verfahren (zweisprachig) in zwei Varianten entwickelt. In Anlehnung an
Methoden und Verfahren, die Lesekompetenz und deren Vorläufermerkmale
(konkret: Phonologische Bewusstheit) erfassen, wurden Items zur Ermittlung
des Selbstkonzepts „Phonologische Bewusstheit" sowie des Leseselbstkonzepts
entwickelt. Das Verfahren wird im Kapitel 3 vorgestellt, auf seine psychometrischen Eigenschaften wird in Kapitel 4 und 5 detailliert eingegangen.

2.4.1.2   Selbstkonzeptskalen von Harter

Ausgewählt wurde die deutsche Version (Asendorpf & van Aken, 1993; s.a.
http://www.psychologie.hu-berlin.de/prof/per/downloads/harterskalen.html)
der Pictorial Scale von Harter und Pike (Pictorial Scale of Perceived Competence
and Social Acceptance for young Children, Harter & Pike, 1984), in dieser Arbeit
im Weiteren als Selbstkonzeptskalen von Harter oder nur als Harter-Skalen
benannt. Das anerkannte Verfahren ist kindgemäß aufgebaut, stützt sich auf
geschlechtsspezifische Bilder (separat für Jungen und Mädchen), bietet eine
vierstufige Skala der Zustimmung, ist von geringem Zeitaufwand und bei Schulanfängern bis Zweitklässlern gut einsetzbar. Die bildlichen Darstellungen enthalten interkulturell zu verstehende Symbole: Kleidung, Spielzeug und Spielsituati-
onen zeigen Kinder der heutigen Zeit in typischen Alltagssituationen. Der Test

umfasst vier Skalen: Kognitive Kompetenz, Sportkompetenz, Peerakzeptanz und Mutterakzeptanz. Ausgewählt für dieses Projekt wurden zwei der Skalen (kognitive Kompetenz und Sportkompetenz) mit dem Ziel, Messdatenkorrelationen zu finden, die eine konvergente oder diskriminante Validität mit dem Konstrukt ‚Leseselbstkonzept' bzw. ‚Selbstkonzept Phonologische Bewusstheit' aufweisen.

2.4.1.3   Selbstkonzept „Anstrengungsbereitschaft" und „Lernfreude"

Am Ende des ersten Schuljahres wurden in der vorliegenden Arbeit einzelne Skalen („Anstrengungsbereitschaft" und „Lernfreude") vom Verfahren FEESS1-2 (Rauer & Schuck, 2004) eingesetzt. Das Verfahren erfasst emotionale und soziale Erfahrungen von Grundschulkindern der ersten und zweiten Klasse und ermöglicht eine standardisierte und normierte Untersuchung. Dabei geben die Autoren folgende Definitionen vor (s.o. S. 12):

> Anstrengungsbereitschaft: „Ausmaß, in dem ein Kind bereit ist, sich auf Neues einzulassen und Anforderungen in der Schule zu bewältigen, auch wenn dazu besondere Bemühungen erforderlich sind".
> Lernfreude: „Ausmaß, in dem ein Kind Freude an seiner alltäglichen schulischen Arbeit hat und mit froher Erwartungshaltung an seine Arbeit geht".

Gesucht werden Messdatenkorrelationen mit den o.g. Skalen, die auf eine diskriminante Validität mit dem Konstrukt Leseselbstkonzept verweisen.

2.4.2   *Instrumente zur Erhebung der Lesekompetenz*

2.4.2.1   Instrument zur Erhebung der Phonologischen Bewusstheit – „Der Rundgang durch Hörhausen"

Zur Erhebung der Phonologischen Bewusstheit wurde das in Deutschland bewährte Erhebungsverfahren „Der Rundgang durch Hörhausen" (Martschinke, Kirschhock & Frank, 2001), das speziell für erste Klasse konzipiert wurde, ausgewählt. Das Verfahren ist in den ersten Tagen nach der Einschulung sowie nach weiteren sechs Monaten anwendbar und bietet daher eine gute Möglichkeit, Lernfortschritte genauer zu dokumentieren. Alle Items sind so aufgebaut, dass die Möglichkeit besteht, sie in die andere Sprache, in dem Fall Bulgarisch, zu übertragen. Als Vorteil wird dabei die Tatsache gesehen, dass das Verfahren Aufgaben (Wörter) beinhaltet, die in den beiden Sprachen ähnliche Strukturen aufweisen (z.B. Krokodil/крокодил, Lampe/лампа, Vase/ваза, Pirat/пират, Palme/палма, Telefon/телефон usw.). Das Verfahren unterscheidet zwischen den Subskalen Phonologische Bewusstheit im engeren und Phonologische Bewusstheit im weiteren Sinn. Jede Subskala bringt je 24 Punkte in den Gesamttestwert ein (vgl. Martschinke, Kammermeyer, Frank & Mahrhofer, 2002).

Die Testperson empfindet die Testsituation als ein Spiel. Dem Kind wird bewusst gemacht, dass es auf das genaue „Hören" ankommt. Es wird auf einen Rundgang geleitet durch einen Ort („Hörhausen"), in dem es einen Zoo, Häuser, einen Bahnhof gibt. Die Aufgaben sind abwechslungsreich und an anschauliches Material gebunden. Bei der Verwendung zusätzlicher Spielzeuge (etwa einem Zug) und weiterer Materialien zur Veranschaulichung werden für die Testleiter Freiräume zugelassen. Ergänzend wird anhand einer Tafel (mit einem Zauberspruch zum Öffnen von Türen) in einem Hexenhäuschen die Kenntnis aller Buchstaben abgefragt.

2.4.2.2   Leseverständnis und Lesegeschwindigkeit – „Stolperwörter-Lesetest"

Die Struktur der beiden Sprachen lässt es zu, den „Stolperwörter-Lesetest" von Metze (2005), auch kurz STOLLE genannt, ins Bulgarische zu übertragen. Der Test erfasst Lesetempo, -genauigkeit und -verstehen, benötigt keinen hohen Zeitaufwand und ist ökonomisch als Gruppenverfahren durchführbar. Der Test ist standardisiert und liegt in validierter Form für deutschsprachige Kinder der 1. bis 4. Jahrgangsklasse vor. Das Verfahren liegt in zwei Pseudoparallelformen was bei einer Gruppendurchführung ein Abschreiben erschwert.

2.4.2.3   Leseverständnis auf Wort-, Satz- und Textebene – ELFE 1-6

Als Paralleltest wurde das Verfahren ELFE 1-6 (Lenhard & Schneider, 2006) für die deutschsprachigen Kinder verwendet, für die bulgarischsprachigen entsprechende landspezifische Methoden. Der Gruppentest überprüft das Leseverständnis von Kindern auf der Wort-, Satz- und Textebene, dazu wird noch die Lesegeschwindigkeit gefordert. Das umfangreiche Material ermöglicht die Breite der Leseleistungen von sehr schwachen bis zu sehr guten Lesern sensibel zu erfassen, da jede Testsequenz separat zeitlich gemessen wird und zahlreiche

Aufgaben impliziert. Das Instrument ist normiert und in den Klassenstufen 1 bis 6 einsetzbar.

2.4.3   Instrument zur Erhebung der Intelligenz – CFT 1

Das verbreitet angewandte Instrument CFT 1 (Cattell, Weiß & Osterland, 1997) erlaubt die Bestimmung der kognitiven Fähigkeiten im Bereich der Grundintelligenz. Der Test erfasst, zu welchem Komplexitätsgrad die Kinder anhand von sprachfreiem, figuralem Material Denkprobleme erfassen, Beziehungen herstellen, Regeln erkennen, Merkmale identifizieren und wahrnehmen können. Der Test gliedert sich in fünf Untertests mit verschiedenen Aufgabenstellungen: Substitutionen, Labyrinthe, Klassifikationen, Ähnlichkeiten und Matrizen.

Der rein figurale und sprachfreie Fragebogen erleichtert die Durchführung in den beiden Ländern und erfordert nur eine Übertragung der Testanweisung ins Bulgarische. Auch dieses Verfahren liegt in zwei Pseudoparallelformen vor, was bei einer Gruppendurchführung ein Abschreiben erschwert.

3. Fragebogen zur Erhebung des Leseselbstkonzepts in Deutschland und Bulgarien

Zur Erhebung des Selbstkonzepts wurde ein für Schulanfänger geeignetes Verfahren zweisprachig und in zwei aufeinander aufbauenden Versionen entwickelt: „Selbstkonzept-Phonologische-Bewusstheit 1" (SkPhB-1) und „Selbstkonzept-Lesekompetenz 1" (SkLk-1), die sich auf entsprechende Tests zur Erfassung der Phonologischen Bewusstheit und der Lesekompetenz stützen.

3.1   Item-Entwicklung

„Selbstkonzept-Phonologische-Bewusstheit 1" (SkPhB-1) (s. Anhang C.1 in deutscher und Anhang D.1 in bulgarischer Sprache) ist für den Zeitbereich Anfang der 1. Klasse bis Ende des ersten Schulhalbjahres gedacht. Der Fragebogen erhebt kindgerecht die Selbstkonzepte im Bereich Phonologische Bewusstheit und stützt sich auf den Kompetenztest „Der Rundgang durch Hörhausen" (Martschinke, Kirschhok, & Frank, 2001).

„Selbstkonzept-Lesekompetenz 1" (SkLk-1) (s. Anhang C.2 in deutscher und Anhang D.2 in bulgarischer Sprache) ist die Fortsetzung des o.g. Fragebogens. Dieser zweite Fragebogen beinhaltet zwei Selbstkonzeptskalen, die auch separat durchzuführen sind, und am Ende des ersten Schuljahres einsetzbar sind. Die erste Skala („Phonemanalytische Kompetenz") entspricht SkPhB-1. Die zweite Skala stützt sich teilweise auf „Den Stolperwörter-Lesetest" (Metze, 2005), enthält aber auch weitere Items (auch in Anlehnung an IGLU und KEES) und ist für die Erhebung des Leseselbstkonzepts vorgesehen.

Bei SkPhB-1 sowie bei der Skala „Phonemanalytische Kompetenz" zum SkLk-1 enthält jedes Item zwei zusätzliche Beispiel-Wörter und bietet den Kindern Raum, die vorgeschlagene Sequenz zu üben und erst danach eine Entscheidung zu treffen:

„Ich weiß, wie man Wörter in Teile zerlegen kann. Das geht so: HA-SE [Versuchslei-
ter zerteilt HASE, klatscht dabei in die Hände.] Wenn Ihr das jetzt machen sollt, z.B.
mit dem Wort ZIEGE oder EULE, könnt ihr diese Wörter in Teile zerlegen? Überlegt
mal, wie leicht oder schwer euch das fällt."; (s. Anhang C.1).

Bei der Entwicklung des Fragebogens zur Erhebung des Leseselbstkonzepts bzw.
des Selbstkonzepts über die Phonologische Bewusstheit in der ersten Klassenstufe wurden die Items zweisprachig (bulgarisch und deutsch) realisiert. Gesucht wurde eine möglichst ähnliche Bedeutung von Wörtern beider Sprachen,
wobei bei den Itembeispielen auch auf ähnliche Wortstruktur (wie etwa die
Silbenanzahl) geachtet wurde. Das Gleiche gilt auch für die Anweisung zur
Durchführung der Erhebung.

3.2   Antwortformat

Unter Berücksichtigung des Entwicklungsniveaus der getesteten Stichprobe
wurde auf eine vierstufige Skala des Antwortformats nach Susan Harter zurückgegriffen, was eine differenzierte Reaktion auf die Items erlaubt und die wenig
aussagekräftige Tendenz zur Mitte vermeidet. Auch in der vorliegenden Arbeit
wird die Zuordnung zur vierstufigen Skala erleichtert, indem zuerst nach einer
Zustimmung zwischen zwei Polen gefragt wird:

„Wenn ich einen Satz lese, merke ich meistens schnell, ob ein Wort fehlt. Überlegt
mal, wie leicht oder schwer euch das fällt." (bzw.: „Wenn ich einen Satz lese, merke
ich meistens schnell, ob ein Wort fehlt. Überleg mal, wie leicht oder schwer dir das
fällt.") (s. Anhang C.1).

Nach der deklarativen Aussage im ersten Satz folgt immer eine Frage, die das
Personalpronomen „ihr/du" enthält, wobei die Du-Form bei kleinen Kindern
auch in der Gruppe als Ansprache gut anwendbar ist. Nach jeder ihrer Entscheidung müssen die Kinder einen bunten Punkt auf dem Fragebogen aufkleben.
Jedem Kind stehen grüne (für eine: Es-fällt-mir-leicht-Entscheidung) bzw. rote
(für eine: Es-fällt-mir-schwer-Entscheidung) Punkte zur Verfügung. Mit dem
Aufkleben wird jede Antwort visualisiert und die Entscheidung auf diese Weise
auf der nächsten Stufe vorbereitet und erleichtert.

In einem weiteren Schritt wird nach der genaueren Ausprägung dieser Zuordnung gesucht. Das Verfahren kann im Gruppensetting angewendet werden, weshalb nach jeder Ausprägung separat gefragt wird:

"Nun passen alle auf, die einen grünen Punkt geklebt haben. Überlegt jetzt mal, ob euch die Aufgabe sehr leicht (z.B. babyleicht) fällt oder einfach nur leicht. Wenn ihr meint, das ist babyleicht für euch, nehmt ihr noch einen grünen Punkt und klebt ihn daneben.

Nun passen alle auf, die einen roten Punkt geklebt haben. Ihr überlegt nun, ob die Aufgabe für euch sehr schwer oder einfach nur schwer fällt. Wenn ihr meint, das ist eine sehr schwere Aufgabe für euch, nehmt ihr noch einen roten Punkt und klebt ihn daneben."; (s. Anhang C.1).

Die schnelle Auswertung erleichtert die Interpretation der Testergebnisse. Jedem aufgeklebten Punkt entspricht ein Wert-Punkt in der jeweiligen Skala: grün für positive Selbsteinschätzung und rot für negative Selbsteinschätzung. Alle Kinder bekommen dasselbe Testmaterial (Fragebogen) und entsprechend farbige Punkte für die Antwort. Die Festlegung auf die Farbkombination rot-grün geschah im Ergebnis zahlreicher Versuche mit unterschiedlichen Farbvarianten: rot-grün wurde eindeutig von den befragten Kindern bevorzugt, vermutlich durch Alltagserfahrungen bedingt, die diesen Farben einen erkennbaren Symbolgehalt zuwiesen. So kam es etwa zu folgender Kinderaussage: "Mit rot und grün ist es leichter zu spielen, weil es genauso ist wie bei der Ampel."

3.3 Fragebogenkonstruktion

Bei der Fragebogenentwicklung war es das Ziel, eine Vorlage zu entwerfen, die die Kinder in einer ihnen gemäßen Form anspricht. Die Fragebögen können auch in der Gruppe bearbeitet werden.

Um eine kindgerechte Darstellung zu gewährleisten, wurden zusätzlich Bilder zur Veranschaulichung verwendet. Es wurden Vorlagebilder von dem Programm Corel Draw for Windows 3.1 (1991) dem Format des Fragebogens entsprechend bearbeitet und neue Darstellungen entworfen. Auf den Bildern im SkPhB-1-Fragebogen sind Exemplare verschiedener Obst- und Gemüsesorten dargestellt. Sie tragen lachende Gesichter, um die Kinder emotional anzusprechen und zum Mitmachen zu animieren. Die Bilder im SkLk-1-Fragebogen entstammen der Tierwelt mit folgenden Themen: Tiere im Zoo, Tiere auf dem Bauernhof, Tiere im Wasser sowie Insekten. Die implizierte manuelle Tätigkeit – die Kinder müssen bei jeder ihrer Entscheidung rote bzw. grüne Punkte aufkleben – hält die Aufmerksamkeit und das Interesse der Schülerinnen und Schülern wach. Die Situation wird als ein Bilder-Spiel empfunden.

3.4   Berücksichtigung von Gütekriterien und diesbezügliche Analysen

In den folgenden Abschnitten werden die Ergebnisse der Item- und Skalenanalysen zum einen für die neuentwickelten Fragebögen zur Erfassung des Leseselbstkonzepts und des Selbstkonzepts über die Phonologische Bewusstheit und zum anderen für die adaptierten Selbstkonzeptskalen und Kompetenztests zum Erheben von Phonologischer Bewusstheit und Lesekompetenz analysiert.

Als zentrale Anforderungen wissenschaftlicher Arbeiten gelten die Testgütekriterien Objektivität, Reliabilität und Validität. Die Gütekriterien bauen aufeinander auf. Die Objektivität stellt die Basis für die Reliabilität dar. Die Reliabilität bestimmt, ob eine Messung valide sein kann.

Die Items der Verfahren werden hinsichtlich ihrer Schwierigkeit, Zuverlässigkeit und Gültigkeit überprüft. Die Skalen werden hinsichtlich ihrer Zuverlässigkeit und Gültigkeit analysiert.

3.4.1   *Objektivität*

Die Objektivität ist gegeben, wenn die Ergebnisse (Antworten/Messwerte) unabhängig vom Interviewer oder Untersuchungsleiter gewonnen wurden. Diese subjektive Unabhängigkeit wird in allen Phasen der Untersuchung von der Durchführung bis zur Auswertung angestrebt. Nach den Richtlinien des TBS-TK – Testbeurteilungssystem des Testkuratoriums der Föderation Deutscher Psychologenvereinigungen – (Testkuratorium, 2010) sollen neben anderen auch folgende Punkte beachtet werden: Die Instruktionen für die Testleiter(innen) müssen möglichst genau und wörtlich vorliegen; in der Instruktion sollten Beispiel- und Übungsitems sowie eine Beschreibung der Antwortart enthalten sein.

Die Objektivität eines Verfahrens darf im Rahmen der genannten Richtlinie als gesichert gelten, wenn eindeutige und detaillierte Anweisungen zu Durchführung, Ergebnisdarstellung und –interpretation vorliegen. In der vorliegenden Arbeit beschreibt die Testanweisung genau, welche Handlungen konkret vorgenommen werden sollen. Alle Aufgaben sind so konzipiert, dass die angesprochenen Kinder die für die eigene Person zutreffende Entscheidung vornehmen können, auch wenn sie keine Begriffskenntnisse besitzen (z. B. was ist ein Laut, eine Silbe oder wie ist eine Phonemanalyse durchzuführen). Für möglichen Erklärungsbedarf bei bestimmten Items werden präzise Angaben mit konkreten Beispielen geboten. Die Testanweisung enthält darüber hinaus Beispiel- und Übungsitems und formuliert genau, wie die getesteten Personen ihre Antworten geben sollen.

Angesichts des Alters der angesprochenen Probanden wäre es kaum möglich, ein Papier- und Bleistift-Verfahren anzuwenden. Auch wenn es sich hier ebenfalls um ein Selbstberichtverfahren handelt, müssen die Kinder ihre Antworten nicht auf einem Fragebogen notieren, sondern von vorliegenden Punkten die entsprechenden abnehmen und aufkleben. Auf diese Weise markieren sie die Antwort, schließen Missverständnisse bei der Auswertung aus und erhöhen dadurch die Auswertungsobjektivität.

3.4.2 *Itemanalyse*

Um die Qualität der neu konstruierten Fragebögen zu kontrollieren, erfolgt eine Itemanalyse, in der jedes Item gemäß bestimmter Kriterien statistisch überprüft wird. Um die Güte aller Items der vorliegenden Fragebögen zu beurteilen, wurden ihre Schwierigkeits- und Trennschärfe-Indices berechnet.

3.4.2.1 Schwierigkeit

Der Schwierigkeitsindex gibt Auskunft darüber, wie stark ein einzelnes Item in der Lage ist, Unterschiede zwischen Personen mit hoher Merkmalausprägung und solchen mit geringer Ausprägung erkennbar zu machen, in dieser Untersuchung: Differenzierung zwischen Kindern mit hohem Selbstkonzept und Kindern mit geringem Selbstkonzept. Nach Bortz und Döring (2006) sind Items mit einem Index größer als .20 und niedriger als .80 zu bevorzugen. Um auch in extremen Bereichen Personen voneinander unterscheiden zu können, sollte der Fragebogen auch sehr leichte und sehr schwierige Items enthalten (vgl. Mummendey & Grau, 2008). Auf diese Weise werden alle Niveaus berücksichtigt. Ein hoher Schwierigkeitsindex weist eine faktisch leichte Aufgabe aus, da der Prozentsatz der Könner oder Löser der Aufgabe hoch ist. Entsprechend niedrig liegt er bei schwierigen Aufgaben (Lienert & Raatz, 1998). In der vorliegenden Arbeit wurde der Schwierigkeitsindex nach der von Fisseni (2004) für mehrstufige Antwortskalen empfohlenen Formel wie folgt berechnet:

Schwierigkeitsindex = Summe (Rohwert*Rohwert) / N (Maximalwert*Maximalwert) (vgl. Fisseni, 2004)

3.4.2.2 Gültigkeit (Validität)

Ein entscheidendes Kriterium zur Bestimmung der Validität einzelner Items einer Skala ist der Trennschärfekoeffizient. Dieser Index gibt an, wie gut jedes einzelne Item das gesamte, mit dem Fragebogen erhobene Konstrukt repräsentiert. Je höher er ist, desto wahrscheinlicher ist anzunehmen, dass das besagte Item zwischen Personen mit hoher und niedriger Ausprägung des erhobenen Merkmals differenziert. Der Trennschärfekoeffizient kennzeichnet gleichzeitig die Homogenität der Skala. Sind die Trennschärfe-Indices bei allen Items hoch, so gilt der Fragebogen als homogen (vgl. Mummendey & Grau, 2008). Ein Trennschärfekoeffizient kann dabei die Werte zwischen -1 und +1 annehmen. Ein negativer Wert bedeutet, dass die Aufgabe von guten Probanden öfter falsch und von schlechten meist richtig beantwortet wird, was darauf hinweisen könnte, dass die Aufgabe oder die Anweisung missverstanden wurde (vgl. Lienert & Raatz, 1998). Trennschärfen zwischen .3 und .5 sind hierbei als mittelmäßig und Werte größer als .5 als hoch zu interpretieren.

Die Trennschärfe wird gleichzeitig mit der internen Konsistenz (s. dazu unter 3.4.3.1.) im Rahmen der Skala-Reliabilitätsanalyse bestimmt.

3.4.3 *Skalenanalyse*

Zur Berechnung der Reliabilität der Skalen wurden hier folgende Methoden ausgewählt: Einschätzung über die interne Konsistenz (Cronbachs Alpha) und Test-Retest-Methode. Hinsichtlich der Validität werden in der Literatur drei Hauptarten von Validität einer Skala unterschieden: Inhaltsvalidität, Kriteriumsvalidität und Konstruktvalidität (vgl. Bortz & Döring, 2006). Darüber hinaus wurden im Rahmen der vorliegenden Arbeit weitere Gütekriterien berechnet.

3.4.3.1   Zuverlässigkeit (Reliabilität der Skala)

3.4.3.1.1   Interne Konsistenz

Die Ergebnisse der durchgeführten Hauptkomponentenanalyse unterstützen die Bildung von Unterstrukturen. Um beurteilen zu können, welche psychometrische Qualität die derart identifizierten Skalen besitzen, wurde mit Hilfe von Cronbachs Alpha die Skalenreliabilität berechnet. Erwünscht sind Werte über .70, wobei bei kürzeren Skalen ein Wert knapp unterhalb dieser Grenze ebenso akzeptabel wäre (vgl. Mummendey & Grau, 2008).

3.4.3.1.2   Test-Retest-Reliabilität

Die Retest-Methode (Testwiederholungsmethode) ist ein weiteres Vorgehen, das ausgewählt wurde, um die Reliabilität der neugebildeten Skalen zu bestimmen. Bei diesem Verfahren wird nach Übereinstimmungen der Ergebnisse zweier Erhebungen desselben Konstrukts anhand ein und derselben Skala gesucht. Zu diesem Zweck wurde die Skala zur Erhebung des Selbstkonzepts über die Phonologische Bewusstheit SkPhB-1 zweimal derselben Stichprobe unterzogen. Aus der Höhe der Korrelation zwischen den zwei resultierten Ergebnissen, aus dem sogenannten Retest-Reliabilitätskoeffizienten, in unserem Fall der Spearmans Rho, wurde nach der Zuverlässigkeit, mit der das ‚Selbstkonzept Phonologische Bewusstheit' durch die vorliegende Skala erhoben werden kann, gesucht. Die Höhe des Koeffizienten zeigt die zeitliche Stabilität der Erfassung (vgl. Mummendey & Grau, 2008). Ein Korrelationskoeffizient kann dabei die Werte zwischen -1 und +1 annehmen. Je höher der Koeffizient ist, desto stärker ist der Zusammenhang zwischen dem zu untersuchenden Merkmal und somit die zeitliche Stabilität des gesamten Fragebogens.

3.4.3.2   Gültigkeit (Validität der Skala)

3.4.3.2.1   Inhaltsvalidität

Die Inhaltsvalidität gibt an, ob der Test das zu messende Konstrukt in allen bedeutsamen Aspekten erfasst. Die Höhe der Inhaltsvalidität kann nicht empirisch erfasst und numerisch berechnet werden und beruht auf der subjektiven Einschätzung von Experten.

3.4.3.2.2   Kriteriumsvalidität

Die Kriteriumsvalidität gibt die Höhe der Übereinstimmung zwischen dem durch den Test gemessenen Konstrukt oder Merkmal und einem korrespondierenden objektiv beobachtbaren Außenkriterium an (vgl. Bortz & Döring, 2006; Schnell, Hill & Esser, 2008). Der Anwendungsbereich der Kriteriumsvalidierung ist aber wegen der Schwierigkeit, ein angemessenes Außenkriterium, das zugleich auch reliabel und valide ist, zu finden eingeschränkt.

3.4.3.2.3   Konstruktvalidität

Die Konstruktvalidität liegt vor, wenn die Testwerte die von dem Konstrukt abgeleiteten Hypothesen über das Konstrukt und seine Beziehung zu anderen Variablen bestätigen. Als empirische Indikatoren der Konstruktvalidität gelten die konvergente und diskriminante Validität. Die konvergente Validität weist die Höhe der Korrelation mit einem konstruktrelevanten Merkmal auf, die divergente Validität, - die Beziehung zu einem konstruktirrelevanten Merkmal, zu dem möglichst keine Korrelation bestehen sollte (Schnell, Hill & Esser, 2008).

3.4.3.2.4   Faktorenanalyse

Die Daten vorliegender Arbeit wurden einer Hauptkomponentenanalyse unter Verwendung des Programms SPSS (Statistical Package for the Social Sciences) Version 17.0 unterzogen. Dazu wurde das Kaiser-Kriterium festgelegt, nach welchem nur Faktoren mit Eigenwerten größer als 1 extrahiert werden. Zudem wurde das Rotationskriterium Varimax gewählt, um die Faktorenladungsmatrix so zu transformieren, dass für jeden Faktor nur möglichst hohe und möglichst niedrige Ladungen ermittelt werden (vgl. Bortz 2005). Erwünscht war, dass die Items Fürntratts Kriterium der wesentlichen Ladungen erfüllen (1969). Die erwünschte Grenze sind Faktorenladungen über .50.

3.4.3.2.5   Änderungsvalidität

Das hier als Änderungsvalidität bezeichnete Kriterium wird als ein Aspekt der Validität verstanden, welches zwei Komponenten enthält: *die Validität als Sen-*

sibilität gegenüber Veränderung über die Zeit und *die Validität als Sensibilität gegenüber unterschiedlichen Lernbedingungen.*

Die Validität als Sensibilität gegenüber Veränderung über die Zeit wird als ein Gütekriterium verstanden, das zeigt, ob die bei den verschiedenen Messungen über die Zeit erzeugten Daten, wie beabsichtigt, das zu messende Konstrukt repräsentieren. Anders formuliert, das Selbstkonzept der Kinder sollte sich gleichsam mit den Veränderungen ihrer Leistungen entwickeln.

Die Validität als Sensibilität gegenüber unterschiedlichen Lernbedingungen bedeutet dann, dass bei verschiedenen Lernbedingungen sich unterschiedliche Entwicklungen der Selbstkonzepte zeigen. Wegen der in den zwei Ländern erfolgten Durchführung wird hier ein Unterschied in den Lernbedingungen vermutet.

3.5   Hinweise zur Anwendung

Gruppenverfahren gestatten bei größeren Stichproben bzw. mit mehreren Kindern gleichzeitig, erste Eindrücke über die kindliche Lernentwicklung möglichst früh zu sammeln, um auf mögliche Probleme und Defizite sensibel zu reagieren. Solche Instrumente könnten sowohl von der Lehrkraft als auch von Sonderpädagogen oder Frühdiagnostik praktizierendes Personal eingesetzt werden. Eine kombinierte Messung von Kompetenz und Selbstkonzept würde schon zu einem frühen Zeitpunkt (während der ersten Klasse) positive Einwirkung und somit auch auf spätere Verläufe in den Lernbiografien der Schüler und Schülerinnen erlauben.

Zu Beginn der vorliegenden Studie stellte sich das Problem, ein Verfahren als Basis für die Selbstkonzept-Items zu finden, das die Erhebung der Ausgangskompetenz über die Phonologische Bewusstheit direkt am Schulanfang ermöglichte. Das ausgewählte Verfahren von Martschinke, Kirschhok und Frank (2001) misst wichtige Bereiche der angesprochenen Kompetenz, ist aber nur individuell einsetzbar. Es wurde ein Gruppentest vermisst, der es erlauben könnte, mehrere Kinder gleichzeitig abzufragen.

Die Aufgabenbereiche des von Barth und Gomm (2008) neuerdings entwickelten Tests, der Erhebungen im Kompetenzbereich Phonologische Bewusstheit gruppenweise ermöglicht, sind fast deckungsgleich (ausgenommen des Subtests „Erfassung der Wortlänge") mit den in der Selbstkonzeptskala SkPhB-1 enthaltenen Items. Darüber hinaus enthält die SkPhB-1 eine Steigerung der

Schwierigkeit des Aufgabenbereichs Lautsynthese (Lautsynthese mit Umkehraufgabe) und auch zwei weitere Aufgabenbereiche (Phonemanalyse und Silben-
Zusammensetzen). Die drei letztgenannten Bereiche sind in der Regel für viele
Kinder erst im fortgeschrittenen Grundschulalter zu bewältigen. Das erweitert
die Zeitspanne, in der die Selbstkonzeptskala SkPhB-1 eingesetzt werden kann,
im Gegensatz zu dem Kompetenztest von Barth und Gomm (2008): Aus verschiedenen Gründen und Überlegungen heraus haben die o.g. Autoren in den
Gruppentest Aufgaben zur Phonologischen Bewusstheit im weiteren Sinn und
ausschließlich leichtere Aufgaben zur Phonologischen Bewusstheit im engeren
Sinn aufgenommen. In diesem Zusammenhang wird eine kombinierte Messung
von Selbstkonzept und Kompetenz noch während der ersten Wochen nach der
Einschulung als sinnvoll erachtet. Ist eine weitere kombinierte Erhebung zum
Halbjahr bzw. am Ende des ersten Schuljahres erwünscht, sollte das Verfahren
von Martschinke, Kirschhok und Frank (2001) eingesetzt werden.

4. Pilotuntersuchung

Für die Ziele dieses Projekts wurden bestehende Fragebogenverfahren zur Selbstkonzepterfassung vom Deutschen ins Bulgarische übertragen: zwei Selbstkonzeptskalen von Harter (deutsche Version von Asendorpf & van Aken, 1993) „Kognitive Kompetenz" und „Sportkompetenz" und zwei Skalen von FEESS 1-2 (Rauer & Schuck, 2004) „Anstrengungsbereitschaft" und „Lernfreude", wobei die letzten beiden zunächst in Bezug auf das Lesen umgeschrieben wurden.

Vom Deutschen ins Bulgarische übertragen wurden auch bestehende Verfahren zur Kompetenzerfassung von Lesekompetenz bzw. Phonologischer Bewusstheit: „Stolperwörter-Lesetest" (Metze, 2005) und „Der Rundgang durch Hörhausen" (Martschinke et al., 2001).

Die Items der Skalen zu den Selbstkonzeptskalen und die Instruktionen zur Durchführung wurden so übersetzt, dass sie im Bulgarischen eine möglichst ähnliche Bedeutung hatten, weshalb die sinngemäße Übersetzung einer streng am Wortlaut orientierten Übersetzung vorgezogen wurde. Gleiches gilt auch für die Leistungstests, wobei bei dem Verfahren zur Erhebung der Phonologischen Bewusstheit auch auf Laut-/Konsonant- und Silbenzahl geachtet wurde.

4.1   Methode

4.1.1   Stichprobe und Durchführung

Die Pilotuntersuchung wurde mit insgesamt 272 Erstklässlern in Bulgarien und Deutschland in der Zeit von Ende August 2006 bis Ende Juni 2007 durchgeführt. Die Schülerzahl beläuft sich für Bulgarien auf 140 Kinder (davon 81 Mädchen und 59 Jungen) und für Deutschland auf 132 (davon 59 Mädchen und 73 Jungen). Die Stichprobengröße liegt somit oberhalb der von Mendoza, Stafford und

Stauffer (2000, zitiert nach Bühner, 2004, S.49) angegebenen Mindestgrenze von n = 100 bei der Überprüfung der Reliabilität eines Testentwurfs. Teilgenommen haben sechs Klassen an fünf Schulen in Bulgarien und vier Klassen an zwei Schulen in Deutschland. Die Untersuchungen fanden in den Klassenräumen der jeweiligen Schulen während der regulären Unterrichtszeit statt.

Die Schüler wurden, abhängig vom Testverfahren, in Gruppen oder einzeln untersucht. Die Untersuchungen dauerten abhängig von der Erhebungsmethode zwischen fünf und 35 Minuten. Die Erhebungen waren so geplant, dass für jedes einzelne Kind ein Zeitabstand von mindestens einem Tag zwischen Leistungs- und Selbstkonzepterhebung lag.

Das mittlere Alter zum ersten Messzeitpunkt der Pilotuntersuchung lag bei 88 Monaten für Bulgarien (min. = 79, max. = 93) und bei 79 Monaten für Deutschland (min. = 71, max. = 94). Dabei ist zu beachten, dass die Erhebungen in Bulgarien ungefähr einen Monat nach den Erhebungen in Deutschland durchgeführt wurden. Zwei der getesteten Schulen in Bulgarien befinden sich in einer Großstadt (Sofia, ca. 1 150 000 Einwohner), zwei in einer mittelgroßen Stadt (ca. 150 000 Einwohner) und eine in einem Dorf (ca. 3 000 Einwohner). In Deutschland wurde die Pilotuntersuchung in Schulen in Hamburg (ca. 1 760 000 Einwohner) – Einwohnerzahlen jeweils aus dem Jahr 2007 – durchgeführt.

4.1.2   Erfasste Konstrukte

4.1.2.1   Selbstkonzept

Selbstkonzept Phonologische Bewusstheit anhand SkPhB-1

Der SkPhB-1-Fragebogen enthält 11 Items. Drei Items (Item 3, Item 4 und Item 12) beziehen sich auf Phonologische Bewusstheit im weiteren Sinn (Silben segmentieren, Silben zusammensetzen, Endreim erkennen), sieben weitere Items (Items mit den Nummern 5 bis 11) auf Phonologische Bewusstheit im engeren Sinn (Phonemanalyse, Lautsynthese mit Umkehraufgabe, Anlaut und Endlaut erkennen) und ein letztes Item (Item 13) bezieht sich auf die Buchstabenkenntnis.

Leseselbstkonzept anhand SkLk-1

Diese erste Variante der SkLk-1-Fragebogen enthält 20 Items. Hier wurden fünf Items (Item 5, Item 6, Item 7, Item 9, Item 10) von SkPhB-1 übernommen, die sich auf Phonologische Bewusstheit im engeren Sinn (Phonemanalyse, Lautsynthese mit Umkehraufgabe, Anlaut und Endlaut erkennen) beziehen. Dem wurden noch 15 weitere Items hinzugefügt, wobei Item 17 eine negativ gepolte Wiederholung der Aussage der Item 20 ist. Um die Kontinuität von Fragebogen SkPhB-1 und SkLk-1 zu wahren, wurden dieselben Beispiele beibehalten.

Selbstkonzept anhand Selbstkonzeptskalen von Harter

Eingesetzt wurden zwei Selbstkonzeptskalen von Harter, die jeweils sechs Items enthalten: „Kognitive Kompetenz" (Items mit den Nummern 1, 5, 9, 13, 17, 21) und „Sportkompetenz" (Items mit den Nummern 3, 7, 11, 15, 19, 23). Die Bilder zu den jeweiligen Items wurden geschlechtsspezifisch (für Mädchen und Jungen getrennt) benutzt.

Selbstkonzept anhand FEESS 1-2

Die Skalen „Anstrengungsbereitschaft" und „Lernfreude" wurden vom originalen Test auf das Lesen bezogen umgeschrieben und individuell eingesetzt. Die geänderte Skala „Anstrengungsbereitschaft" enthält 11 Items, die Skala „Lernfreude" 13 Items.

4.1.2.2   Lesekompetenz

Phonologische Bewusstheit anhand „Der Rundgang durch Hörhausen"

Erfasst wurden beide Bereiche: Phonologische Bewusstheit im weiteren Sinn – Silben segmentieren (acht Items), Silben zusammensetzen (acht Items), Endreim erkennen (acht Items) – und Phonologische Bewusstheit im engeren Sinn – Phonemanalyse (acht Items), Lautsynthese mit Umkehraufgabe (acht Items), Anlaut und Endlaut erkennen (jeweils vier Items). Der ganze Test enthält 48 Items (24 Items pro Bereich).

Lesekompetenz anhand „Stolperwörter-Lesetest"

Der Test erfasst Lesetempo, Genauigkeit und Verstehen von insgesamt 45 Sätzen.

Lesekompetenz anhand ELFE 1-6

Erfasst wurde das Leseverständnis auf folgenden Ebenen: Wortverständnis (Dekodieren, Synthese), Satzverständnis (sinnentnehmendes Lesen, syntaktische Fähigkeiten), Textverständnis (Auffinden von Informationen, satzübergreifendes Lesen, schlussfolgerndes Denken) und Lesegeschwindigkeit (Schnelligkeit der visuellen Worterkennung). Der ganze Test, der für Kinder der ersten bis zur sechsten Klasse gedacht ist, enthält für Wortverständnis 72, für Satzverständnis 28 und für Textverständnis 20 jeweils zu bearbeitende Aufgaben. Für die Ziele dieses Projekts wurden in Anlehnung an ELFE 1-6 Leseübungen in bulgarischer Sprache entwickelt (s. Anhang D.7).

4.1.3   Ablauf der Untersuchung

Die Datenerhebung wurde in Deutschland und in Bulgarien durchgeführt. In der Untersuchung wurden während des ersten Schuljahrs drei Messzeitpunkte gewählt: die ersten zwei bis drei Wochen direkt nach dem Schulbeginn, am Halbjahresende und in den letzten zwei bis drei Wochen des Schuljahrs im jeweiligen Land.

4.1.3.1   Erster Messzeitpunkt

4.1.3.1.1   Selbstkonzepterhebung

Selbstkonzepterhebung anhand SkPhB-1

Deutschland

Die erste Selbstkonzepterhebung anhand SkPhB-1 wurde bei 132 Kindern in Hamburg gruppenweise durchgeführt, wobei jede Gruppe fünf bis zehn Kinder umfasste. Einzelne Kinder wurden auch individuell getestet. Die Dauer der Test-durchführung betrug in den Gruppen ca. 25 Minuten, die individuelle Test-durchführung ca. 15 Minuten. Die Erstklässler erhielten den SkPhB-1-Frage-bogen (s. Anhang B.1) in Form eines DIN-A3-Blattes (Vorder- und Rückseite), gefaltet auf DIN-A4-Format, sowie grüne und rote Klebepunkte. Für die Erhe-bung der Selbstkonzepte wurde den Testpersonen die Instruktion in deutscher Sprache mündlich mitgeteilt.

Bulgarien

Die erste Selbstkonzepterhebung wurde bei 140 Kindern in Bulgarien anhand SkPhB-1 durchgeführt und zwar mit derselben Prozedur wie in Hamburg (s.o.); die Instruktion naturgemäß in bulgarischer Sprache.

4.1.3.1.2   Testdurchführung

Phonologische Bewusstheit anhand „Der Rundgang durch Hörhausen"

Deutschland

Das in deutscher Sprache vorliegende Testverfahren wurde in dieser Etappe mit fünf Kindern einer Klasse durchgeführt. Die Aufgaben 7, 8 und 9 (Anlaut, End-laut und Reime erkennen), im Originalverfahren für Einzelversuch vorgesehen, wurden gruppenweise vergeben. Jedes Kind bekam Klebstoff, das mit der jewei-ligen Farbe bemalte Haus und verschiedene Briefumschläge mit Bildern, die dem Haus als Wörter zugeordnet werden sollten. Auf jedem Briefumschlag war ein Bild aufgeklebt, welches kein Beispiel darstellte, sondern dazu diente, die verschiedenen Umschläge leicht zu unterscheiden und die Reihenfolge zu fin-den. Die Aufgabe für die Kinder war so gestellt, dass sie erst den zu suchenden Umschlag finden und dann alle Bilder entnehmen mussten. Drei der jeweils vier auszubreitenden Bilder waren mit ihrer Bedeutung dem jeweiligen Haus zuzu-ordnen und anschließend auf das DIN-A4-Blatt zu kleben. Das überschüssige Bild sollte zurück in den Umschlag gelegt werden. Die Zeit für diesen Test be-trug ca. 35 Minuten. Dazu wurden, wie im Test vorgeschrieben, die Aufgaben 1 bis 4 individuell durchgeführt. Für eine bessere Visualisierung wurde ein kleiner Spielzeugzug aus Holz bei den Aufgaben 3 (Phonemanalyse) und 4 (Lautsynthe-se mit Umkehraufgabe) eingesetzt.

Bulgarien

Die erste Erhebung der Phonologischen Bewusstheit in Bulgarien, anhand des in bulgarischer Sprache für die Ziele dieses Projekts adaptierten Tests „Der Rundgang durch Hörhausen" (s. Anhang D.5), wurde mit insgesamt 119 Kindern durchgeführt. Die Aufgaben 1 bis 4 wurden individuell eingesetzt, die Aufgaben 7, 8 und 9 wurden gruppenweise (fünf bis sieben Kinder pro Gruppe) nach dem gleichen Vorgehen wie in Deutschland (s.o.) bearbeitet. Einzelne Kinder, ausgewählt nach dem Zufallsprinzip, wurden in einem zeitlichen Abstand von mindestens vier Tagen erneut mit den Aufgaben 7, 8 und 9 im Einzelversuch getestet um eventuell Ergebnisunterschiede aufzudecken.

4.1.3.2   Zweiter Messzeitpunkt

4.1.3.2.1   Selbstkonzepterhebung

Selbstkonzept anhand SkPhB-1

Deutschland

Die Selbstkonzepterhebung wurde bei 55 Kindern anhand SkPhB-1 gruppenweise durchgeführt. Es wurde dieselbe Prozedur wie zum 1. Messzeitpunkt angewendet(s.o).

Bulgarien

Die Selbstkonzepterhebung wurde bei 51 Kindern anhand SkPhB-1 gruppenweise durchgeführt. Es wurde dieselbe Prozedur wie zum 1. Messzeitpunkt angewendet(s.o).

4.1.3.2.2   Testdurchführung

Phonologische Bewusstheit anhand „Der Rundgang durch Hörhausen"

Deutschland

Da das geplante Testverfahren in deutscher Sprache vorliegt und keine weiteren Voruntersuchungen nötig waren, wurde die Phonologische Bewusstheit in dieser Etappe nicht getestet.

Bulgarien

Getestet wurden 51 Kinder. In dieser Etappe wurden alle Aufgaben individuell durchgeführt.

4.1.3.3   Dritter Messzeitpunkt

4.1.3.3.1   Selbstkonzepterhebung

Selbstkonzept anhand SkLk-1

Deutschland

Die Leseselbstkonzepterhebung zum dritten Messzeitpunkt wurde in Hamburg gruppenweise mit insgesamt 92 Kindern durchgeführt, wobei jede Gruppe 10 bis 14 Kinder umfasste. Die Dauer der Testdurchführung in den Gruppen betrug ca. 30 Minuten. Die Erstklässler erhielten den SkLk-1-Fragebogen (s. Anhang B.2) in Form eines DIN-A3-Blattes (Vorder- und Rückseite), gefaltet auf DIN-A4-Format, sowie grüne und rote Klebepunkte. Für die Erhebung der Selbstkonzepte wurde den Testpersonen die Instruktion in deutscher Sprache mitgeteilt.

Bulgarien

Die Leseselbstkonzepterhebung zum dritten Messzeitpunkt wurde gruppenweise mit insgesamt 122 Kindern durchgeführt, wobei jede Gruppe 10 bis 14 Kinder enthielt. Die Dauer der Testdurchführung in den Gruppen umfaste ca. 30 Minuten. Es wurde dieselbe Prozedur wie in Deutschland (s.o.) verwendet, wobei die Instruktion in bulgarischer Sprache mitgeteilt wurde.

Selbstkonzept anhand Selbstkonzeptskalen von Harter

Deutschland

Getestet wurden individuell 91 Schüler. Die Kinder bekamen als Vorlage die geschlechtsspezifischen Bilder zu den Selbstkonzeptskalen: „Kognitive Kompetenz" und „Sportkompetenz" (s. Anhang C.3). Die Schüler mussten sich für eine der Darstellungen entscheiden. Der Testleiter notierte die Antworten.

Bulgarien

Getestet wurden individuell 78 Schüler. Für die Ziele dieses Projekts wurden die Aussagen zu den ausgewählten Skalen ins Bulgarische (s. Anhang D.3) übersetzt. Es wurde dieselbe Prozedur wie in Deutschland (s.o.) durchgeführt.

Selbstkonzept anhand FEESS 1-2

Deutschland

Die zwei Skalen „Anstrengungsbereitschaft" und „Lernfreude" (s. Anhang C.4), die für die Ziele dieses Projekts vom Originaltest umgeschrieben und auf das Lesen bezogen wurden, kamen individuell bei 91 Kindern zum Einsatz. Die Kinder mussten die vom Testleiter vorgelesenen Aussagen bestätigen oder verneinen. Der Testleiter notierte die Antworten.

Bulgarien

Die zwei Skalen „Anstrengungsbereitschaft" und „Lernfreude" (s. Anhang D.4), die für die Ziele dieses Projekts vom Originaltest umgeschrieben und auf das Lesen bezogen wurden, waren ins Bulgarische übersetzt worden und kamen, zusammen mit der Testanweisung, gruppenweise bei 78 Erstklässlern zum Einsatz. Eine Gruppe umfasste dabei fünf bis sieben Kinder. Die Schüler bekamen als Arbeitsvorlage einen Ausschnitt des Testfragebogens SIKS 1-2 (Rauer & Schuck, 2004).

4.1.3.3.2   Testdurchführung

Lesekompetenz anhand Stolperwörter-Lesetest (STOLLE)

Deutschland

Getestet wurden 90 Erstklässler. Sie erhielten die Form A und die Form B des Stolperwörter-Lesetests in Form eines DIN-A4-Blattes (Vorder- und Rückseite), gefaltet auf DIN-A5-Format. Die Aufgabe war, in zehn Minuten möglichst viele der nicht passenden Wörter aus den 45 vorliegenden Sätzen zu streichen.

Bulgarien

Für die Ziele dieses Projekts wurden die Sätze des Lesetests und die Anweisung vom Deutschen ins Bulgarische übersetzt. Getestet wurden 127 Kinder. Sie erhielten die Form A und die Form B in bulgarischer Sprache in Form eines DIN-A4-Blattes (Vorder- und Rückseite), gefaltet auf DIN-A5-Format (s. Anhang D.6.2). Der Testverlauf war derselbe wie in Deutschland.

Lesekompetenz anhand ELFE 1-6

Deutschland

Der Leseverständnistest wurde mit 92 Kindern durchgeführt. Sie erhielten die Form A und die Form B des Testbogens als DIN-A4-Blätter (Vorder- und Rückseite) (jeweils 15 Seiten). Die Bearbeitungszeit für jeden Untertest wurde streng eingehalten: Wortverständnis (3 Minuten), Satzverständnis (3 Minuten) und Textverständnis (7 Minuten).

Bulgarien

Für die Ziele dieses Projekts wurden in Anlehnung an ELFE 1-6 Leseübungen in bulgarischer Sprache entwickelt, die mit 121 Erstklässlern durchgeführt wurden. Die Leseübungen beinhalten sieben Wort-, sechs Satz- und drei Textverständnisaufgaben. Für die besonders guten Leser waren noch zwei zusätzliche Texte vorgesehen. Der Bogen (s. Anhang D.7.2), in Form eines DIN-A4-Blattes (Vorder- und Rückseite), wurde auf DIN-A5-Format gefaltet. Die Bearbeitungszeit für den gesamten Bogen betrug acht Minuten. Die zu allen drei Messzeitpunkten eingesetzten Erhebungsinstrumente sowie die Stichproben in den beiden Ländern sind im Untersuchungsplan (vgl. Tabelle 1) dargestellt.

Tabelle 1: Untersuchungsplan für die Pilotuntersuchung – Testverfahren und Stichproben pro Land und Messzeitpunkt

	Versuchsplan Pilotuntersuchung					
	1. Messzeitpunkt		2. Messzeitpunkt		3. Messzeitpunkt	
	August 2006 Hamburg	September 2006 Sofia	Januar 2007 Hamburg	Februar 2007 Sofia	Juni 2007 Hamburg	Mai 2007 Sofia
Selbstkonzepte	SkPhB-1 n = 132	SkPhB-1 n = 140	SkPhB-1 n = 55	SkPhB-1 n = 51	SkLk-1 n = 92	SkLk-1 n = 122
					HarterSK n = 91	HarterSK n = 78
					FEESS 1-2 n = 91	FEESS 1-2 n = 78
Lesekompetenz	RDH n = 5	RDH n = 119		RDH n = 51		
					STOLLE n = 90	STOLLE n = 127
					ELFE 1-6 n = 92	Lese-übungen n = 121

Anmerkungen: *SkPh.B* – Selbstkonzept „Phonologische Bewusstheit"; *SkLk* – Selbstkonzept Lesekompetenz; *HarterSK* – Selbstkonzeptskalen von Harter,„Kognitive Kompetenz" und „Sportkompetenz"; *FEESS 1-2* – Skalen in Anlehunung an FEESS 1-2, „Anstrengungsbereitschaft Lesen" und „Lernfreude Lesen"; *RDH* – Phonologische Bewusstheit, „Der Rundgang durch Hörhausen"; *STOLLE* – Lesekompetenz,.„Stolperwörter-Lesetest"; *ELFE* – Lesekompetenz, ELFE 1-6 (für Bulgarien Leseübungen).

4.2   Ergebnisse

In den folgenden Abschnitten werden die Ergebnisse der im Rahmen der Pilotuntersuchung durgeführten Item- und Skalenanalysen zum einen für die Selbstkonzeptskalen und zum anderen für die Kompetenztests analysiert.

4.2.1   „Selbstkonzept-Phonologische-Bewusstheit 1" (SkPhB-1)

4.2.1.1   Itemanalyse

Für eine erste Beurteilung der Güte einzelner Items der Skala SkPhB-1 wurden die Schwierigkeitsindices der verschiedenen Items beim ersten und beim zweiten Messzeitpunkt pro Land berechnet. Die Werte lagen sowohl für Deutschland, als auch für Bulgarien im vorgegebenen Intervall von .20 bis .80, so dass keines der Items aufgrund zu hoher oder zu geringer Schwierigkeit ausgeschlossen werden musste.

In einem weiteren Schritt wurden die Trennschärfe-Indices für die Items zur Gesamtskala SkPhB-1 pro Land berechnet. In Deutschland zeigten sich beim ersten Messzeitpunkt mittlere Werte, wobei beim zweiten Messzeitpunkt die Trennschärfe-Indices bei fast allen Items auffällig nach oben stiegen. Für Bulgarien zeigten sich dagegen zum 1. MZP mittlere bis hohe, zum 2. MZP sinkende Werte. Die Ergebnisse sind in Tabelle 2 für Deutschland und Tabelle 3 für Bulgarien dargestellt.

Tabelle 2: Schwierigkeits- und Trennschärfe-Indices des Leseselbstkonzepts (SkPhB-1) zum ersten und zum zweiten Messzeitpunkt in Deutschland

Skala SkPhB-1	Item-Inhalt	MZP 1 n = 134		MZP 2 n = 54	
		Schwierigkeit	Trennschärfe r_{it}	Schwierigkeit	Trennschärfe r_{it}
Item 3	Ich weiß, wie man Wörter in Teile zerlegen kann.	.63	.40	.65	.61
Item 4	Ich kann sagen, welches der vordere und welches der hintere Teil in einem Wort ist.	.58	.37	.65	.50
Item 5	Ich kann ein Wort in alle kleinsten Teile zerlegen, die zu hören sind.	.46	.36	.65	.59
Item 6	Wenn ich verschiedene Laute nacheinander höre, kann ich sie alle als ein Wort aussprechen.	.55	.48	.68	.70
Item 7	Wenn ich ein Wort höre, kann ich es auch von hinten nach vorne sagen und mir so ein neues Wort daraus zaubern.	.49	.26	.58	.58

SkPhB-1	Item-Inhalt	MZP 1		MZP 2	
Item 8	Ich kann erkennen, wenn Wörter vorne gleich klingen.	.73	.44	.76	.46
Item 9	Ich kann erkennen, wenn Wörter vorne unterschiedlich klingen.	.70	.48	.73	.52
Item 10	Ich kann erkennen, wenn Wörter am Ende gleich klingen.	.70	.43	.77	.41
Item 11	Ich kann erkennen, wenn Wörter am Ende unterschiedlich klingen.	.66	.52	.75	.57
Item 12	Ich kann erkennen, wenn sich Wörter reimen.	.84	.28	.77	.41
Item 13	Ich kenne das deutsche Alphabet und kann die verschiedenen Buchstaben benennen.	.72	.44	.74	.37

Tabelle 3: Schwierigkeits- und Trennschärfe-Indices des Leseselbstkonzepts (SkPhB-1) zum ersten und zum zweiten Messzeitpunkt in Bulgarien

Skala SkPhB-1	Item-Inhalt	MZP 1 n = 130		MZP 2 n = 51	
		Schwie-rigkeit	Trenn-schärfe r_{it}	Schwie-rigkeit	Trenn-schärfe r_{it}
Item 3	Аз знам как се разделя една дума на части.	.70	.54	.71	.43
Item 4	Аз мога да кажа коя е предната част в една дума и коя е задната част.	.61	.36	.67	.18
Item 5	Аз мога да разделя една дума на всички малки части, които могат да се чуят в нея.	.59	.48	.65	.40
Item 6	Когато чуя няколко звука един след друг, мога да ги произнеса като една цяла дума.	.57	.42	.61	.27
Item 7	Когато чуя една дума, мога да я кажа отпред-назад, но и отзад-напред.	.50	.36	.54	.42
Item 8	Аз мога да позная кога две думи започват еднакво (звучат в началото по един и същи начин).	.71	.45	.71	.45

SkPhB-1	Item-Inhalt	MZP 1		MZP 2	
Item 9	Аз мога да позная кога две думи започват различно.	.63	.55	.67	.37
Item 10	Аз мога да позная кога две думи свършват еднакво.	.70	.52	.61	.30
Item 11	Аз мога да позная кога две думи свършват различно.	.71	.57	.67	.40
Item 12	Аз мога да кажа, когато две думи се римуват.	.70	.56	.69	.45
Item 13	Аз познавам буквите в азбуката и знам как се казват различните букви в азбуката.	.76	.34	.86	-.001

4.2.1.2   Skalenanalyse

4.2.1.2.1   Validität

Als erster Schritt wurde eine Hauptkomponentenanalyse bei SkPhB-1 mit den Daten vom 1. MZP für beide Länder zusammen durchgeführt. Erwartungsgemäß zeigt die Analyse eine zweidimensionale Struktur, die den Bereichen Phonologische Bewusstheit im weiteren Sinn (WS) und Phonologische Bewusstheit im engeren Sinn entspricht (ES). Allerdings wurden Item 5 und Item 6, die semantisch (Lautsynthese) zu der anderen Dimension zuzuordnen sind (ES), beim zweiten Faktor (WS) extrahiert. Die Ergebnisse der Hauptkomponentenanalyse sind in Tabelle 4 dargestellt.

Tabelle 4: Rotierte Komponentenmatrix: Faktorstruktur der Items zur Skala SkPhB-1 für beide Länder zusammen

Item	Item-Inhalt	K 1	K 2
Item 8	Ich kann erkennen, wenn Wörter vorne gleich klingen.	**.76**	.03
Item 10	Ich kann erkennen, wenn Wörter am Ende gleich klingen.	**.75**	.09
Item 11	Ich kann erkennen, wenn Wörter am Ende unterschiedlich klingen.	**.66**	.29
Item 9	Ich kann erkennen, wenn Wörter vorne unterschiedlich klingen.	**.63**	.25
Item 12	Ich kann erkennen, wenn sich Wörter reimen.	**.45**	.28
Item 5	Ich kann ein Wort in alle kleinsten Teile zerlegen, die zu hören sind.	.07	**.70**
Item 4	Ich kann sagen, welches der vordere und welches der hintere Teil in einem Wort ist.	.04	**.68**

Item	Item-Inhalt	K 1	K 2
Item 6	Wenn ich verschiedene Laute nacheinander höre, kann ich sie alle als ein Wort aussprechen.	.25	**.58**
Item 13	Ich kenne das deutsche Alphabet und kann die verschiedenen Buchstaben benennen.	.17	**.56**
Item 3	Ich weiß, wie man Wörter in Teile zerlegen kann.	.36	**.50**
Item 7	Wenn ich ein Wort höre, kann ich es auch von hinten nach vorne sagen und mir so ein neues Wort daraus zaubern.	.23	**.36**
Erklärte Varianz (%)		31.70	10.90
n = 264			

Die Komponenten klären insgesamt 42.60 % der extrahierten Varianz auf, wobei die zuerst extrahierte Komponente 31.70 % und die zweite 10.90 % der extrahierten Varianz bilden. Alle Items weisen nennenswerte Ladungen auf einem der beiden Faktoren auf.

In einem weiteren Schritt wurde die Hauptkomponentenanalyse separat für jedes Land erneut durchgeführt. Die Varimax-rotierte Ladungsmatrix und die Ladungen der einzelnen Items sind in Tabelle 5 wiedergegeben.

Tabelle 5: Rotierte Komponentenmatrix: Faktorstruktur der Items zur Skala SkPhB-1 für Deutschland und für Bulgarien

Item	Deutschland		Bulgarien	
	K 1	K 2	K 1	K 2
Item 3	**.56**	.20	.29	**.65**
Item 4	.24	**.52**	-.07	**.74**
Item 5	.01	**.73**	.16	**.69**
Item 6	.29	**.62**	.28	**.49**
Item 7	.01	**.56**	.33	.33
Item 8	**.67**	.07	**.74**	.08
Item 9	**.52**	.34	**.78**	.17
Item 10	**.75**	.00	**.78**	.12
Item 11	**.73**	.15	**.53**	.45
Item 12	**.39**	.15	**.47**	.46
Item 13	.28	**.57**	.12	**.50**
Erklärte Varianz (%)	29.80	11.50	34.82	11.28
n	130		134	

Beide Länder zeigen ähnliche Strukturen, jedoch lädt das Item 3 in Deutschland auf dem ersten Faktor und in Bulgarien auf dem zweiten. Item 7 zeigt in Bulgarien bei beiden Faktoren gleich hohe Ladungen und in Deutschland gehört es definitiv zum zweiten Faktor. In Deutschland beträgt die Varianzaufklärung durch die zugrundeliegende Faktorlösung 41.30 % und in Bulgarien 46.10 %.

4.2.1.2.2   Reliabilität

Interne Konsistenz

Nach Annahme der Autorin und auch nach den Ergebnissen der Hauptkomponentenanalyse enthält die Skala SkPhB-1 zwei Unterskalen zur Erhebung des Leseselbstkonzepts, wobei eine Unterskala zur Erhebung der Phonologischen Bewusstheit im engeren Sinn (ES) und die andere zur Erhebung der Phonologischen Bewusstheit im weiteren Sinn (WS) differenziert werden kann. Um beurteilen zu können, welche psychometrische Qualität die derart identifizierten Skalen besitzen, soll mit Hilfe von Cronbachs Alpha die Skalenreliabilität berechnet werden.

Anhand semantischer und struktureller Überlegungen ergibt sich, dass die Skala WS die Items mit den Nummern 3, 4, 12, 13 und die Skala ES die Items mit den Nummern 5, 6, 7, 8, 9, 10, 11 enthalten sollte. Dementsprechend wurde Cronbachs Alpha berechnet. Für die WS-Skala beträgt Cronbachs $\alpha = .55$ und für die ES-Skala – $\alpha = .72$.

Die Hauptkomponentenanalyse sprach dafür, dass Item 5, Item 6 und Item 7 zum zweiten Faktor, in unserem Fall zur WS-Skala, gehören sollten. Mit diesen Vorgaben wurde Cronbachs Alpha erneut berechnet. Es ergaben sich die Werte $\alpha = .65$ für die WS-Skala und $\alpha = .72$ für die ES-Skala. Weiter wurde Cronbachs Alpha für die Gesamtskala berechnet zu einem Wert von $\alpha = .78$ (n = 264). Es wurde entschieden für die weiteren Analysen die Gesamtskala anzuwenden. In einem weiteren Schritt wurde Cronbachs Alpha für die Gesamtskala separat für Deutschland und Bulgarien bestimmt. Die darüber hinaus berechneten Werte sind in der Tabelle 6 dargestellt. Beim 2. MZP wird Item 13 auch für Bulgarien weiter verwendet, auch wenn der Wert für Cronbachs Alpha dadurch abnimmt (.68, ohne Item 13 beträgt Cronbachs $\alpha = .71$). Der Fragebogen behält auf diese Weise eine für beide Länder parallele Form.

Tabelle 6: Interne Konsistenz und statistische Kennzahlen für Skala SkPhB-1 pro
Land und für beide Länder zusammen pro Messzeitpunkt

Land	Cronbachs Alpha	Anzahl der Items	Item Mittelwert	Item Minimum	Item Maximum	SD	n
1. MZP Bulgarien	.81	11	3,11	2,70	3,40	5.83	134
1. MZP Deutschland	.76	11	3,06	2,55	3,60	5.73	130
1. MZP beide Länder zusammen	.78	11	3.08	2.64	3.39	5.78	264
2. MZP Bulgarien	.68	11	3,20	2,84	3,64	4.20	51
2. MZP Deutschland	.84	11	3,19	2,78	3,40	7.19	54
2. MZP beide Länder zusammen	.80	11	3.19	2.81	3.48	5.90	105

Anmerkung: In der vorliegenden Skalendokumentation wurden die Abkürzungen *SD* –
Standardabweichung und *n* – Anzahl der Fälle durchgehend verwendet.

Test-Retest-Reliabilität

Der Retest der Skala SkPhB-1 zur Erhebung des Leseselbstkonzepts wurde am
ersten Schulhalbjahresende für das jeweilige Land durchgeführt. Für jedes Kind
lagen mindestens fünf Monate Zeitabstand zwischen der ersten und der zweiten Erhebung. Von den anfänglich zum ersten Erhebungszeitpunkt getesteten
Schülern und Schülerinnen (n = 264) nahmen 39.8 % (n = 105) auch an der zweiten Erhebung des Leseselbstkonzepts teil.

Zu beiden Zeitpunkten wurde derselbe Fragebogen bearbeitet. Wegen der
Veränderung des Inhalts von Item 12 beim zweiten Messzeitpunkt wurden zwei
separate Analysen – lange Version (Item 12 incl.) und kurze Version (ohne
Item 12) – durchgeführt. Die Stichprobengrößen für die ersten beiden Messzeitpunkte sind in Tabelle 7 zu ersehen.

Tabelle 7: Stichproben für beide Länder zusammen und pro Land zum ersten und zweiten Messzeitpunkt

Skala SkPhB-1	Beide Länder zusammen		Bulgarien		Deutschland	
	1. MZP	2. MZP	1. MZP	2. MZP	1. MZP	2. MZP
n	264	105	134	51	130	54

Zur Ermittlung der Retest-Reliabilität wurden die Daten zur Leseselbstkonzeptskala SkPhB-1 zu den Messzeitpunkten 1. und 2. errechnet und miteinander verglichen. Für die Berechnung der Retest-Reliabilitäten wurde die Korrelationsanalyse wegen der Schiefe der Verteilung mittels Korrelationskoeffizients Spearmans Rho durchgeführt.

Zunächst wurden die Retest-Reliabilitätskoeffizienten für die lange Version des Fragebogens (Item 12 incl.) berechnet, wie in Tabelle 8 dargestellt. Alle Koeffizienten sind signifikant ($p < .05$), für Deutschland bzw. beide Länder zusammen sogar hoch signifikant ($p < .01$).

Tabelle 8: Korrelationen zwischen erstem und zweitem Messzeitpunkt für SkPhB-1 –Skala (Item 12 incl.)

Skala-SkPhB-1	Beide Länder zusammen	Bulgarien	Deutschland
Korrelation nach Spearman Rho	.44**	.35*	.49**

* auf dem Niveau von 0.05 signifikant; ** auf dem Niveau von 0.01 signifikant

Anschließend wurden die Retest-Reliabilitätskoeffizienten für die kurze Version des Fragebogens (ohne Item 12) berechnet (s. Tabelle 9).

Tabelle 9: Korrelationen zwischen erstem und zweitem Messzeitpunkt für SkPhB-1-Skala (ohne Item 12)

Skala-SkPhB-1	Beide Länder zusammen	Bulgarien	Deutschland
Korrelation nach Spearmans Rho	.43**	.30*	.51**

* auf dem Niveau von 0.05 signifikant; ** auf dem Niveau von 0.01 signifikant

Es ergaben sich keine gravierenden Unterschiede zwischen den beiden Versionen. Die Koeffizienten sind auch bei der kurzen Version signifikant: für Deutschland bzw. beide Länder zusammen hoch signifikant auf dem Niveau von $p < .01$, für Bulgarien auf dem Niveau von $p < .05$.

Es wurde entschieden, die Retest-Reliabilitätskoeffizienten auch pro Item für die gesamte Stichprobe zu berechnen. Wie aus Tabelle 10 zu ersehen, zeigten sich hier sowohl hochsignifikante (Item 6 und Item 9) als auch nichtsignifikante (Items mit den Nummern 4, 5, 7, 8, 10, 12, 13) Werte.

Tabelle 10: Korrelationen zwischen erstem und zweitem Messzeitpunkt für die Skala SkPhB-1 pro Item

Skala-SkPhB-1	Item 3	Item 4	Item 5	Item 6	Item 7	Item 8	Item 9	Item 10	Item 11	Item 12	Item 13
Korrelation Spearmans Rho	.20*	.15	.08	.26**	.11	.12	.25**	.15	.23*	.11	.12

* auf dem Niveau von 0.05 signifikant; ** auf dem Niveau von 0.01 signifikant

Wegen der Retest-Reliabilitätskontrolle wurden die Cronbachs Alpha-Werte erneut auch für die kurze Version (ohne Item 12) der Leseselbstkonzept Skala SkPhB-1 für beide Länder zusammen und pro Land berechnet, was keine nennenswerten Unterschiede zu der Item 12 enthaltene Version erbrachte. Die betreffenden Daten sind in der Tabelle 11 dargestellt.

Tabelle 11: Cronbachs Alpha-Werte für beide Länder zusammen und pro Land für die Skala SkPhB-1 (kurze Version ohne Item 12)

SkPhB-1 (ohne Item 12)	Beide Länder zusammen		Bulgarien		Deutschland	
	1. MZP	2. MZP	1. MZP	2. MZP	1. MZP	2. MZP
Cronbachs Alpha	.78	.79	.78	.64	.75	.84
n	264	105	134	51	130	54

4.2.1.3 Diskussion

Im Rahmen der Item- und Skalenanalysen wurden die Gütekriterien des neu konstruierten Fragebogens SkPhB-1 zur Erfassung des Leseselbstkonzepts überprüft. Es konnte aufgrund verschiedener statistischer Kennwerte gezeigt werden, dass alle 11 Items brauchbare psychometrische Qualitäten aufweisen. Darüber hinaus können diese zu einer Skala zusammengefasst werden, um den vorgesehenen Aspekt vom Leseselbstkonzept und zwar die selbst eingeschätzte Phonologische Bewusstheit, als Vorläuferfertigkeit des Lesens, zu erheben.

Aus der Faktorenanalyse resultieren zwei Unterskalen, die nur annähernd den theoretischen Hintergrund wiedergeben, und zwar das Selbstkonzept über die Phonologische Bewusstheit im engeren und im weiteren Sinn. Der Aufgabenbereich „Phonemanalyse" und in Deutschland auch „Lautsynthese mit Umkehraufgabe" wurden zur Phonologischen Bewusstheit im weiteren statt im engeren Sinn zugeordnet. Die Faktorenladungen sind in Deutschland und Bulgarien ähnlich verteilt, dennoch gilt für einzelne Items, dass sie nicht eindeutig in den beiden Ländern analog zuzuordnen sind.

Ein weiterer Grund die Gesamtskala bei nachfolgenden Analysen zu verwenden, liegt in den hohen internen Konsistenzen. Cronbachs Alpha für die Gesamtskala beträgt $\alpha = .78$ für beide Länder zusammen. Auch die Werte pro Land liegen weit über der erwünschten Grenze von .70, was für eine sehr gute Reliabilität der angesprochenen Skala spricht.

Die Schwierigkeitsindices liegen in den erwünschten Grenzen, dennoch in deren oberem Bereich, was auf eher leichte Aufgaben hinweist. Konkret bedeutet das, dass die Schüler der Meinung sind, in der Lage zu sein, die Aufgaben mit Leichtigkeit bewältigen zu können. Es muss berücksichtigt werden, dass bei Schüler/innen des betreffenden Alters eine positive Selbsteinschätzung durchaus zu erwarten ist. Der Schwierigkeitsindex von Item 12 (Ich kann erkennen, wenn sich Wörter reimen.) beim zweiten Messzeitpunkt ist erwartungsgemäß in beiden Ländern niedriger als bei dem ersten Messzeitpunkt (für Deutschland von .84 auf .77 und für Bulgarien von .70 auf .69). Die Aufgabe wurde durch ein zweites, nicht ins Schema passende (es fehlte der Reim) Beispiel erschwert, um eine schnelle, nicht überdachte Reaktion der Kinder (sofortige Zustimmung: Ja, es fällt mir leicht zu sagen, welche Wörter sich reimen.) zu vermeiden. Ein weiteres Ziel galt dabei, den unteren, bis dahin noch nicht gut abgedeckten Schwierigkeitsbereich zu erweitern.

Die Trennschärfe-Indices bei beiden Messzeitpunkten liegen in beiden Ländern im mittleren bis oberen Bereich, was darauf hindeutet, dass mit den verwendeten Items das erhobene Konstrukt gut repräsentiert wird. Dennoch sind die Werte nicht extrem hoch, was für die Homogenität der Skala spricht. Dementsprechend sind diese durchaus akzeptabel, da die Skala die Breite des erhobenen Selbstkonzeptaspekts in all seinen Facetten erheben will. Ein nicht erwartetes Ergebnis ist der Wert des Items 13 zum zweiten Messzeitpunkt in Bulgarien (-.001). Dieser Wert weist darauf hin, dass die Aufgabe oder die Anweisung missverstanden wurden.

Die Werte der Retest-Reliabilitätskoeffizienten zeigen, dass insgesamt von einer relativen Messgenauigkeit der Skala im Sinne der Retest-Reliabilität gesprochen werden kann. Die Ergebnisse sind so zu interpretieren, dass aufgrund der Retest-Reliabilität mindestens 35 % der empirisch beobachteten Merkmalvarianz auf „wahre" Merkmalsunterschiede zurückgeführt werden können (Bortz & Döring, 2006). Weiterhin lässt sich aus der lediglich mittleren Höhe der Retest-Reliabilitätskoeffizienten auf eine gewisse Instabilität schließen, was möglicherweise darauf hindeutet, dass das Leseselbstkonzept in dem getesteten Alter (6-7 Jahre) noch nicht dauerhaft aufgebaut ist. Zu berücksichtigen ist dabei auch der große Zeitabstand von mindestens fünf Monaten zwischen den beiden Messzeitpunkten. Dennoch sind alle Skalenwerte signifikant. Ein weiterer Grund für die nicht allzu hohen Retest-Reliabilitätskoeffizienten könnte im Sprachverständnis liegen. Zu Beginn der Erhebung hatten die Kinder eine begrenzte Vorstellung, was die Nuancen der verschiedenen Fragen betrifft. Sie lösen z.B. das vorgeschlagene Beispiel und sind der Meinung, dass die Aufgabe im Prinzip leicht zu lösen sei. Mit der Zeit zeigt die erworbene Kompetenz auch andere Facetten, und nun steht das Kind vor der Entscheidung, ob die angegebene Frage generell, unabhängig vom Beispiel, leicht zu lösen sei. Bei genauer Betrachtung derjenigen Items mit einem geringeren Retest-Reliabilitätskoeffizienten wird deutlich, dass es sich bei ihnen vor allem um schwierigere Items handelt. Das unterstützt die Hypothese des mangelnden Sprachverständnisses. Im Gegensatz zum Retest-Reliabilitätskoeffizienten zeigt Skala SkPhB-1 bei der zweiten Erhebung hohe interne Konsistenzen. Cronbachs Alpha für die Gesamtskala liegt bei $\alpha = .80$, somit weit über der erwünschten Grenze von $\alpha = .70$.

Zusammengefasst zeigen die bis hierher durchgeführten Analysen, dass die Selbstkonzeptskala SkPhB-1 angemessene psychometrische Eigenschaften aufweist. Als positiv einzuschätzen ist auch die Ökonomie des Fragebogens, der aus einer eher kurzen Skala mit 11 Items besteht.

4.2.2   „Selbstkonzept-Lesekompetenz 1" (SkLk-1)

4.2.2.1   Itemanalyse

Für eine erste Beurteilung der Güte einzelner Items der Skala SkLk-1 wurde der Schwierigkeitsindex beim dritten Messzeitpunkt separat für jedes Land berechnet.

Tabelle 12: Schwierigkeits- und Trennschärfe-Indices der Leseselbstkonzeptskala SkLk-1 zum dritten Messzeitpunkt für Deutschland

Skala SkLk-1	Item-Inhalt	Schwie-rigkeit	Trenn-schärfe r_{it}
Item 1	Ich kann ein Wort in alle kleinsten Teile zerlegen, die zu hören sind.	.86	.38
Item 2	Wenn ich verschiedene Laute nacheinander höre, kann ich sie alle als ein Wort aussprechen.	.85	.54
Item 3	Wenn ich ein Wort höre, kann ich es auch von hinten nach vorne sagen und mir so ein neues Wort daraus zaubern.	.75	.64
Item 4	Ich kann erkennen, wenn Wörter vorne unterschiedlich klingen.	.84	.23
Item 5	Ich kann erkennen, wenn Wörter am Ende gleich klingen.	.88	.33
Item 6	Ich kann schnell herausfinden, wenn ein Wort nicht in den Satz passt.	.74	.56
Item 7	Ich kann schnell lesen.	.82	.65
Item 8	Wenn ich ein Wort lese, weiß ich, was damit gemeint ist.	.78	.74
Item 9	Wenn ich einen Satz lese, merke ich meistens schnell, ob ein Wort fehlt.	.76	.70
Item 10	Wenn die Wörter in einem Satz durcheinander sind, kann ich sie in die richtige Reihenfolge bringen.	.72	.55
Item 11	Wenn ich einen Satz lese, merke ich schnell, was gemeint ist.	.78	.58
Item 12	Wenn ich eine Geschichte lese, weiß ich schnell, worum es geht.	.80	.71
Item 13	Wenn ich eine Geschichte gelesen habe, dann kann ich sagen, was das Wichtigste daran war.	.76	.69
Item 14	Wenn ich eine Geschichte gelesen habe, weiß ich genau, worum es ging.	.79	.54

Skala SkLk-1	Item-Inhalt	Schwie- rigkeit	Trenn- schärfe r_{it}
Item 15	Lesen fällt mir leicht.	.85	.70
Item 16	Ich kann genauso gut lesen wie andere Schüler aus meiner Klasse.	.78	.67
Item 17	Laut vorlesen fällt mir schwer.	.81	.63
Item 18	Wenn ich Anweisungen lese, erkenne ich schnell, was ich tun soll.	.75	.66
Item 19	Auch wenn zwei Wörter gleich klingen, kann ich erkennen, worin der Unterschied besteht.	.74	.53
Item 20	Laut vorlesen fällt mir leicht.	.83	.48
n = 92			

Tabelle 13: Schwierigkeits- und Trennschärfe-Indices der Leseselbstkonzeptskala SkLk-1 zum dritten Messzeitpunkt für Bulgarien

Skala SkLk-1	Item-Inhalt	Schwie- rigkeit	Trenn- schärfe r_{it}
Item 1	Аз мога да разделя една дума на всички малки части, които могат да се чуят в нея.	.82	.51
Item 2	Когато чуя няколко звука един след друг, мога да ги произнеса като една цяла дума.	.73	.56
Item 3	Когато чуя една дума, мога да я кажа отпред-назад, но и отзад-напред.	.73	.58
Item 4	Аз мога да позная кога две думи започват различно.	.81	.64
Item 5	Аз мога да позная кога две думи свършват еднакво.	.77	.55
Item 6	Аз мога бързо да открия, кога една дума не пасва в изречението.	.66	.50
Item 7	Мога бързо да чета.	.83	.35
Item 8	Когато чета една дума, мога да позная какво означава тя.	.76	.61
Item 9	Когато чета едно изречение, забелязвам бързо дали липсва някоя дума.	.78	.67
Item 10	Когато думите в едно изречение са разбъркани, аз мога да ги подредя в правилния ред.	.83	.50
Item 11	Когато чета едно изречение, разбирам точно какво се има предвид.	.69	.69
Item 12	Когато чета една история, разбирам бързо за какво става дума.	.78	.51

Skala SkLk-1	Item-Inhalt	Schwie- rigkeit	Trenn- schärfe r_{it}
Item 13	Когато прочета една история, мога да кажа какво е било най-важното в нея.	.69	.58
Item 14	Когато прочета една история, знам точно за какво се е говорело в нея.	.75	.57
Item 15	Лесно ми е да чета.	.86	.32
Item 16	Мога да чета толкова добре колкото други ученици от моя клас.	.73	.39
Item 17	Трудно ми е да чета на глас.	.74	.21
Item 18	Когато чета указанието към една задача, разбирам бързо какво трябва да се прави.	.78	.52
Item 19	Дори и две думи да звучат еднакво, когато ги прочета, знам по какво се различават.	.71	.63
Item 20	Лесно ми е да чета на глас.	.88	.22
n = 122			

Für beide Länder zeigten sich nahezu identische Werte knapp unter oder über dem vorgegebenen Intervall von .20 - .80. Der Index für Deutschland lag zwischen .72 und .88 und für Bulgarien zwischen .71 und .88. In einem weiteren Schritt wurden die Trennschärfe-Indices der Items vorerst für die Gesamtselbstkonzeptskala SkLk-1 pro Land berechnet. In dieser Etappe wurde eine Teilung der Skala in zwei Unterskalen erwünscht. Darüber hinaus war es im Vorfeld wichtig, die Frage zu klären, ob aufgrund ungünstiger Kennwerte Items aussortiert werden sollten. Die meisten Items zeigten sowohl für Deutschland als auch für Bulgarien sehr hohe Trennschärfen. Die Ergebnisse sind in Tabelle 12 für Deutschland und Tabelle 13 für Bulgarien dargestellt.

4.2.2.2   Skalenanalyse

4.2.2.2.1   Validität

Um beurteilen zu können, welche dimensionale Struktur der Skala SkLk-1 zugrunde liegt, wurde, trotzt der Vorannahmen bezüglich einer zweifaktoriellen Struktur, eine exploratorische Faktorenanalyse durchgeführt. Angenommen wurde, dass die vom SkPhB-1 übernommenen Items eine Unterskala zur Selbstkonzepterhebung Phonologischer Bewusstheit bilden, sowie die neuen, zum dritten Messzeitpunkt hinzugefügten Items, eine Unterskala zur Selbstkonzepterhebung von Lesekompetenz ergeben. Die Analyse zeigte jedoch keine sinnvollen Unterstrukturen.

In einem weiteren Schritt wurde entschieden, dass folgende Items nicht mehr eingesetzt werden sollten: Item 12 und Item 14 wegen der großen Ähnlichkeit mit Item 13, mit dem von diesen drei Items die besten Werte erzielt wurden (Schwierigkeitsindex für Deutschland bei .76, die Trennschärfe r = .69 und für Bulgarien – .69 bzw. r = .58). Entfallen sollte auch Item 17, da es nur die negative Aussage von Item 20 enthält.

Unter Ausschluss der betroffenen Items (Item 12, Item 14, Item 17) und um die Items von der SkPhB-1 reduzierte Itemauswahl (Items mit den Nummern 1 bis 5), wurde erneut eine Faktorenanalyse durchgeführt. Die wiederholte Analyse zeigte eine Dimension, die erwartungsgemäß dem Bereich Lesekompetenz entspricht. Die Höhe der Faktorladungen lag in der gewünschten Kriteriumsgrenze (> = .50), ausgenommen Item 20 (.40). Auch dieser Wert erlaubt jedoch eine Interpretation von dem genannten Faktor, da mehr als zehn Variablen Ladungen über .40 haben (vgl. Clauß, Finze & Partzsch, 2002). Es wurde entschieden, Item 20 in der Skala beizubehalten. Die Varianzaufklärung durch die zugrundeliegende Faktorlösung beträgt 40.77 %. Die Ergebnisse dieser wiederholten Hauptkomponentenanalyse sind in Tabelle 14 dargestellt.

Tabelle 14: Faktorstruktur der Unterskala zur Erhebung des Selbstkonzepts über die Lesekompetenz zur Skala SkLk-1 (ohne Item 12, Item 14 und Item 17)

Item	It. 6	It. 7	It. 8	It. 9	It. 10	It. 11	It. 13	It. 15	It. 16	It. 18	It. 19	It. 20
K 1	.59	.54	.75	.75	.58	.72	.68	.59	.63	.68	.64	.40

Anmerkungen: Erklärte Varianz (%) - 40.77; n = 214

Die Ergebnisse der Hauptkomponentenanalyse sprechen für die Bildung von zwei Unterskalen zur Erhebung des Leseselbstkonzepts, wobei eine Unterskala zur Erhebung des Selbstkonzepts Phonologische Bewusstheit – hier: Skala „Selbstkonzept phonemanalytische Kompetenz" – und die andere Unterskala zur Erhebung des Selbstkonzepts der Lesekompetenz – Skala „Selbstkonzept Lesekompetenz" – differenziert werden kann.

4.2.2.2.2   Reliabilität

Um beurteilen zu können, welche psychometrische Qualität die, anhand der Faktorenanalyse, identifizierten Skalen besitzen, wurde mit Hilfe von Cronbachs Alpha die Skalenreliabilität berechnet. Die fünf Items zur Skala „Selbstkonzept phonemanalytische Kompetenz" ergeben eine interne Konsistenz von Cronbachs α = .71 für beide Länder zusammen. Auch für Bulgarien liegt der Wert über der gewünschten Grenze. Für Deutschland erscheint der Wert mit α = .62 auch annähernd akzeptabel für eine Skala dieser Kürze. Die Ergebnisse pro Land zum dritten Messzeitpunkt sind in Tabelle 15 wiedergegeben.

Tabelle 15: Reliabilität und statistische Kennzahlen für Unterskala „Selbstkonzept phonemanalytische Kompetenz" zur Skala SkLk-1 pro Land und für beide Länder zusammen zum dritten Messzeitpunkt

Skala „Selbstkonzept phonemanaly-tische Kompetenz"	Cronbachs Alpha	Anzahl der Items	Item Mittelwert	Item Min.	Item Max.	Skala Mittelwert	SD	n
3. MZP Bulgarien	.77	5	3.43	3.29	3.57	17.13	2.90	122
3. MZP Deutschland	.62	5	3.58	3.32	3.70	17.85	2.54	92
Beide Länder zusammen	.71	5	3.45	3.32	3.60	17.44	2.78	214

Tabelle 16: Reliabilität und statistische Kennzahlen für Unterskala „Selbstkonzept Lesekompetenz" zur Skala SkLk-1 pro Land und für beide Länder zusammen zum dritten Messzeitpunkt

Skala „Selbstkonzept Lesekompetenz"	Cronbachs Alpha	Anzahl der Items	Item Mittelwert	Item Min.	Item Max.	Skala Mittelwert	SD	n
3. MZP Bulgarien	.88	12	3.41	3.11	3.72	40.91	5.84	122
3. MZP Deutschland	.90	12	3.43	3.29	3.62	41.22	6.95	92
Beide Länder zusammen	.86	12	3.42	3.20	3.66	41.04	6.33	214

Die Werte bei der Unterskala „Selbstkonzept Lesekompetenz" liegen weit über der erwünschten Grenze von .70. Diese sind in Tabelle 16 dargestellt.

Im Rahmen der Skalenreliabilitätsanalyse wurden die Trennschärfekoeffizienten der einzelnen Items zu den Unterskalen, die unterschiedliche Inhalte messen sollen (phonemanalytische Kompetenz und Lesekompetenz), separat pro Land und sowie für beide Länder zusammen bestimmt. Die meisten Items besitzen sowohl in Deutschland als auch in Bulgarien sehr hohe Trennschärfen. Die Ergebnisse pro Land und für beide Länder zusammen sind für die Unterskala „Selbstkonzept phonemanalytische Kompetenz" in Tabelle 17 und für die Unterskala „Selbstkonzept Lesekompetenz" in Tabelle 18 dargestellt.

Tabelle 17: Trennschärfe-Indices für Unterskala „Selbstkonzept phonemanalytische Kompetenz" zur Skala SkLk-1 pro Land und für beide Länder zusammen zum dritten Messzeitpunkt

Unterskala „Selbstkonzept phonemanalytische Kompetenz"	Bulgarien	Deutschland	Beide Länder zusammen
Item 1	.54	.44	.45
Item 2	.48	.37	.45
Item 3	.46	.32	.38
Item 4	.61	.26	.45
Item 5	.58	.42	.53

Tabelle 18: Trennschärfe-Indices für Unterskala „Selbstkonzept Lesekompetenz" zur Skala SkLk-1 pro Land und für beide Länder zusammen zum dritten Messzeitpunkt

Unterskala „Selbstkonzept Lesekompetenz"	Bulgarien	Deutschland	Beide Länder zusammen
Item 6	.44	.57	.50
Item 7	.32	.60	.45
Item 8	.60	.74	.67
Item 9	.65	.70	.67
Item 10	.47	.54	.49
Item 11	.70	.59	.64
Item 13	.54	.70	.60

Unterskala „Selbstkonzept Lesekompetenz"	Bulgarien	Deutschland	Beide Länder zusammen
Item 15	.31	.70	.51
Item 16	.41	.69	.54
Item 18	.52	.67	.59
Item 19	.60	.51	.55
Item 20	.21	.45	.33

In einem weiteren Schritt wurden die Cronbachs Alpha für die Gesamtskala SkLk-1 zusammen und separat für jedes Land berechnet. Die Ergebnisse, welche weit über der erwünschten Grenze liegen, sind pro Land und für beide Länder zusammen in Tabelle 19 dargestellt.

Tabelle 19: Reliabilität und statistische Kennzahlen für Skala SkLk-1 pro Land zum dritten Messzeitpunkt

Skala SkLk-1	Cronbachs Alpha	Anzahl der Items	Item Mittelwert	Item Min.	Item Max.	Skala Mittelwert	SD	n
3. MZP Bulgarien	.88	17	3.41	3.11	3.72	50.04	8.23	122
3. MZP Deutschland	90	17	3.47	3.28	3.70	59.07	8.87	92
Beide Länder zusammen	.89	17	3.44	3.20	3.66	58.48	8.51	214

Zur weiteren Beurteilung der Reliabilität wurden alle Skalen untereinander zu den drei Messzeitpunkten für beide Länder zusammen verglichen. Wie aus Tabelle 20 zu entnehmen ist, zeigten sich nur signifikante Korrelationen.

Tabelle 20: Korrelationen zwischen der Skala SkPhB-1 und der Skala SkLk-1 sowie ihrer beiden Unterskalen zu allen drei Messzeitpunkten für beide
Länder zusammen

		SK Ph.B 1.MZP	SK Ph.B 2.MZP	LSK 3.MZP	
				LSK Gesamt-skala	SK ph.K
1.MZP, SkPhB-1, Selbstkonzept Phonologische Bewusstheit	SK Ph.B 1.MZP				
n		264			
2.MZP, SkPhB-1, Selbstkonzept Phonologische Bewusstheit	SK Ph.B 2.MZP	.44**			
n		104			
3.MZP, SkLk-1, Leseselbstkonzept	LSK 3.MZP	.39**	.27**		
n		208	101		
3.MZP, SkLk-1, Unterskala „Selbstkonzept phonemanalytische Kompetenz"	SK ph.K 3.MZP	.39**	.36**	.86**	
n		208	101	214	
3.MZP, SkLk-1, Unterskala „Selbstkonzept Lesekompetenz"	SK Lk 3.MZP	.35**	.21*	.98**	.74**
n		208	101	214	214

* auf dem Niveau von 0.05 signifikant; ** auf dem Niveau von 0.01 signifikant

4.2.2.3   Diskussion

Im Rahmen der Item- und Skalenanalysen sollten die Gütekriterien des neu
konstruierten Fragebogens SkLk-1, als Fortsetzung des Fragebogens SkPhB-1,
zum Erheben des Leseselbstkonzepts überprüft werden. Es konnte gezeigt werden, welche Items aufgrund verschiedener statistischer Kennwerte zu einer
Skala zusammengefasst werden können, um die zwei vorgesehenen Aspekte
des Leseselbstkonzepts, und zwar Phonologische Bewusstheit als Vorläuferfertigkeit und die Lesekompetenz selbst, zu erheben.

Aus den anfänglich geplanten 20 Items konnten 17 in die Skalenbildung
einbezogen werden. Beide Dimensionen sind in den entsprechenden Unterskalen repräsentiert: Unterskala „Selbstkonzept phonemanalytische Kompe-

tenz" mit fünf Items und Unterskala „Selbstkonzept Lesekompetenz" mit 12 Items. Beide Unterskalen zeigen eine gute interne Konsistenz, bei Skala „Selbstkonzept Lesekompetenz" ist sie sogar extrem hoch. Obwohl auch die Unterskala „Selbstkonzept phonemanalytische Kompetenz" eine akzeptable interne Konsistenz aufweist, muss überprüft werden, ob nicht diese kurze Skala durch weitere Items erweitert werden sollte.

Die Trennschärfe-Indices weisen auf zwei homogene Skalen hin, die das gemessene Konstrukt gut repräsentieren. Zu beachten ist aber, dass, auch wenn beide Itemgruppen in sich homogen sind, Items, deren Inhalt seltener vertreten wird, sich aufgrund geringer Korrelationen mit dem Gesamtwert nicht behaupten können. Dieser Gesamtwert setzt sich aus den häufig vertretenen Inhalten zusammen. Mummendey und Grau (2008) empfehlen daher, auf Ausgewogenheit der Iteminhalte zu achten und zwei voneinander verschiedene Fragebögen zu erstellen.

Auch wenn in unserem Fall die Items der beiden Skalen nicht gemischt sind und praktisch als zwei separate Skalen hintereinander in einem Fragebogen auftreten, sollte die Fragebogenzusammensetzung neu überdacht werden. Es zeigt sich, dass alle Items nicht übermäßig schwierig sind, da alle Schwierigkeitskoeffizienten oberhalb der gewünschten Grenze (bis .80) liegen. Sollten sich auch bei sehr leichten Items geringe Trennschärfe ergeben, wären diese aus dem Fragebogen zu entfernen (Mummendey & Grau, 2008). Das ist im Fall dieser Pilotuntersuchung nicht notwendig. Die Trennschärfekoeffizienten der einzelnen Items zu der Unterskala „Selbstkonzept phonemanalytische Kompetenz" zeigen für Deutschland mittlere, für Bulgarien überwiegend hohe Werte. Die Unterskala „Selbstkonzept Lesekompetenz" zeigt in beiden Ländern hohe bis sehr hohe Werte, besonders ausgeprägt für Deutschland. Die Ergebnisse deuten darauf hin, dass beide Unterskalen über beide Länder hinweg gut geeignet sind, zwischen Personen mit niedrigem Leseselbstkonzept und solchen mit hohem Leseselbstkonzept zu differenzieren.

Mummendey und Grau (2008) benennen keine genauen Grenzen und Regeln für eine angemessene Itemauslese, sondern geben nur Empfehlungen, nach denen bei Beachtung vieler anderer Kriterien die geforderten Werte für jeden einzelnen Fragebogen bestimmt werden sollten. In unserem Fall müssen also die Items mit Schwierigkeitsindices über der empfohlenen Grenze von .80 nicht unbedingt ausgeschlossen werden. Dabei muss auch das Alter der befragten Stichprobe berücksichtigt werden. Aufgrund der Selbstüberschätzungstendenz, repräsentativ für diese Altersgruppe, sind die Werte erwartungsgemäß hoch.

Bei dem im Rahmen der Reliabilitätsüberpüfung erfolgten Vergleich zwischen den Skalen SkPhB-1 und SkLk-1 ergaben sich über die drei Messzeitpunkte nur signifikante Werte. Das spricht für eine gute Stabilität des Erhebungsverfahrens als Voraussetzung für eine valide Erfassung.

Ferner wurde der Versuch unternommen, den Effekt der negativ formulierten Items zu untersuchen (Item 17: „Laut Vorlesen fällt mir schwer." gegenüber Item 20: „Laut Vorlesen fällt mir leicht."). Das führte zu einem interessanten Befund. Für Bulgarien bestätigte sich Marshs (1986) Annahme, dass junge Kinder negative Selbstkonzeptitems anders als positive beantworten (Schwierigkeitsindex: Item 17 – .74 und Item 20 – .88). Für Deutschland hingegen verifizierten die Werte (Schwierigkeitsindex: Item 17 – .81 und Item 20 – .83) die Schlussfolgerungen von Chapmann und Tunmer (1995), dass die negativ formulierten Items sehr wohl in Skalen für junge Kinder integriert werden können.

Zusammengefasst zeigen die bis dahin durchgeführten Analysen, dass die Selbstkonzeptskala SkLk-1 angemessene psychometrische Eigenschaften aufweist, jedoch durchaus Potential zu weiterer Verbesserung enthält. Ohne seine Ökonomie zu beeinträchtigen, kann und sollte die Qualität des Fragebogens durch Hinzufügen weiterer Items erhöht werden.

4.2.3   Selbstkonzeptskalen von Harter

Zwei Skalen („Kognitive Kompetenz" und „Sportkompetenz") der Selbstkonzeptskalen von Harter werden im Anschluss analysiert.

4.2.3.1   Itemanalyse

Zunächst wurden die Trennschärfe-Indices für die beiden Selbstkonzeptskalen „Kognitive Kompetenz" und „Sportkompetenz" pro Land und für beide Länder zusammen berechnet. Wie aus Tabelle 21 zu ersehen ist, bewegten sich diese im akzeptablen mittleren Bereich für die Selbstkonzeptskala „Kognitive Kompetenz" sowohl für Bulgarien als auch für Deutschland.

Tabelle 21: Trennschärfe-Indices für Selbstkonzeptskala „Kognitive Kompetenz" pro Land und für beide Länder zusammen zum dritten Messzeitpunkt

Kognitive Kompetenz	Bulgarien	Deutschland	Beide Länder zusammen
Item 1	.44	.40	.49
Item 5	.66	.58	.66
Item 9	.66	.36	.48
Item 13	.63	.44	.54
Item 17	.56	.46	.55
Item 21	.64	.24	.39
n	77	91	168

Nicht so einheitlich zeigten sich die Werte für die Selbstkonzeptskala „Sportkompetenz" (s. Tabelle 22). Für Bulgarien lagen diese ebenfalls in dem akzeptablen mittleren Bereich. Für Deutschland dagegen bewegten sich diese im unteren Bereich, wobei Item 3 sogar einen negativen Wert zeigte.

Tabelle 22: Trennschärfe-Indices für Selbstkonzeptskala „Sportkompetenz" pro Land und für beide Länder zusammen zum dritten Messzeitpunkt

Sportkompetenz	Bulgarien	Deutschland	Beide Länder zusammen
Item 3	.45	-.00	.24
Item 7	.54	.23	.38
Item 11	.54	.23	.32
Item 15	.60	.17	.36
Item 19	.37	.31	.31
Item 23	.44	.13	.27
n	77	91	168

4.2.3.2 Skalenanalyse

Um die Dimensionalität der Skalen zu untersuchen, wurde wie bei Asendorpf und van Aken (1993) eine exploratorische Faktorenanalyse durchgeführt, wobei das Zweifaktorenmodell bestätigt werden konnte.

Tabelle 23: Faktorstruktur der Selbstkonzeptskalen „Kognitive Kompetenz" (KK)
und „Sportkompetenz" (SK) für beide Länder zusammen

Item	K 1	K 2
KK_Item 1	.68	-.06
KK_Item5	.79	.00
KK_Item 9	.59	.16
KK_Item 13	.66	.25
KK_Item 17	.69	.10
KK_Item 21	.58	.06
SK_Item 3	-.16	.60
SK_Item 7	.20	.64
SK_Item 11	.41	.42
SK_Item 15	.08	.70
SK_Item 19	.46	.25
SK_Item 23	.17	.51
Erklärte Varianz (%)	42.09	
n	168	

Die Faktorlösung ergab eine gute Zuordnung der Items zu den beiden Faktoren
des Selbstkonzepts. Nur Item 19 lädt auf dem ersten und nicht erwartungsgemäß auf dem zweiten Faktor. Die Daten für beide Länder zusammen sind in
Tabelle 23 wiedergegeben.

4.2.3.2.1   Reliabilität

Um beurteilen zu können, welche psychometrische Qualität die beiden Selbstkonzeptskalen haben, wurde mit Hilfe von Cronbachs Alpha die Skalenreliabilität berechnet. Die sechs Items zur Selbstkonzeptskala „Kognitive Kompetenz"
ergaben eine interne Konsistenz von Cronbachs α = .77 für beide Länder zusammen. Für Deutschland gilt der Wert, wenn auch knapp unter .70, als akzeptabel bei einer Skala dieser Kürze. Für Bulgarien liegt der Wert mit α = .83 sogar
weit über der gewünschten Grenze. Die Ergebnisse pro Land und für beide Länder zusammen zum dritten Messzeitpunkt sind in Tabelle 24 wiedergegeben.

Tabelle 24: Reliabilität und statistische Kennzahlen für die Selbstkonzeptskala „Kognitive Kompetenz" pro Land und für beide Länder zusammen zum dritten Messzeitpunkt

Selbstkonzept-skala „Kognitive Kompetenz"	Cronbachs Alpha	Anzahl der Items	Item Mittelwert	Item Min.	Item Max.	Skala Mittelwert	SD	n
3. MZP Bulgarien	.83	6	3.77	3.70	3.82	22.60	1.89	77
3. MZP Deutschland	.68	6	3.33	3.22	3.40	20.00	3.03	91
Beide Länder zusammen	.77	6	3.53	3.44	3.59	21.18	2.87	168

Ganz anders sehen die Cronbachs Alpha-Werte bei der Selbstkonzeptskala „Sportkompetenz" aus. Wie aus Tabelle 25 zu ersehen ist, sind diese nur in Bulgarien mit $\alpha = .76$ hoch genug, um als akzeptabel gelten zu können.

Tabelle 25: Reliabilität und statistische Kennzahlen für die Selbstkonzeptskala „Sportkompetenz" pro Land und für beide Länder zusammen zum dritten Messzeitpunkt

Selbstkonzept-skala „Sportkompetenz"	Crobachs Alpha	Anzahl der Items	Item Mittelwert	Item Min.	Item Max.	Skala Mittelwert	SD	n
3. MZP Bulgarien	.76	6	3.60	3.12	3.75	21.58	2.57	77
3. MZP Deutschland	.35	6	3.55	2.83	3.92	21.33	2.11	91
Beide Länder zusammen	.59	6	3.57	3.00	3.80	21.45	2.32	168

Die interne Konsistenz beider Selbstkonzeptskalen zusammen (über alle 12 Items hinweg) betrug $\alpha = .76$ (n = 168) für beide Länder zusammen. Für Deutschland liegt dieser Wert mit .65 unter der Grenze; Item 23 ausgeschlossen steigt der Wert auf .69. Für Bulgarien liegt dagegen die interne Konsistenz mit $\alpha = .87$ recht hoch.

4.2.3.3   Diskussion

Im Rahmen der hier vorgestellten Analysen sollten einerseits die Gütekriterien der adaptierten bulgarischsprachigen Version der Selbstkonzeptskalen geprüft werden und andererseits die deutschsprachige Version mit den Ergebnissen der Münchner Longitudinalstudie zur Genese individueller Kompetenzen (LOGIK) (vgl. Asendorpf & van Aken, 1993) verglichen werden.

Die Selbstkonzeptskala „Kognitive Kompetenz" zeigte gute Werte in beiden Ländern bei der Skalenhomogenität. Die interne Konsistenz war in Bulgarien mit α = .83 sogar extrem positiv. Die Selbstkonzeptskala „Sportkompetenz" er-brachte für Bulgarien akzeptable Werte. Für Deutschland hingegen zeigte sich dafür eine sehr geringe interne Konsistenz, was als kritisch anzumerken ist, jedoch in Einklang mit dem ebenfalls unbefriedigenden Ergebnis der LOGIK-Studie steht.

Ein Vergleich mit den Daten für Zweitklässler von Asendorpf und van Aken (1993) zeigt, dass die Mittelwerte für die einzelnen Skalen in Deutschland sehr ähnlich erscheinen: für die Skala „Sportkompetenz" (hier 3.55 im Vergleich zu 3.44) und für die Skala „Kognitive Kompetenz" (hier 3.33 im Vergleich zu 3.34) sind die Mittelwerte sogar fast identisch. Wie bei der Studie von Asendorpf und van Aken (1993) ergaben sich relativ hohe Mittelwerte und schief verteilte Häu-figkeiten. Bei einem Vergleich der beiden Gesamtstichproben (hier n = 168 im Vergleich zu n = 163) sind auch Ähnlichkeiten festzustellen. Die LOGIK-Stichprobe zeigte eine interne Konsistenz für die Skala „Kognitive Kompetenz" von α = .71, in der vorliegenden Arbeit liegt diese, für beide Länder zusammen, mit α = .77 auch im akzeptablen Bereich. Die Skala „Sportkompetenz" weist in den beiden Studien unbefriedigende Werte auf: hier mit α = .59 im Vergleich zu LOGIK mit α = .58.

4.2.4   *Selbstkonzept „Anstrengungsbereitschaft Lesen" und „Lernfreude Lesen"*

Zwei Skalen („Anstrengungsbereitschaft" und „Lernfreude") des Originaltestes FEESS 1-2 wurden in Bezug auf das Lesen umgeschrieben. Die beiden Skalen werden hier „Anstrengungsbereitschaft Lesen" und „Lernfreude Lesen" genannt und im Anschluss analysiert.

4.2.4.1 Itemanalyse

Im Interesse einer ersten Gütebewertung der einzelnen Items der Selbstkonzeptskalen „Anstrengungsbereitschaft Lesen" und „Lernfreude Lesen" wurden
zunächst die Schwierigkeits- und Trennschärfe-Indices pro Skala für beide Länder separat berechnet. Es wurde eine Rekodierung der betreffenden Items
(Items mit den Nummern: 2, 5, 9, 10, 12, 13, 17, 18, 20,21) durchgeführt.

Für die Skala „Anstrengungsbereitschaft Lesen" bewegten sich die Werte
der Schwierigkeitsindices für Bulgarien zwischen .46 und .97 und für Deutschland zwischen .61 und .94, wobei die deutschen Werte meist im oberen Bereich lagen. In einem weiteren Schritt wurden die Trennschärfe-Indices berechnet. Sowohl für Deutschland als auch für Bulgarien ergaben sich einige ungünstige Werte, die aus den Skalen unbedingt ausgeschlossen werden sollten. Die
Ergebnisse sind in Tabelle 26 für Bulgarien und in Tabelle 27 für Deutschland
dargestellt.

Tabelle 26: Schwierigkeits- und Trennschärfe-Indices der Skala „Anstrengungsbereitschaft Lesen" zum dritten Messzeitpunkt für Bulgarien

Variable	Item-Inhalt Skala „Anstrengungsbereitschaft Lesen"	Schwie- rigkeit	Trenn- Schärfe r_{it}
Item 1	Аз се старая, за да мога да чета по-добре.	.97	.00
Item 2_re	Не ми е приятно да чета нови неща.	.51	.19
Item 4	Искам всеки ден в училище да чета нещо ново.	.85	.18
Item 7	Много се старая в училище.	.89	.24
Item 10_re	Не обичам да се старая при четене.	.69	.48
Item 12_re	Обичам да чета само лесни текстове.	.46	.44
Item 13_re	Когато ми е трудно да прочета нещо, бързо се отказвам.	.70	.36
Item 14	Опитвам се да прочитам всичко правилно.	.96	.14
Item 15	Опитвам се да чета дори трудни текстове.	.93	.18
Item 17_re	Бързо се отказвам, когато имам проблеми при четене.	.64	.27
Item 23	Радвам се, когато има нови текстове за четене.	.87	.03
n = 78			

Tabelle 27: Schwierigkeits- und Trennschärfe-Indices der Skala „Anstrengungs-bereitschaft Lesen" zum dritten Messzeitpunkt für Deutschland

Variable	Item-Inhalt Skala „Anstrengungsbereitschaft Lesen"	Schwie-rigkeit	Trenn-schärfe r_{it}
Item 1	Ich strenge mich an, damit ich besser lesen kann.	.81	-.05
Item 2_re	Es macht mir keinen Spaß, neue Dinge zu lesen.	.79	.40
Item 4	Ich will jeden Tag in der Schule etwas Neues lesen.	.72	.41
Item 7	Ich gebe mein Bestes in der Schule.	.94	.30
Item 10_re	Ich strenge mich ungern an beim Lesen.	.72	.51
Item 12_re	Ich mag nur leichte Texte.	.61	.29
Item 13_re	Wenn mir etwas schwerfällt beim Lesen, gebe ich schnell auf.	.80	.41
Item 14	Ich versuche beim Lesen, alles richtig zu machen.	.93	.04
Item 15	Ich versuche, auch ganz schwierige Texte zu lesen.	.92	.08
Item 17_re	Ich gebe schnell auf, wenn ich Probleme beim Lesen habe.	.86	.39
Item 23	Ich freue mich auf neue Texte im Leseunterricht.	.90	.58
n = 91			

Tabelle 28: Schwierigkeits- und Trennschärfe-Indices der Skala „Lernfreude Lesen" zum dritten Messzeitpunkt für Bulgarien

Variable	Item-Inhalt Skala „Lernfreude Lesen"	Schwie-rigkeit	Trenn-schärfe r_{it}
Item 3	С желание си вземам допълнителни книжки.	.75	.26
Item 5_re	Предпочитам да играя, отколкото да чета.	.41	.33
Item 6	Обичам да чета в училище.	.85	.06
Item 8	Вземам по собствено желание текстове за четене в училище.	.76	.31
Item 9_re	Не чета с желание в училище.	.80	.38
Item 11	Радвам се, когато е мой ред да чета в училище.	.80	.03
Item 16_re	Не обичам да чета често.	.74	.65
Item 18_re	Нямам много желание да чета.	.64	.57
Item 19	Да четеш доставя удоволствие.	.83	.12
Item 20_re	Не обичам часовете по четене.	.72	.56
Item 21_re	Не обичам да чета.	.76	.56
Item 22	Обичам да участвам в часовете по четене.	.90	.26
Item 24	Радвам се, когато ще имаме четене.	.89	.14
n = 78			

Tabelle 29: Schwierigkeits- und Trennschärfe-Indices der Skala „Lernfreude Lesen" zum dritten Messzeitpunkt für Deutschland

Variable	Item-Inhalt Skala „Lernfreude Lesen"	Schwie-rigkeit	Trenn-schärfe r_{it}
Item 3	Ich hole mir gern zusätzliche Bücher.	.75	.35
Item 5_re	Ich spiele lieber, als etwas zu lesen.	.41	.35
Item 6	Ich lese gern in der Schule.	.85	.35
Item 8	Ich lese in der Schule auch freiwillig.	.76	.29
Item 9_re	Ich lese nur ungern in der Schule.	.80	.54
Item 11	Ich freue mich, wenn ich im Unterricht lesen darf.	.80	.54
Item 16_re	Ich habe oft keine Lust, etwas zu lesen.	.74	.68
Item 18_re	Ich habe wenig Lust zu lesen.	.64	.37
Item 19	Lesen macht Spaß.	.83	.51
Item 20_re	Leseunterricht macht mir keinen Spaß.	.72	.52
Item 21_re	Lesen macht mir keinen Spaß.	.76	.53
Item 22	Wenn es ums Lesen geht, arbeite ich gern mit.	.90	.60
Item 24	Ich freue mich auf den Leseunterricht.	.89	.51
n = 91			

Der Schwierigkeitsindex für die Skala „Lernfreude Lesen" zeigte für beide Länder ganz identische Werte, und zwar zwischen .41 und .90. Bei den Trennschärfe-Indices (s. Tabelle 28 für Bulgarien und Tabelle 29 für Deutschland) ergab sich das folgende Bild: Für Bulgarien zeigten sich ungünstige Werte, die aus der Skala entfernt werden sollten, für Deutschland waren alle Werte akzeptabel. Damit aber die Skala die Parallelität für beide Länder nicht verliert, sollte auch bei dieser Skala die Zusammensetzung überdacht werden.

4.2.4.2 Skalenanalyse

Mit Hilfe der Cronbachs Alpha wurde die Skalenreliabilität berechnet. Wie Tabelle 30 zeigt, waren alle Alpha-Koeffiziente für die Skala „Anstrengungsbereitschaft Lesen" im unbefriedigenden Wertebereich.

Tabelle 30: Reliabilität und statistische Kennzahlen für die Skala „Anstrengungsbereitschaft Lesen" pro Land und für beide Länder zusammen zum dritten Messzeitpunkt

Skala „Anstrengungs-bereitschaft Lesen"	Cronbachs Alpha	Anzahl der Items	Item Mittelwert	Item Min.	Item Max.	Skala Mittelwert	SD	n
3. MZP Bulgarien	.53	11	.77	.46	.97	8.51	1.82	78
3. MZP Deutschland	.64	11	.82	.61	.94	9.04	1.92	91
Beide Länder zusammen	.58	11	.80	.54	.95	8.80	1.90	169

Schrittweise wurden Items niedriger Trennschärfe aus der Skala entfernt, vorerst separat für jedes Land. Für Deutschland zeigte die Skala ohne Item 1 und
Item 14 einen Wert von α = .71, ohne 1, Item 14 und Item 15 - α = .73, wobei
sich aber alle Trennschärfen verringerten. Zur Verbesserung der internen Konsistenz für Bulgarien erschien das Entfernen von Item 1 und Item 23 notwendig,
das erbrachte einen Wert von α = .57. Das Entfernen von Item 1 und Item 14
erbrachte einen Wert von α = .56.

Die in Tabelle 31 dargestellten Daten zeigen ein wesentlich anderes
Bild bei der Skala „Lernfreude Lesen". Alle Alpha-Werte bewegen sich im akzeptablen Bereich. Der Wert in Bulgarien steigt bei dem Ausschluss von Item 11 auf
α = .73.

Tabelle 31: Reliabilität und statistische Kennzahlen für die Skala „Lernfreude
Lesen" pro Land und für beide Länder zusammen zum dritten Messzeitpunkt

Skala „Lernfreude Lesen"	Cronbachs Alpha	Anzahl der Items	Item Mittelwert	Item Min.	Item Max.	Skala Mittelwert	SD	n
3. MZP Bulgarien	.69	13	.80	.47	.97	10.37	2.36	78
3. MZP Deutschland	.83	13	.76	.42	.90	9.92	2.73	91
Beide Länder zusammen	.79	13	.78	.44	.90	10.13	2.73	169

Tabelle 32: Trennschärfe-Indices für Gesamtskala „Interesse am Lesen" (ohne
Item 1, Item 6, Item 11, Item 14 und Item 15) pro Land und für beide
Länder zusammen zum dritten Messzeitpunkt

Skala „Interesse am Lesen"	Bulgarien	Deutschland	Beide Länder zusammen
Item 2_re	.29	.41	.34
Item 3	.22	.28	.24
Item 4	.15	.37	.26
Item 5_re	.39	.36	.37
Item 7	.19	.22	.21
Item 8	.30	.23	.24
Item 9_re	.49	.59	.53
Item 10_re	.54	.53	.53
Item 12_re	.36	.49	.43
Item 13_re	.53	.46	.50
Item 16_re	.68	.72	.70
Item 17_re	.49	.45	.45
Item 18_re	.60	.37	.46
Item 19	.10	.48	.33
Item 20_re	.60	.53	.56
Item 21_re	.56	.61	.58
Item 22	.27	.64	.46
Item 23	.09	.54	.33
Item 24	.10	.45	.30
n	79	91	168

Nach einer explorativen Faktorenanalyse, die keine sinnvollen Ergebnisse für
zwei Dimensionen ergab, wurde entschieden, alle 24 Items als eine neue Skala
zu behandeln (hier benannt als Skala „Interesse am Lesen"). Auch die interne
Konsistenz sprach dafür. Alle Werte des Koeffizienten Cronbachs Alpha lagen im
Gegensatz zu den Ergebnissen für die separaten Skalen über der erwünschten
Grenze: für beide Länder zusammen .82, für Bulgarien .78, für Deutschland
.85. Allerdings zeigten sich bei den Trennschärfe-Indices ungünstige Werte: für
Bulgarien betraf das Item 1 (r_{it} = .10), Item 6 (r_{it} = .08) und Item 11 (r_{it} = -.00)
und für Deutschland: Item 1 (r_{it} = -.12), Item 14 (r_{it} = .08) und Item 15 (r_{it} = .11).
Damit der Fragebogen die parallele Form für beide Länder behält, wurden nach
Ausschluss aller o.g. fünf Items die Reliabilität und die Trennschärfe-Indices der

so gebildeten Skala erneut berechnet. Die Trennschärfen pro Land und für beide Länder zusammen sind in Tabelle 32 dargestellt.

Wie aus Tabelle 33 zu ersehen ist, zeigten die weiter gestiegenen Werte der internen Konsistenz, dass die richtigen Items ausgeschlossen wurden.

Tabelle 33: Reliabilität und statistische Kennzahlen für die Skala „Interesse am Lesen" (ohne Item 1, Item 6, Item 11, Item 14 und Item 15) pro Land und für beide Länder zusammen zum dritten Messzeitpunkt

Skala „Interesse am Lesen"	Cronbachs Alpha	Anzahl der Items	Item Mittelwert	Item Min.	Item Max.	Skala Mittelwert	SD	n
3. MZP Bulgarien	.79	19	.74	.46	.95	14.08	3.73	78
3. MZP Deutschland	.86	19	.77	.42	.94	14.64	4.09	91
Beide Länder zusammen	.83	19	.76	.44	.92	14.38	3.92	169

Tabelle 34: Reliabilität und statistische Kennzahlen für die Skala „Interesse am Lesen" (ohne Item 19, Item 23 und Item 24) pro Land und für beide Länder zusammen zum dritten Messzeitpunkt

Skala „Interesse am Lesen"	Cronbachs Alpha	Anzahl der Items	Item Mittelwert	Item Min.	Item Max.	Skala Mittelwert	SD	n
3. MZP Bulgarien	.81	16	.71	.46	.90	11.33	3.63	78
3. MZP Deutschland	.84	16	.75	.42	.94	12.01	3.58	91
Beide Länder zusammen	.82	16	.73	.44	.92	11.70	3.61	169

Die Skala für Bulgarien enthält jedoch weiterhin ungünstige Werte (Item 4, Item 19, Item 23 und Item 24). Wie Tabelle 34 zeigt, steigt nach Ausschluss der betroffenen Items der Alpha-Wert für Bulgarien auf .81, für Deutschland sinkt dieser aber auf .84; für beide Länder zusammen beträgt er .82. Ein Ausschluss von Item 4 führt zur Senkung der internen Konsistenz in den beiden Ländern, deswegen wurde dieser, trotzt niedriger Trennschärfe in der bulgarischen Variante, in der Skala beibehalten. Die Trennschärfe-Indices sind in Tabelle 35 dargestellt.

Tabelle 35: Trennschärfe-Indices für die Skala „Interesse am Lesen" (ohne Item 19, Item 23 und Item 24) pro Land und für beide Länder zusammen zum dritten Messzeitpunkt

Skala „Interesse am Lesen"	Bulgarien	Deutschland	Beide Länder zusammen
Item 2_re	.34	.41	.37
Item 3	.19	.27	.22
Item 4	.09	.39	.24
Item 5_re	.37	.37	.36
Item 7	.16	.21	.19
Item 8	.27	.22	.22
Item 9_re	.52	.62	.57
Item 10_re	.57	.54	.56
Item 12_re	.35	.49	.43
Item 13_re	.57	.46	.52
Item 16_re	.70	.73	.71
Item 17_re	.51	.45	.47
Item 18_re	.61	.33	.45
Item 20_re	.63	.52	.57
Item 21_re	.58	.56	.56
Item 22	.21	.64	.43
n	79	91	168

4.2.4.3   Diskussion

Anhand der Item- uns Skalenanalysen sollten die Gütekriterien der zwei, das Lesen betreffende, umgeschriebenen Skalen von FEESS 1-2 überprüft werden. Die umgeschriebene Skala „Anstrengungsbereitschaft Lesen" enthielt 11 Items und die Skala „Lernfreude Lesen" 13 Items. Die Analysen haben gezeigt, dass es sinnvoller ist, aus den anfänglich geplanten zwei separaten Skalen eine Gesamtskala mit 16 Items zu bilden. Durch die Entfernung wenig trennscharfer Items erhöhte sich die interne Konsistenz, was bedeutet, dass sich die Skala auf diese Weise verbesserte. Nach Mummendey und Grau (2008) wurde ein korrekter Itemausschluss durchgeführt, wenn die Reliabilität trotz Skalenkürzung steigt. Das ist bei uns auch der Fall. Bei genauer Betrachtung der ausgeschlossenen Items wird deutlich, dass diese die leichtesten Items mit den höchsten Schwierigkeitsindices waren, und dass deren Ausschluss als positiv einzuschätzen ist.

Die Gesamtskala erweist sich nach der Berechnung der Trennschärfe-Indices als nicht stark homogen. Nach Mummendey und Grau (2008) sind auch Items niedriger Trennschärfe akzeptabel, falls sich die Skala als reliabel und valide zeigt, besonders wenn das theoretische Konstrukt, das erfasst werden soll, vorangehend von seiner Definition unterschiedlich homogen sein kann. Dann sind prinzipiell unterschiedliche Trennschärfen zu erwarten. Dies trifft auf vorliegende Untersuchung zu: die Skala „Interesse am Lesen" thematisiert mehrere Facetten.

4.2.5   *Phonologische Bewusstheit – „Der Rundgang durch Hörhausen"*

In den folgenden Abschnitten werden die Aufgaben- und Testanalysen zur Erhebung Phonologischer Bewusstheit beschrieben. Wie oben erwähnt, wurde dazu das Verfahren „Der Rundgang durch Hörhausen" (hier kurz Test RDH genannt) verwendet und im Sinne der Aufgabenstellung für den bulgarischen Sprachraum adaptiert. Da der Test für den deutschen Sprachraum erprobt und veröffentlicht zur Verfügung steht, wurde dieser bei der Pilotuntersuchung in Deutschland nur teilweise eingesetzt. In Bulgarien hingegen wurde die adaptierte Form zu beiden Messzeitpunkten durchgeführt. Der gesamte Test gliedert sich in zwei Untertests: „Phonologische Bewusstheit im weiteren Sinn" und „Phonologische Bewusstheit im engeren Sinn". Jeder dieser Untertests enthält wiederum drei Untertests.

4.2.5.1   Aufgabenalyse

Für eine erste Qualitätsbeurteilung der einzelnen RDH-Testaufgaben wurde der Schwierigkeitsindex zum Schulanfang und zum Halbjahr in Bulgarien berechnet.

Tabelle 36: Schwierigkeits- und Trennschärfe-Indices für den Test RDH zum ersten und zum zweiten Messzeitpunkt für Bulgarien

Bereich	Unter-test	Aufgaben	Schwierigkeit 1. MZP n = 119	Mittel-wert	Schwierigkeit 2. MZP n = 51	Mittel-wert	Trennschärfe r_{it} 1. MZP n = 119	Trennschärfe r_{it} 2. MZP n = 51
Phonologische Bewusstheit im weiteren Sinn	Silben segmentieren (Aufg. 1)	Кон	.94	.96	.98	-	-.05	-.10
		Таралеж	.99				-.12	-
		Зебра	.99				.10	-
		Камила	.98				.02	-
		Слон	.93				-.16	-
		Папагал	.99				.10	-
		Тигър	-				-	-
		Бръмбар	.98				.10	-
	Silben zusammensetzen (Aufg. 2)	Заек/Пиле - За-ле			.57	.55		.71
		Заек/Пиле - Пи-ек			.60			.58
		Зебра/Пудел - Зеб-дел			.54			.43
		Зебра/Пудел - Пу-ра			.48			.58
		Коза/Тигър - Ко-гър			-			-
		Коза/Тигър - Ти-за			-			-
		Бухал/Муха - Бу-ха			-			-
		Бухал/Муха - Му-хал			-			-
	Endreim erkennen (Aufg. 9)	Биберон, камион, панталон, (брада)	.69	.65	.80	.85	.30	.19
		Четка, топка, шапка (крак)	.72		.98		.43	.53
		Кана, вана, маймуна, (заек)	.52		.76		.25	-.11
		Ножица, вилица, лъжица, (фъстък)	.79		.90		.28	.22
		Бръмбар, куфар, светофар (риба)	.42		.82		.24	.26
		Гъба, риба, баба, (куче)	.58		.84		.30	.17
		Врата, чанта, порта , (сърце)	.62		.86		.31	.28
		Лупа, купа, супа, (сладкиш)	.70		.88		.44	.33

Test RDH			Schwierigkeit				Trennschärfe r_{it}	
Phonologische Bewusstheit im engeren Sinn	Anlaute / Endlaute (Aufg. 7) / (Aufg. 8)	Ваза, вана, врата, (ябълка)	.83	.75	.98	.89	.39	.12
		Слънце, салам, сладолед, (порта)	.77		.96		.47	.14
		Портокал, пакет, палма, (клон)	.75		.82		.32	.41
		Нож, нота, нос (луна)	.80		.96		.28	.25
		Облак, крак, чук, (сърце)	.64		.94		.39	.38
		Шише, грозде, плодове, (лист)	.64		.76		.30	-.12
		Палто, гнездо, ухо, (пиле)	.67		.84		.41	.23
		Клон, слон, телефон (круша)	.70		.94		.33	.20
	Phonemanalyse (Aufg. 3)	Оса	.95	.73	-	.94	.15	-
		Нос	.93		-		.38	-
		Ваза	.79		.96		.61	.26
		Вълк	.69		.94		.56	.17
		Кофа	.77		.98		.61	.28
		Пират	.58		.92		.57	.33
		Палма	.57		.90		.65	.58
		Телефон	.54		-		.60	.02
	Lautsynthese mit Umkehraufgabe (4)	Им	.95	.67	-	.88	.19	.11
		Ми	.89		-		.26	.17
		Ике	.73		.98		.58	.27
		Еки	.43		.84		.47	.55
		Над	.82		-		.57	.11
		Дан	.61		.88		.38	.25
		Пане	.28		.92		.49	.42
		Енап	.08		.52		.30	.39

Zum Schulanfang (1. MZP) zeigt sich erwartungsgemäß als leichtester Untertest „Silben segmentieren" – hier sind die Werte extrem hoch. Sowohl leichte als auch schwierige Aufgaben enthalten die Untertests „Endreime erkennen" (Werte zwischen .42 und .79), „Anlaute/Endlaute" (Werte zwischen .64 und .83) und „Phonemanalyse" (Werte zwischen .54 und .95). Mit Ausnahme dreier Aufgaben zeigten alle anderen dieser Untertests Schwierigkeitsindices innerhalb der gewünschten Grenze zwischen .20 und .80. Extreme Werte zwischen .08 und .95 erreichte der Untertest „Lautsynthese mit Umkehraufgabe". Zum ersten Messzeitpunkt wurden die Aufgaben des Untertests „Silben zusammensetzen" nicht vollständig durchgeführt. Beim zweiten Messzeitpunkt stiegen alle Schwierigkeitsindices. Hier wurde auch der Untertest „Silben zusammensetzen" durchgeführt, dessen Werte sich im optimalen mittleren Bereich zwischen .48 und .60 bewegten. Die Ergebnisse pro Untertest und separat für jeden Untertest „Phonologische Bewusstheit im weiteren Sinn" und „Phonologische Bewusstheit im engeren Sinn" sind in Tabelle 36 wiedergegeben.

Ebenso in Tabelle 36 sind die Aufgabentrennschärfen dargestellt. Zum ersten Messzeitpunkt zeigten drei Untertests („Endreime erkennen", „Anlaute/Endlaute" und „Lautsynthese mit Umkehraufgabe") mittlere bis niedrige Trennschärfen; der Untertest „Phonemanalyse" zeigte mittlere bis hohe Trennschärfen. Der Untertest „Silben segmentieren" erbrachte unbefriedigende Ergebnisse. Beim zweiten Messzeitpunkt sanken alle Werte. Der zum ersten Mal hier durchgeführte Untertest „Silben zusammensetzen" zeigte mittlere bis hohe Trennschärfen.

4.2.5.2   Testanalyse

4.2.5.2.1   Testreliabilität

Interne Konsistenz

Die interne Konsistenz wurde mit der Berechnung von Cronbachs Alpha bestimmt. Wie aus Tabelle 37 zu ersehen ist, lag dieser Wert für den Test RDH zum ersten Messzeitpunkt mit $\alpha = .85$ und zum zweiten Messzeitpunkt mit $\alpha = .77$ im optimalen Bereich. Der Untertest „Phonologische Bewusstheit im weiteren Sinn" zeigte zum Schulanfang und zum Halbjahr fast gleiche Alpha-Werte. Der Untertest „Phonologische Bewusstheit im engeren Sinn" hatte zum Schulanfang eine sehr gute interne Konsistenz mit $\alpha = .87$, zum Halbjahr sank diese unter die gewünschte Grenze auf .65. Die Alpha-Werte für die Untertests lagen zum ersten Messzeitpunkt im akzeptablen Bereich, was zum zweiten Messzeitpunkt nur für den schwierigsten Untertests, „Silben segmentieren" mit $\alpha = .81$ gilt.

Tabelle 37: Interne Konsistenz für Test RDH zum ersten und zum zweiten Messzeitpunkt für Bulgarien

Test RDH		MZP 1 n = 119			MZP 2 n = 51		
Bereich	Untertest						
Phonologische Bewusstheit im weiteren Sinn	Silben segmentieren (Aufg. 1)	.75			-		
	Silben zusammensetzen (Aufg. 2)	-	.62		.81	.60	
	Endreim erkennen (Aufg. 9)	.65		.85	.24		.77
Phonologische Bewusstheit im engeren Sinn	Anlaute / Endlaute (Aufg. 7) / (Aufg. 8)	.65			.34		
	Phonemanalyse (Aufg. 3)	.86	.87		.59	.65	
	Lautsynthese mit Umkehraufgabe (Aufg. 4)	.76			.19		

Weitere statistische Kennzahlen sind in Tabelle 38 wiedergegeben.

Tabelle 38: Statistische Kennzahlen für Test RDH zum ersten und zum zweiten Messzeitpunkt für Bulgarien

Test RDH	Mittelwert	Minimum	Maximum	SD	n
1. MZP	.73	.20	.80	6.21	119
2. MZP	.86	.52	.99	3.40	51

Test-Retest-Reliabilität

Der Retest von Test RDH zur Erhebung der Phonologischen Bewusstheit wurde am Schuljahresanfang und am Halbjahresende in Bulgarien durchgeführt. Für jedes Kind lagen mindestens fünf Monate Zeitabstand zwischen der ersten und der zweiten Erhebung. Von den anfänglich zum ersten Erhebungszeitpunkt getesteten Schüler (n = 123) nahmen 41,5 % (n = 51) an der zweiten Erhebung teil. Zu beiden Zeitpunkten wurde dieselbe Skala bearbeitet, mit den jeweiligen Untertests und Items.

Zur Ermittlung der Retest-Reliabilität wurden die Daten für den Test RDH und für die Untertests „Phonologische Bewusstheit im engeren Sinn" und „Phonologische Bewusstheit im weiteren Sinn" zu beiden Messzeitpunkten errechnet und miteinander verglichen. Für die Berechnung der Retest-Reliabilitäten wurde die Korrelationsanalyse mit Hilfe des Spearmans-Rho-Korrelationskoeffizienten ermittelt.

Die Retest-Reliabilitätskoeffizienten sind in Tabelle 39 dargestellt. Fast alle Koeffizienten sind hoch signifikant ($p < .01$).

Tabelle 39: Korrelationen des RDH-Tests und der Untertests zwischen erstem und zweitem Messzeitpunkt für Bulgarien

Korrelation nach Spearmans		1.MZP		
Rho		RDH	ES-Untertest	WS-Untertest
	RDH	.52**	.58**	.17
2.MZP	ES-Untertest	.58**	.63**	.25
	WS-Untertest	.36**	.42**	.04

** auf dem Niveau von 0.01 signifikant
Anmerkungen: *ES-Untertest* - Phonologische Bewusstheit im engeren Sinn; *WS-Untertest* - Phonologische Bewusstheit im weiteren Sinn

4.2.5.2.2 Validität

Es wurde erwartet, dass ein korrelativer Zusammenhang zwischen der Phonologischen Bewusstheit, die als ein Prädiktor für den erfolgreichen Schriftspracherwerb angenommen wird, und der Lesekompetenz, die als Kriterium später erfasst wird, besteht. In diesem Fall wird die prädiktive Validität (vgl. Mummendey & Grau, 2008) überprüft.

Korreliert wurden der Test RDH und deren Untertests, der ins Bulgarische adaptierte Stolperwörter-Lesetest (der Leseverstehen misst) sowie Leseübungen zum Wort-, Satz- und Textverstehen. Die erwartungsgemäß signifikanten Werte sind in Tabelle 40 dargestellt.

Tabelle 40: Korrelationen zwischen RDH-Skalen, Stolperwörter-Lesetest und Leseübungen für Bulgarien

		1.MZP			2.MZP		
		Test RDH	ES- Untertest	WS- Untertest	Test RDH	ES- Untertest	WS- Untertest
3.MZP	STOLLE	.62**	.60**	.41**	.42**	.35*	.42**
	Lese- übungen	.50**	.47**	.38**	.38**	.44**	.29*

* auf dem Niveau von 0.05 signifikant; ** auf dem Niveau von 0.01 signifikant
Anmerkungen: *ES-Untertest* - Phonologische Bewusstheit im engeren Sinn; *WS-Untertest* - Phonologische Bewusstheit im weiteren Sinn

4.2.5.3   Diskussion

Zum Schulbeginn zeigte sich erwartungsgemäß, dass nur einzelne Kinder in Bulgarien Fehler beim „Silben segmentieren" machten. Diese Fähigkeit, auch als Vorläuferfertigkeit bezeichnet, sollte zu diesem Zeitpunkt gut ausgebildet sein. Ein Vergleich mit den Angaben der Autoren des Verfahrens „Der Rundgang durch Hörhausen" (s. Anhang A, Tabelle A.1) zeigt, dass sich auch in Deutschland dieser Untertest als leichtester erwiesen hat.

Leicht war in der deutschen Stichprobe (s.o.) auch der Untertest „Endreime", in der bulgarischen Stichprobe erwies sich dagegen der Untertest „Phonemanalyse" als am leichtesten. Dieses Ergebnis spricht dafür, dass die Kinder Zugang zu Material gehabt haben mussten, das ihnen die Aneignung des betreffenden Wissens erlaubte. Das bedeutet, in beiden Ländern wurde in der Vorschulzeit Wert auf verschiedene Bereiche der Sprachförderung gelegt. Als weiterer Grund muss auch die unterschiedliche Struktur der beiden Sprachen erwähnt werden: Die Grundwörter deutscher Sprache werden in der Regel auf der ersten Silbe betont, die moderne bulgarische Sprache hat hingegen keine feste Akzentregel. Dieses Phänomen und diese beiden Untertests werden weiterhin auch in der Hauptuntersuchung beachtet werden müssen.

Die Aufgabenschwierigkeitsindices der anderen Untertests in der bulgarischen Stichprobe präsentieren Werte innerhalb der gewünschten Grenzen zwischen .20 und .80, was zeigt, dass sie in der Lage sind, nach Kindern mit guten Fähigkeiten und weniger guten Fähigkeiten in Phonologischer Bewusstheit zu differenzieren. Die außerordentlich stark differierenden Werte beim Untertest „Lautsynthese mit Umkehraufgabe" (.08 und .95) lassen auf Berücksichtigung

aller Wissensniveaus, selbst extremer Fälle, schließen. Der nur zum Schulhalbjahr durchgeführte Untertest „Silben zusammensetzen" zeigt gute sowohl
Schwierigkeits- als auch Trennschärfe-Indices. Die Zunahme aller Schwierigkeitsindices zum zweiten Messzeitpunkt weist zudem nach, dass der Test auch
Lernfortschritte misst. Laut der Autoren des Verfahrens „Der Rundgang durch
Hörhausen" (vgl. Martschinke, Kirschhok & Frank, 2001) kann gerade die Messung zum Schulhalbjahr als Kriterium der Überrüfung dienen, ob und in welchem Maße die schulischen Maßnahmen die eventuell fehlenden, aber für einen erfolgreichen Schriftspracherwerb nötigen Voraussetzungen ausgleichen
konnten.

Fast alle Untertests enthalten Aufgaben mit geringen Trennschärfen, was
auf eine relativ geringe Homogenität hindeutet. Wahrscheinlich sind diese Aufgaben nicht in der Lage, zwischen Kindern mit unterschiedlicher Ausprägung
des untersuchten Merkmals gut zu differenzieren. Auch der Originaltest enthält
ähnlich kritische Aufgaben, um die Teststruktur und - Symmetrie beizubehalten,
mit je acht Aufgaben pro Untertest (vgl. Martschinke, Kirschhok & Frank, 2001).
Besonders geringe Trennschärfen lieferte der leichteste Untertest „Silben segmentieren". Dieser Untertest wurde dennoch im Gesamttest beibehalten, da er
eine gute Startaufgabe für den Test darstellt und die Kinder zum Mitmachen
animiert.

Die Testreliabilität für den Gesamttest zum ersten Messzeitpunkt lag mit
$\alpha = .85$ über der gewünschten Grenze und zum zweiten Messzeitpunkt mit
$\alpha = .77$ im optimalen Bereich. Nach den Angaben der Autoren des Verfahrens
„Der Rundgang durch Hörhausen" (s. Anhang A, Tabelle A.2) waren diese Werte
bei dem Originaltest noch höher.

Der Untertest „Phonologische Bewusstheit im weiteren Sinn" zeigte zu den
beiden Messzeitpunkten eine fast konstante interne Konsistenz unterhalb der
gewünschten Grenze. Der Untertest „Phonologische Bewusstheit im engeren
Sinn" wies zum ersten Messzeitpunkt einen Wert über und zum Halbjahr einen
Wert unter der gewünschten Grenze auf.

Bei den Untertests lagen die Werte beim ersten Messzeitpunkt ausrei-
chend hoch. Beim zweiten Messzeitpunkt zeigte nur der schwierigste Untertest
(„Silben segmentieren") eine akzeptable interne Konsistenz. Die nicht zufrieden
stellenden Alpha-Werte der Untertests beim zweiten Messzeitpunkt könnten
mit der geringeren Größe der Stichprobe und mit der geringeren Aufgabenzahl
erklärt werden. Für die Ziele des Projekts war es auf dieser Etappe wichtig festzustellen, ob der Test in der Lage ist, Lernfortschritte zu messen. Die steigenden
Mittel-, Minimum- und Maximumwerte der Aufgaben und die sinkende Stan-

dardabweichung des Tests zeigen, dass der Test diese Bedingung erfüllt: die sinkenden Leistungsunterschiede zwischen den getesteten Schülern werden erfasst.

Die Retest-Reliabilitätskoeffizienten besitzen hochsignifikante Werte. Die nichtsignifikanten Werte bei dem WS- Untertest könnten mit der besonderen Schwierigkeit der Aufgabe 2 („Silben zusammensetzen") erklärt werden, die zum ersten Messzeitpunkt nur von einzelnen Kindern zu bewältigen war und nicht vollständig durchgeführt wurde.

Erwartungsgemäß mittel- bis hochsignifikant sind die Korrelationswerte zwischen dem Konstrukt Phonologische Bewusstheit und dem später gemessenen Kriterium Lesekompetenz. Das spricht für eine gute Prognosekraft der Skala. In unserem Fall bedeutet das: je bessere Werte ein Kind beim RDH erzielt, desto wahrscheinlicher ist es, dass dieses Kind die Bedingungen für einen erfolgreichen Schriftspracherwerb erfüllt bzw. gute Leistungen beim Lesen und Leseverstehen zeigen wird. Ein solch positiver Lernprozess hängt aber, wie auch Martschinke, Kirschhok und Frank (2001) meinen, von weiteren günstigen Konstellationen ab wie etwa der Arbeitshaltung, Ausdauer und äußeren Rahmenbedingungen.

Versuchsweise wurden die Aufgaben 7, 8 und 9 in Gruppen bearbeitet mit dem Ziel höherer Zeitökonomie gegenüber der im Originalverfahren individuellen Arbeit. Das Experiment erbrachte jedoch keine zeitliche Verkürzung des Testablaufs. Kritikwürdig erscheint die Gleichförmigkeit der Itemsreihenfolge dieser Aufgaben: das auszuschließende Beispiel wurde in der adaptierten Variante immer als letztes platziert. Eine weniger monotone Anordnung der Items erscheint im Sinne der Aufgabenstellung notwendig.

Zusammenfassend kann festgestellt werden, dass die ins Bulgarische adaptierte Testvariante angemessene Testwerte zeigt und die Entwicklung der Lernfortschritte bei den Kindern erfassen kann.

4.2.6   *Validität von „Selbstkonzept-Phonologische-Bewusstheit 1" (SkPhB-1)*

und „Selbstkonzept-Lesekompetenz 1" (SkLk-1)

Die Validität einer Skala gibt das Ausmaß an, in dem sie das Konstrukt oder Merkmal misst, was sie zu messen vorgibt. Diesem Kriterium ist die Gültigkeit dieser Skala zu entnehmen. In diesem Fall sollten die Skalen SkPhB-1 und SkLk-1 das Leseselbstkonzept erfassen und nicht z.B. das Selbstbild über die Freude beim Lesen. Um beurteilen zu können, wie gut die Selbstkonzeptskalen SkPhB-1 und SkLk-1 geeignet sind, tatsächlich das zu erfassen, was sie vorgeben, soll im Folgenden die Validität der Skalen unter der Heranziehung anderer Skalen bestimmt werden.

Eine erste Konstruktvalidierung, auch interne Validierung genannt (vgl. Mummendey, & Grau, 2008), erfolgte in dieser Arbeit durch die durchgeführten Faktorenanalysen (s. Kapitel 4.2.1.2. und Kapitel 4.2.2.2.), wodurch ermittelt wird, wie viele Dimensionen das jeweils betrachtete Instrument besitzt. Inhaltlich stimmten diese mit den Konstruktdimensionen überein.

4.2.6.1   Kriteriumsvalidität

Um die Kriteriumsvalidität der Fragebögen prüfen zu können, wurden Korrelationen zwischen den Leseselbstkonzeptskalen SkPhB-1 und SkLk-1 und dem Verfahren zur Erhebung der Phonologischen Bewusstheit „Der Rundgang durch Hörhausen" (RDH) aufgestellt. Diese Berechnung war nur für die Stichprobe in Bulgarien möglich, da bei der Pilotuntersuchung das Verfahren RDH in Deutschland nur partiell durchgeführt wurde.

Hierzu wurde mit Hilfe des Rangkoeffizienten Spearmans Rho die Korrelation berechnet. Es ergab sich für den ersten und den dritten Messzeitpunkt für beide Skalen ein schwacher bis mittlerer signifikanter Zusammenhang mit dem Test RDH, sowohl mit der Gesamtskala als auch mit den beiden Unterskalen (Phonologische Bewusstheit im engeren Sinn (RDH_ES) und Phonologische Bewusstheit im weiteren Sinn (RDH_WS)). Für den zweiten Messzeitpunkt zeigten sich keine signifikanten Werte. Die Ergebnisse sind in Tabelle 41 wiedergegeben.

Weiterhin wurde die Leseselbstkonzeptskala SkLk-1 und deren Untertests mit den Leseverständnistests „Stolperwörter-Lesetest" (STOLLE) und ELFE 1-6 (für Bulgarien Leseübungen in Anlehnung an das Verfahren) als weitere Außenkriterien verwendet. Alle Zusammenhänge, ausgenommen die Korrelationen zum zweiten Messzeitpunkt (vgl. Tabelle 41), sind signifikant.

Tabelle 41: Kriteriumsvalidität: Korrelationen zwischen Leseselbstkonzeptskalen SkPhB-1, SkLk-1 und den Leistungstests

		Bulgarien						Beide Länder zusammen	
		1.MZP			2.MZP			3.MZP	
		RDH Gesamt-skala	RDH Unterskalen		RDH Gesamt-skala	RDH Unterskalen		STOLLE	ELFE
			ES	WS		ES	WS		
1.MZP	SK Ph.B (SkPhB-1)	.43** n=117	.41** n=117	.36** n=117	.18 n=49	.18 n=49	.19 n=49	.27** n=210	.14* n=207
2.MZP	SK Ph.B (SkPhB-1)	.15 n=56	.14 n=56	.07 n=56	.06 n=50	.09 n=50	.04 n=51	-.02 n=103	.11 n=101
3.MZP	LSK (SkLk-1) Gesamt-skala	.32** n=115	.29** n=115	.26** n=115	.06 n=49	.08 n=49	.02 n=50	.22** n=211	20** n=212
	SK ph.K Unter-skala	.36** n=115	.31** n=115	.34** n=115	.10 n=49	.09 n=49	.03 n=50	.26** n=211	.24** n=212
	SK Lk Unter-skala	.25** n=115	.24* n=115	.18* n=115	.00 n=49	.00 n=49	.00 n=49	.19** n=211	.17* n=212

* auf dem Niveau von 0.05 signifikant; ** auf dem Niveau von 0.01 signifikant

Anmerkungen: *SK Ph.B* – Selbstkonzept Phonologische Bewusstheit; *LSK* – Leseselbstkonzept; *SK ph.K* – Unterskala „Selbstkonzept phonemanalytische Kompetenz"; *SK Lk* – Unterskala „Leseselbstkonzept"; *RDH* – Phonologische Bewusstheit, „Der Rundgang durch Hörhausen"; *STOLLE* – Lesekompetenz, Stolperwörter-Lesetest; *ELFE* – Lesekompetenz, ELFE 1-6 (für Bulgarien Leseübungen).

4.2.6.2   Konstruktvalidität

Im Rahmen der Konstruktvalidität werden die konvergente und diskriminante Validität ermittelt. So wird die Beziehung der beiden Leseselbstkonzeptskalen zu anderen Skalen, die dasselbe, ein ähnliches oder ein unähnliches psychologisches Konstrukt erfassen sollen, untersucht.

Tabelle 42: Konvergente und diskriminante Validität: Korrelationen zwischen Leseselbstkonzeptskalen SkPhB-1 und SkLk-1, Selbstkonzeptskalen von Harter („Kognitive Kompetenz" und „Sportkompetenz") und Skala „Interesse am Lesen"

		1.MZP	2.MZP	3.MZP				
		SK Ph.B (SkPhB-1)	SK Ph.B (SkPhB-1)	LSK (SkLk-1)			KK	SK
				LSK Gesamtskala	SK ph.K Unterskala	SK Lk Unterskala		
2.MZP	SK Ph.B (SkPhB-1)	.44** n=104						
3.MZP	LSK (SkLk-1) Gesamtskala	.39** n=208	.27** n=101					
3.MZP	SK ph.K (SkLk-1) Unterskala	.39** n=208	.36** n=101	.86** n=214				
3.MZP	SK Lk (SkLk-1) Unterskala	.35** n=208	.21* n=101	.98** n=214	.74** n=214			
3.MZP	KK	.07 n=165	.24** n=101	.21** n=166	.05 n=166	.27** n=166		
3.MZP	SK	.01 n=165	.09 n=101	.09 n=166	.05 n=166	.11 n=166	.48** n=169	
3.MZP	InteresseL	.20** n=165	.20** n=101	.12 n=166	.10 n=166	.11 n=166	-.04 n=169	.02 n=169

* auf dem Niveau von 0.05 signifikant; ** auf dem Niveau von 0.01 signifikant

Anmerkungen: *SK Ph.B* – Selbstkonzept Phonologische Bewusstheit; *LSK* – Leseselbstkonzept; *SK ph.K* – Unterskala „Selbstkonzept phonemanalytische Kompetenz"; *SK Lk* –Unterskala „Selbstkonzept Lesekompetenz"; *KK* – Selbstkonzeptskala nach Harter, Unterskala „Kognitive Kompetenz";*SK* – Selbstkonzeptskala nach Harter, Unterskala „Sportkompetenz"; *InteresseL* – „Interesse am Lesen"

Als erstes wurden Selbstkonzeptskalen herangezogen, die ein Konstrukt erheben, welches konzeptuell ähnlich, jedoch nicht identisch mit dem Konstrukt des Leseselbstkonzepts ist, und anschließend solche Skalen, deren Konstrukte sich konzeptuell von dem des Leseselbstkonzepts unterscheiden. Dazu werden Verfahren miteinander verglichen, um Zusammenhänge oder Unterschiede erkennen zu können.

Es wurde angenommen, dass hohe Zusammenhänge zwischen den Leseselbstkonzeptskalen und der Harter-Skala „Kognitive Kompetenz" bestehen. Weiter wurde erwartet, dass die Leseselbstkonzeptskalen mit der Harter-Skala „Sportkompetenz" nicht korrelieren. Weiterhin wurde ein nicht allzu hoher Zusammenhang zwischen den Leseselbstkonzeptskalen und der Skala „Interesse am Lesen" erwartet. Dies ist wichtig, um zu zeigen, dass Selbstkonzept und Interesse auch für die Schüler und Schülerinnen unterschiedliche Konzepte sind. Der Zusammenhang zwischen den oben beschriebenen Konstrukten und den Skalen zur Erhebung des Leseselbstkonzepts soll Aufschluss über die konvergente bzw. diskriminante Validität geben.

Erwartungsgemäß zeigten sich signifikante Korrelationen zwischen beiden Leseselbstkonzeptskalen und der Skala „Kognitive Kompetenz" zum zweiten und zum dritten Messzeitpunkt (vgl. Tabelle 42). Interessanterweise ergaben sich zur Unterskala „Selbstkonzept phonemanalytische Kompetenz" keine signifikanten Zusammenhänge, zur Skala „Selbstkonzept Lesekompetenz" jedoch signifikante Zusammenhänge auf dem Niveau von 0.01. Wie erwartet gab es keine bedeutsamen Beziehungen zwischen den Leseselbstkonzeptskalen und der Skala „Sportkompetenz".

4.2.6.3   Diskussion

Die Prüfung der Validität anhand von Korrelationen ergab fast durchgängig signifikante Zusammenhänge der Leseselbstkonzeptskalen SkPhB-1 und SkLk-1 mit den gemessenen Konstrukten.

Die Kriteriumsvalidität ergab signifikante Zusammenhänge beider Leseselbstkonzeptskalen mit dem Außenkriterium „Phonologische Bewusstheit" zum ersten und zum dritten Messzeitpunkt, zum zweiten Messzeitpunkt jedoch nicht signifikante, was möglicherweise mit der niedrigen Stichprobengröße erklärt werden kann. Hinzu kommt, dass das Verfahren, das als Außenkriterium verwendet wurde, Verbesserungspotenzial enthielt, so wurde auch eine schwierige Aufgabe nicht vollständig durchgeführt. Auch zum zweiten MZP wurden

Itemänderungen in der Selbstkonzeptskala vorgenommen, wodurch sich die Ergebnisse ebenfalls erklären lassen. Die Korrelation mit den Leseverständnistests, die als weitere Außenkriterien dienten, weisen ebenfalls zum ersten und zum dritten Messzeitpunkt auf signifikante Zusammenhänge.

Die Ergebnisse der vorliegenden Kriteriumsvaliditätsanalyse sind im Ganzen zufriedenstellend. Mummendey und Grau (2008) nennen keine Regel, ab welcher Höhe eine Korrelation für eine gute Validität des Fragebogens spricht, als Mindestmaß sei allerding die statistische Signifikanz anzunehmen. Angemerkt werden sollte, dass in dem getesteten Alter eine nichtrealistische Einschätzung der eigenen Fähigkeiten im Sinne von überwiegend positiver Selbsteinschätzung durchaus zu erwarten ist.

Die Konstruktvalidierung bestätigte die erwarteten Beziehungen der Leseselbstkonzeptskalen zu den herangezogenen ähnlichen (das Selbstbild über Kognitive Kompetenz) bzw. unähnlichen (das Selbstbild über Sportkompetenz und Interesse am Lesen) psychologischen Konstrukten. Gesucht wurden Messdatenkorrelationen, die auf eine konvergente oder diskriminante Validität mit dem Konstrukt Leseselbstkonzept hinweisen.

Anhand der Korrelationen wurde bestätigt, dass zwar Zusammenhänge zwischen den Konstrukten Leseselbstkonzept und Selbstbild über Kognitive Kompetenz und Leseselbstkonzept sowie Interesse am Lesen zu finden sind, diese aber nicht allzu stark sind. Das Gegenteil ist zudem nicht wünschenswert, weil die neuen Skalen etwas Neues messen und nicht schon existierende Operationalisierungen ersetzen sollen. Die Selbstkonzeptskalen SkPhB-1 und SkLk-1 haben erwartete Ergebnisse (keine signifikanten Beziehungen) zu dem Konstrukt Selbstbild über Sportkompetenz gezeigt.

Resümierend kann festgestellt werden, dass die Ergebnisse der durchgeführten Analysen auf angemessene psychometrische Eigenschaften der Selbstkonzeptskalen SkPhB-1 und SkLk-1 deuten.

5. Hauptuntersuchung

Bei der Hauptuntersuchung sollte erneut eine Erhebung und Analyse der im Verlauf und bei der Umsetzung der Pilotstudie sich ergebenen Verbesserungen der eingesetzten Instrumente durchgeführt werden. Die erbrachten Modifikationen sowohl bei den Items als auch bei den Skalen sollten in die Hauptuntersuchung aufgenommen werden.

Im Rahmen der Hauptuntersuchung waren auch weitere Hypothesen zu prüfen. Als weiteres Gütekriterium des neuen Verfahrens sollte die Änderungsvalidität mit den Komponenten temporal und lokal-kulturell eingeführt werden. Ferner sollte nach dem Zusammenhang zwischen der Selbstkonzeptentwicklung und der Lesekompetenz sowie der Phonologischen Bewusstheit gesucht werden.

5.1 Methode

5.1.1 *Stichprobe und Durchführung*

Die Hauptuntersuchung wurde mit insgesamt 181 Erstklässlern in Bulgarien und Deutschland in der Zeit von Ende August 2007 bis Ende Juni 2008 durchgeführt. Die Schülerzahl beläuft sich für Bulgarien auf 90 Kinder (davon 45 Mädchen und 45 Jungen) und für Deutschland auf 91 (davon 49 Mädchen und 42 Jungen). Die gewünschte Mindestzahl für die Hauptuntersuchung lag bei 60 Probanden pro Land. Bei vier Kindern in Deutschland wurde angegeben, dass sie eine andere Muttersprache als Deutsch haben. Sie wurden dann nur bei der Auswertung der Testwerte berücksichtigt. Bei dem Ländervergleich wurden sie hingegen ausgeschlossen. Bei vier weiteren Kindern in Deutschland und einem Kind in Bulgarien wurde angegeben, dass in der Familie überwiegend deutsch bzw. bulgarisch, nebenbei aber auch eine weitere Sprache gesprochen wird. Um einen gerechten Vergleich zu ermöglichen, sollte die gewünschte Zielstichprobe jedoch einsprachige Schüler enthalten. Aus diesem Grund wurden auch diese Kinder bei der Auswertung der Testwerte hinzugenommen, aber von der Ländergegenüberstellung ausgeschlossen. Teilgenommen haben fünf Klassen an drei Schulen in Bulgarien und fünf Klassen an zwei Schulen in Deutschland. Die Untersuchungen fanden in den Klassenräumen der jeweiligen Schulen während der regulären Unterrichtszeit statt. Die Teilnahme der Klassen war freiwillig und erfolgte nach der Zustimmung durch die Schuldirektorinnen/den Schuldirektor in Absprache mit der Lehrkraft. Die Eltern der Kinder konnten sich trotz der Zustimmung der Schulleitung gegen die Teilnahme entscheiden.

Die Schüler wurden, abhängig vom jeweiligen Verfahren, in Gruppen oder einzeln getestet. Die Messungen dauerten abhängig von der Erhebungsmethode zwischen fünf und 35 Minuten. Die Erhebungen waren so geplant, dass für jedes einzelne Kind ein Zeitabstand von mindestens einem Tag zwischen Leistungs- und Selbstkonzepterhebung lag.

Das mittlere Alter zum ersten Messzeitpunkt lag bei 87 Monaten für Bulgarien (min. = 81, max. = 92) und bei 78 Monaten für Deutschland (min. = 70, max. = 92). Dabei ist zu beachten, dass die Erhebungen in Bulgarien mindestens einen Monat nach den Erhebungen in Deutschland durchgeführt wurden. Die Schulen in Bulgarien befinden sich in Sofia, die Schulen in Deutschland in Hamburg.

5.1.2   Erfasste Konstrukte

5.1.2.1   Selbstkonzept

Selbstkonzept Phonologische Bewusstheit anhand SkPhB-1

Der SkPhB-1-Fragebogen enthält 11 Items. Drei Items (Item 3, Item 4 und Item 12) beziehen sich auf Phonologische Bewusstheit im weiteren Sinn (Silben segmentieren, Silben zusammensetzen, Endreim erkennen), sieben weitere Items (Items mit den Nummern 5 bis 11) auf Phonologische Bewusstheit im engeren Sinn (Phonemanalyse, Lautsynthese mit Umkehraufgabe, Anlaut und Endlaut erkennen) und ein letztes Item (Item 13) bezieht sich auf die Buchstabenkenntnis.

Leseselbstkonzept anhand SkLk-1

Der SkLk-1-Fragebogen enthält zwei Unterskalen: Unterskala „Selbstkonzept phonemanalytische Kompetenz" und Unterskala „Selbstkonzept Lesekompetenz" mit insgesammt 21 Items. Es wurden zehn Items von der Skala SkPhB-1 übernommen, die hier die Unterskala „Selbstkonzept phonemanalytische Kompetenz" bilden. Drei Items (Item 1, Item 2 und Item 10) beziehen sich auf Phonologische Bewusstheit im weiteren Sinn (Silben segmentieren, Silben zusammensetzen, Endreim erkennen), sieben weitere Items (Items mit den Nummern 3 bis 9) auf Phonologische Bewusstheit im engeren Sinn (Phonemanalyse, Lautsynthese mit Umkehraufgabe, Anlaut und Endlaut erkennen). Die genannten Items ergaben auch zum zweiten Messzeitpunkt der Pilotuntersuchung immer noch gute Werte (Schwierigkeit- und Trennschärfe-Indices). Die Unterskala „Selbstkonzept Lesekompetenz" enthält nach dem Itemausschluss während der Pilotuntersuchung 11 Items.

Selbstkonzept anhand Selbstkonzeptskalen von Harter

Eingesetzt wurden zwei Selbstkonzeptskalen von Harter, die jeweils sechs Items enthalten: Kognitive Kompetenz (Items 1, 5, 9, 13, 17, 21) und Sportkompetenz (Items 3, 7, 11, 15, 19, 23). Die Bilder zu den jeweiligen Items wurden, wie im Test vorgesehen, geschlechtsspezifisch (getrennt für Mädchen und Jungen) eingesetzt.

5.1.2.2   Lesekompetenz

Phonologische Bewusstheit anhand „Der Rundgang durch Hörhausen"

Erfasst wurde die Phonologische Bewusstheit im weiteren Sinn (Silben segmentieren (acht Items), Silben zusammensetzen (acht Items), Endreim erkennen (acht Items) und die Phonologische Bewusstheit im engeren Sinn (Phonemanalyse (acht Items), Lautsynthese mit Umkehraufgabe (acht Items), Anlaut und Endlaut erkennen (jeweils vier Items)). Der gesamte Test enthält 48 Items (24 Items pro Bereich).

Lesekompetenz anhand „Stolperwörter-Lesetest"

Der Test erfasst Lesetempo, Genauigkeit und Verstehen von insgesamt 45 Sätzen.

Lesekompetenz anhand ELFE 1-6

Erfasst wurde das Leseverständnis auf folgenden Ebenen: Wortverständnis (Dekodieren, Synthese), Satzverständnis (sinnentnehmendes Lesen, syntaktische Fähigkeiten), Textverständnis (Auffinden von Informationen, satzübergreifendes Lesen, schlussfolgerndes Denken) sowie die Lesegeschwindigkeit (Schnelligkeit der visuellen Worterkennung). Der gesamte Test, konzipiert für die erste bis sechste Klasse, enthält für die Ermittlung des Wortverständnisses 72, für das Satzverständnis 28 und für das Textverständnis 20 Aufgaben, die zu bearbeiten sind.

5.1.2.3   Intelligenz

Intelligenz anhand CFT 1

Erfasst wurden die kognitiven Fähigkeiten der Kinder, Denkprobleme zu erfassen, Beziehungen herzustellen, Regeln zu erkennen, Merkmale zu identifizieren und schnell wahrnehmen zu können.

5.1.3   *Ablauf der Untersuchung*

5.1.3.1   Erster Messzeitpunkt

5.1.3.1.1   Selbstkonzepterhebung

Selbstkonzept Phonologische Bewusstheit anhand SkPhB-1

Deutschland

Die Selbstkonzepterhebung anhand SkPhB-1 wurde bei 91 Kindern in Hamburg gruppenweise durchgeführt, wobei jede Gruppe fünf bis zehn Kinder umfasste.

Die Dauer der Testdurchführung betrug in den Gruppen etwa 25 Minuten. Die Erstklässler erhielten den SkLk-1-Fragebogen in Form eines DIN-A3-Blattes (Vorder- und Rückseite), gefaltet auf DIN-A4-Format, sowie grüne und rote Klebepunkte. Für die Erhebung der Selbstkonzepte wurde den Testpersonen die Instruktion in deutscher Sprache mitgeteilt.

Bulgarien

Die Selbstkonzepterhebung anhand SkPhB-1 wurde gruppenweise bei 90 Kindern in Sofia durchgeführt. Es wurde dieselbe Prozedur wie bei der Untersuchung in Hamburg (s.o.) durchgeführt, wobei die Instruktion in bulgarischer Sprache mitgeteilt wurde.

Selbstkonzept anhand Selbstkonzeptskalen von Harter

Deutschland

Es wurden individuell 77 Schülerinnen und Schüler getestet. Als Vorlage erhielten die Kinder die geschlechtsspezifischen Bilder zu den Selbstkonzeptskalen „Kognitive Kompetenz" und „Sportkompetenz". Die Schülerinnen und Schüler mussten sich für eine der Darstellungen entscheiden. Der Testleiter notierte die Antworten.

Bulgarien

Es wurden individuell 75 Schülerinnen und Schüler getestet mit derselben Prozedur wie bei der Untersuchung in Hamburg (s.o.), wobei die Instruktion in bulgarischer Sprache mitgeteilt wurde.

5.1.3.1.2   Testdurchführung

Phonologische Bewusstheit anhand „Der Rundgang durch Hörhausen"

Deutschland

Das Verfahren „Der Rundgang durch Hörhausen" wurde mit 77 Kindern einzeln durchgeführt. Zur besseren Visualisierung wurde bei den Aufgaben 3 (Phonemanalyse) und 4 (Lautsynthese mit Umkehraufgabe) ein kleiner Spielzeugzug aus

Holz eingesetzt. Die Zeitdauer zur Lösung der Problemstellung betrug zwischen 25 und 40 Minuten. Da es für einige Kinder schwierig war, sich konstant zu konzentrieren, wurden bisweilen Pausen zwischen den einzelnen Aufgaben eingelegt, was die unterschiedliche Lösungsdauer erklärt.

Bulgarien

Die Erhebung der Phonologischen Bewusstheit in Sofia wurde mit 76 Kindern individuell mit derselben Prozedur wie bei den Untersuchungen in Hamburg (s.o.). durchgeführt.

5.1.3.2   Zweiter Messzeitpunkt

5.1.3.2.1   Selbstkonzepterhebung

Selbstkonzept Phonologische Bewusstheit anhand SkPhB-1

Deutschland

Die zweite Selbstkonzepterhebung mit SkPhB-1 wurde gruppenweise bei 87 Kindern durchgeführt. Es wurde die Prozedur vom ersten Messzeitpunkt wiederholt (s.o).

Bulgarien

Getestet wurden 75 Kindern in Bulgarien anhand SkPhB-1. Es wurde die Prozedur vom ersten Messzeitpunkt wiederholt (s.o).

5.1.3.2.2   Testdurchführung

Phonologische Bewusstheit anhand „Der Rundgang durch Hörhausen"

Deutschland

Das Verfahren wurde einzeln mit 74 Kindern mit derselben Prozedur wie beim ersten Messzeitpunkt (s.o.) durchgeführt.

Bulgarien

Der Test wurde einzeln mit 75 Kindern mit derselben Prozedur wie beim ersten Messzeitpunkt (s.o) durchgeführt.

5.1.3.3   Dritter Messzeitpunkt

5.1.3.3.1   Selbstkonzepterhebung

Leseselbstkonzept anhand SkLk-1

Deutschland

Die Selbstkonzepterhebung zum dritten Messzeitpunkt wurde in Hamburg bei 87 Kindern durchgeführt, wobei jede Gruppe zehn bis 14 Kinder umfasste. Die Dauer der Testdurchführung in den Gruppen betrug ca. 30 Minuten. Die Erstklässler erhielten den SkLk-1-Fragebogen in Form eines DIN-A3-Blattes (Vorder- und Rückseite). Dieses wurde auf Format-DIN-A4 gefaltet. Die Kinder erhielten zudem noch grüne und rote Klebepunkte. Für die Erhebung der Selbstkonzepte wurde den Testpersonen die Instruktion in deutscher Sprache mitgeteilt.

Bulgarien

Die Selbstkonzepterhebung zum dritten Messzeitpunkt in Sofia wurde gruppenweise bei 90 Kindern durchgeführt, wobei jede Gruppe zehn bis 14 Kinder umfasste. Die Dauer der Testdurchführung in den Gruppen betrug ca. 30 Minuten. Es wurde dieselbe Prozedur wie bei den Untersuchungen in Hamburg (s.o.) durchgeführt, wobei die Instruktion in bulgarischer Sprache mitgeteilt wurde.

5.1.3.3.2   Testdurchführung

Phonologische Bewusstheit anhand „Der Rundgang durch Hörhausen"

Deutschland

Das Verfahren wurde mit 75 Kindern einzeln mit derselben Prozedur wie beim ersten und zweiten Messzeitpunkt (s.o.) durchgeführt.

Bulgarien

Der Test wurde mit 74 Kindern durchgeführt mit demselben Vorgang wie beim ersten und zweiten Messzeitpunkt (s.o).

Lesekompetenz anhand Stolperwörter-Lesetest (STOLLE)

Deutschland

Getestet wurden 87 Erstklässler. Sie erhielten die Form A und Form B als ein DIN-A4-Blatt (Vorder- und Rückseite), gefaltet auf Format-DIN-A5. Die Bearbeitungszeit von 10 Minuten wurde streng eingehalten.

Bulgarien

Getestet wurden 90 Kinder. Sie erhielten die Form A und Form B in bulgarischer Sprache als ein DIN-A4-Blatt (Vorder- und Rückseite), das auf Format-DIN-A5 gefaltet wurde. Der Testverlauf war derselbe wie bei den Untersuchungen in Hamburg.

Lesekompetenz anhand ELFE 1-6 (nur für Deutschland)

Der Leseverständnistest wurde mit 87 Kindern durchgeführt. Sie erhielten die Form A und Form B des Testbogens als DIN-A4-Blätter (Vorder- und Rückseite). Die Bearbeitungszeiten für jeden Untertest wurden streng eingehalten: Wortverständnis (3 Minuten), Satzverständnis (3 Minuten) und Textverständnis (7 Minuten).

Intelligenz anhand CFT 1

Deutschland

Getestet wurden 87 Erstklässler. Sie erhielten die Form A und Form B vom CFT 1 als zwei DIN-A3-Blätter (Vorder- und Rückseite), gefaltet auf Format DIN A4, zuzüglich eine weitere Seite DIN-A4 (Vorder- und Rückseite) und ein zusätzliches rotes Blatt in Format-DIN-A4 zum Abdecken. Die Bearbeitungszeit (Testzeit II für die 1. Klasse nach Vorgabe von CFT 1) für jeden Untertest wurden streng eingehalten: Substitutionen (90 Sekunden), Labyrinthe (90 Sekunden), Klassifikationen (300 Sekunden), Ähnlichkeiten (240 Sekunden) und Matrizen (360 Sekunden).

Bulgarien

Getestet wurden 90 Erstklässler. Sie erhielten den sprachfreien Fragebogen. Die Prozedur war dieselbe wie in Hamburg (s.o.). Die Instruktion wurde in bulgarischer Sprache (s. Anhang D.8) mitgeteilt.

Tabelle 43: Untersuchungsplan für die Hauptuntersuchung – Testverfahren und Stichproben pro Land und Messzeitpunkt

	Untersuchungsplan Hauptuntersuchung					
	1. Messzeitpunkt		2. Messzeitpunkt		3. Messzeitpunkt	
	August 2007 Hamburg	September 2007 Sofia	Januar 2008 Hamburg	Februar 2008 Sofia	Juni 2008 Hamburg	Mai 2008 Sofia
Selbstkonzepte	SkPhB-1 n = 91	SkPhB-1 n = 90	SkPhB-1 n = 87	SkPhB-1 n = 90	SkLk-1 n = 87	SkLk-1 n = 90
	HarterSK n = 77	HarterSK n = 75				
Lesekompetenz	RDH n = 77	RDH n = 76	RDH n = 74	RDH n = 75	RDH n = 75	RDH n = 74
					STOLLE n = 87	STOLLE n = 90
					ELFE 1-6 n = 87	Lehrerbewertung n = 90
Intelligenz					CFT 1 n = 87	CFT 1 n = 90

Anmerkungen: *SkPh.B* – Selbstkonzept „Phonologische Bewusstheit"; *SkLk-1* – Leseselbstkonzept; *HarterSK* – Selbstkonzeptskalen von Harter,„Kognitive Kompetenz" und „Sportkompetenz"; *RDH* – Phonologische Bewusstheit, „Der Rundgang durch Hörhausen"; *STOLLE* – Lesekompetenz,„Stolperwörter-Lesetest"; *ELFE* – Lesekompetenz, ELFE 1-6 (für Bulgarien Lehrerbewertung); *CFT 1* – Intelligenztest.

Die zu allen drei Messzeitpunkten eingesetzten Erhebungsinstrumente sowie die Stichproben in den beiden Ländern sind in dem Untersuchungsplan (vgl. Tabelle 43) dargestellt.

5.1.4   Umgang mit fehlenden Messwerten

In ähnlich gelagerten Erhebungen tritt eine gewisse Zahl fehlender Messwerte (Missing Values) auf. Bei dieser Untersuchung beziehen sich die fehlenden Werte auf einzelne Schülerinnen oder Schüler, welche aus Krankheitsgründen verhindert, umgezogen oder in die Kindergartengruppe zurückgestellt worden waren. Bei den Elternfragebögen traten sporadische Nicht-Beantwortungen einzelner Items auf, weil diese eventuell übersehen oder absichtlich nicht beantwortet wurden. Die fehlenden Messwerte wurden hier als solche behandelt und nicht bei der Analyse berücksichtigt. Bei den Lehrerfragebögen trat das Problem nicht auf, sie waren vollständig ausgefüllt.

5.2   Ergebnisse

In den folgenden Abschnitten werden die Ergebnisse der im Rahmen der Hauptuntersuchung durgeführten Item- und Skalenanalysen zum einen für die Selbstkonzeptskalen SkPhB-1 und SkLk-1 und zum anderen für den Kompetenztest zum Erheben der Phonologischen Bewusstheit analysiert. Die Items des Verfahrens wurden erneut hinsichtlich ihrer Schwierigkeit, Zuverlässigkeit und Gültigkeit überprüft. Die Skalen wurden hinsichtlich ihrer Zuverlässigkeit analysiert. Gesucht wurden naturgemäß auch Parallelen zur Pilotuntersuchung.

5.2.1   „Selbstkonzept-Phonologische-Bewusstheit 1" (SkPhB-1)

5.2.1.1   Itemanalyse

Die Schwierigkeitsindices einzelner Items der Skala zur Messung des Selbstkonzepts „Phonologische Bewusstheit" SkPhB-1 wurden beim ersten und beim zweiten Messzeitpunkt pro Land berechnet. Die Werte lagen beim ersten Messzeitpunkt für Deutschland zwischen .37 und .71, für Bulgarien zwischen .53

und .73 und somit in dem vorgegebenen Intervall von .20 bis .80. Beim zweiten Messzeitpunkt steigen die Werte erwartungsgemäß an, blieben jedoch für
Deutschland immer noch unter .80.

Tabelle 44: Schwierigkeits- und Trennschärfe-Indices der Selbstkonzeptskala
SkPhB-1 zum ersten und zweiten Messzeitpunkt für Deutschland

Skala SkPhB-1	Iteminhalt	MZP 1 n = 83		MZP 2 n = 80	
		Schwierigkeit	Trennschärfe r_{it}	Schwierigkeit	Trennschärfe r_{it}
Item 3	Ich weiß, wie man Wörter in Teile zerlegen kann.	.37	.22	.54	.15
Item 4	Ich kann sagen, welches der vordere und welches der hintere Teil in einem Wort ist.	.48	.36	.63	.46
Item 5	Ich kann ein Wort in alle kleinsten Teile zerlegen, die zu hören sind.	.43	.42	.57	.40
Item 6	Wenn ich verschiedene Laute nacheinander höre, kann ich sie alle als ein Wort aussprechen.	.45	.36	.53	.39
Item 7	Wenn ich ein Wort höre, kann ich es auch von hinten nach vorne sagen und mir so ein neues Wort daraus zaubern.	.48	.52	.49	.30
Item 8	Ich kann erkennen, wenn Wörter vorne gleich klingen.	.62	.42	.77	.40
Item 9	Ich kann erkennen, wenn Wörter vorne unterschiedlich klingen.	.60	.48	.70	.39
Item 10	Ich kann erkennen, wenn Wörter am Ende gleich klingen.	.55	.41	.76	.38
Item 11	Ich kann erkennen, wenn Wörter am Ende unterschiedlich klingen.	.58	.46	.72	.51
Item 12	Ich kann erkennen, wenn sich Wörter reimen.	.71	.34	.82	.25
Item 13	Ich kenne das deutsche Alphabet und kann die verschiedenen Buchstaben benennen.	.65	.50	.75	.48

Auch die Trennschärfe-Indices wurden pro Land berechnet. In Deutschland zeigten sich bei den beiden Messzeitpunkten mittlere Werte. In Bulgarien gab es beim ersten Messzeitpunkt mittlere Werte, beim zweiten Messzeitpunkt stiegen die Trennschärfe-Indices fast bei allen Items auffällig an. Die Ergebnisse sind in Tabelle 44 für Deutschland und Tabelle 45 für Bulgarien dargestellt.

Tabelle 45: Schwierigkeits- und Trennschärfe-Indices der Selbstkonzeptskala SkPhB-1 zum ersten und zweiten Messzeitpunkt für Bulgarien

Skala SkPhB-1	Iteminhalt	MZP 1 n = 89		MZP 2 n = 89	
		Schwie-rigkeit	Trenn-schärfe r_{it}	Schwie-rigkeit	Trenn-schärfe r_{it}
Item 3	Аз знам как се разделя една дума на части.	.60	.52	.83	.51
Item 4	Аз мога да кажа коя е предната част в една дума и коя е задната част.	.59	.42	.85	.53
Item 5	Аз мога да разделя една дума на всички малки части, които могат да се чуят в нея.	.53	.38	.74	.61
Item 6	Когато чуя няколко звука един след друг, мога да ги произнеса като една цяла дума.	.56	.28	.76	.61
Item 7	Когато чуя една дума, мога да я кажа отпред-назад, но после и отзад-напред като при това съставя нова дума.	.52	.30	.69	.43
Item 8	Аз мога да позная кога две думи звучат в началото еднакво.	.67	.26	.91	.51
Item 9	Аз мога да позная кога две думи звучат в началото различно.	.65	.46	.91	.48
Item 10	Аз мога да позная кога две думи звучат в края еднакво.	.65	.49	.85	.57
Item 11	Аз мога да позная кога две думи звучат в края различно.	.73	.49	.90	.45
Item 12	Аз мога да кажа, когато две думи се римуват.	.66	.30	.77	.56
Item 13	Аз познавам буквите в азбуката и знам как се казват различните букви в азбуката.	.72	.43	.87	.62

5.2.1.2 Skalenanalyse

5.2.1.2.1 Reliabilität

Interne Konsistenz

Die Interne Konsistenz der Selbstkonzeptskala SkPhB-1 wurde mit Hilfe von Cronbachs Alpha pro Land und für beide Länder zusammen beim ersten und beim zweiten Messzeitpunkt berechnet. Wie aus Tabelle 46 zu ersehen ist, liegen alle Werte im optimalen Bereich über .70.

Tabelle 46: Interne Konsistenz und statistische Kennzahlen für Skala SkPhB-1 pro Land und für beide Länder zusammen pro Messzeitpunkt

Land	Cronbachs Alpha	Anzahl der Items	Item Mittel-wert	Item Min.	Item Max.	Skala Mittel-wert	SD	n
1. MZP Bulgarien	.75	11	3.07	2.74	3.35	33.78	4.69	89
1. MZP Deutschland	.75	11	2.81	2.25	3.29	30.89	5.20	83
1. MZP beide Länder zusammen	.76	11	2.94	2.64	3.23	32.38	5.14	172
2. MZP Bulgarien	.85	11	3.56	3.18	3.79	39.11	5.12	89
2. MZP Deutschland	.70	11	3.16	2.64	3.67	34.73	4.82	80
2. MZP beide Länder zusammen	.81	11	3.37	2.92	3.64	37.04	5.43	169

Test-Retest-Reliabilität

Der Retest der Skala SkPhB-1 zur Erhebung des Selbstkonzepts „Phonologische Bewusstheit" wurde am Halbjahres- und am Schuljahresende für das jeweilige Land durchgeführt. Für jedes Kind lagen mindestens fünf Monate Zeitabstand zwischen der ersten und der zweiten Erhebung und mindestens vier Monate zwischen der zweiten und der dritten Erhebung. Von den anfänglich zum ersten Erhebungszeitpunkt getesteten Schülern (n = 172) nahmen 98 % (n = 169) an der zweiten und auch an der dritten Erhebung des Leseselbstkonzepts teil. Zu allen drei Zeitpunkten wurde derselbe Fragebogen mit den jeweiligen Items bearbeitet. Zum dritten Messzeitpunkt war in der Skala SkLk-1 (Unterskala „Selbstkonzept phonemanalytische Kompetenz") nur Item 13 von der zum ersten und zum zweiten Messzeitpunkt durchgeführten Skala SkPhB-1 nicht enthalten, weswegen dieses Item von der Retestanalyse ausgeschlossen wurde. Die Stichprobengrößen für die drei Messzeitpunkte sind aus Tabelle 47 zu ersehen.

Tabelle 47: Stichproben beider Länder zusammen und pro Land zum ersten, zweiten und dritten Messzeitpunkt für die Skala SkPhB-1 zur Erhebung der Phonologischen Bewusstheit (ohne Item 13) und Unterskala „Selbstkonzept phonemanalytische Kompetenz" zur Skala SkLk-1

SkPhB-1 (1. und 2.MZP) und SK ph.K (3.MZP)	Beide Länder zusammen			Bulgarien			Deutschland		
	1. MZP	2. MZP	3. MZP	1. MZP	2. MZP	3. MZP	1. MZP	2. MZP	3. MZP
n	172	169	169	89	89	89	83	80	80

Tabelle 48: Korrelationen der Selbstkonzeptskalen (SK) zwischen erstem und zweitem, zweitem und drittem, erstem und drittem Messzeitpunkt, für beide Länder zusammen und pro Land

Korrelation nach Spearmans Rho	Beide Länder zusammen	Bulgarien	Deutschland
SK 1 / SK 2	.51**	.44**	.38**
SK 2 / SK 3	.50**	.36**	.41**
SK 1 / SK 3	.39**	.26*	.32**

* auf dem Niveau von 0.05 signifikant; ** auf dem Niveau von 0.01 signifikant

Zur Ermittlung der Test-Retest-Reliabilität wurden die Daten für die Skala „Selbstkonzept Phonologische Bewusstheit" SkPhB-1 (ohne Item 13) und die Unterskala „Selbstkonzept phonemanalytische Kompetenz" zur Skala SkLk-1 zu jedem einzelnen Messzeitpunkt errechnet und miteinander verglichen. Für die Berechnung der Retest-Reliabilitäten wurde die Korrelationsanalyse mittels Spearmans-Rho-Korrelationskoeffizienten wegen Schiefe der Verteilung durchgeführt. Die Retest-Reliabilitätskoeffizienten sind in Tabelle 48 dargestellt. Fast alle Koeffizienten sind hoch signifikant ($p < .01$).

In einem weiteren Schritt wurden die Retest-Reliabilitätskoeffizienten auch pro Item für die Gesamtstichprobe berechnet. Wie aus Tabelle 49 zu ersehen, zeigten sich hier sowohl hochsignifikante (Item 6 und Item 9) als auch bei der dritten Erhebung nicht signifikante (Item 4, Item 5, Item 7, Item 8, Item 10, Item 12, Item 13) Werte.

Tabelle 49: Korrelationen der Items der Selbstkonzeptskala SkPhB-1 (ohne Item 13) und Unterskala „Selbstkonzept phonemanalytische Kompetenz" zur Skala SkLk-1 zwischen den Messzeitpunkten

Skala SkPhB-1	Item 3	Item 4	Item 5	Item 6	Item 7	Item 8	Item 9	Item 10	Item 11	Item 12
Subskala von SkLk-1	Item 1	Item 2	Item 3	Item 4	Item 5	Item 6	Item 7	Item 8	Item 9	Item 10
zw. dem 1. und 2. MZP	.30**	.26**	.40**	.17*	.08	.11	.17**	.16*	.23**	.20*
zw. dem 2. und 3. MZP	.39**	.34**	.24**	.16*	.13	.20**	.24**	.15*	.22**	.17*
zw. dem 1. und 3. MZP	.22**	.12	.15	.10	-.15	.03	.18*	.14	.13	.15*

* auf dem Niveau von 0.05 signifikant; ** auf dem Niveau von 0.01 signifikant

5.2.1.3   Diskussion

Im Rahmen der Item- und Skalenanalysen wurden die Gütekriterien des Fragebogens SkPhB-1 zur Erfassung des Selbstkonzepts „Phonologische Bewusstheit" erneut überprüft. Es konnte aufgrund verschiedener statistischer Kennwerte gezeigt werden, dass auch während der Hauptuntersuchung alle 11 Items brauchbare psychometrische Qualitäten aufweisen.

Die Schwierigkeitsindices lagen in den erwünschten Grenzen, erwartungsgemäß in ihrem oberen Bereich, dennoch war zum ersten Messzeitpunkt der Hauptuntersuchung sowohl in Deutschland als auch in Bulgarien der untere Bereich im Vergleich zur Pilotuntersuchung noch besser abgedeckt. Die Trennschärfe-Indices bei den beiden Messzeitpunkten zeigen in den beiden Ländern mittlere durchaus akzeptable Werte, da die Skala die Breite des erhobenen Selbstkonzeptaspekts in all seinen Facetten erheben will.

Die Test-Retest-Reliabilitätskoeffizienten pro Item besitzen sowohl hochsignifikante als auch bei der dritten Erhebung nichtsignifikante Werte. Das sowohl laut Schwierigkeitsanalyse als auch dem Inhalt nach schwierigste Item 7 zeigt bei den drei Erhebungen nicht signifikante Ergebnisse. Das unterstützt die Hypothese des mangelnden Sprachverständnisses. Beim dritten Messzeitpunkt wurde der Wert sogar negativ, was auf einen gegenläufigen Zusammenhang hinweist. In unserem Fall bedeutete das: Je mehr die Kompetenz der Kinder steigt, desto mehr glauben sie, dass diese Aufgabe ihnen schwer fallen würde. Vielleicht fühlen sich die Schüler verunsichert, nachdem sie mehr Wissen besitzen, und schätzen mit der Zeit eine Aufgabe als schwieriger ein, als sie tatsächlich für sie ist. Alle Items, ausgeschlossen Item 7, zeigen signifikante Werte zwischen dem 1. und 2. MZP, was für eine sehr gute zeitliche Stabilität der Skala spricht. Bei Item 3, Item 4, Item 8, und Item 9 steigen die Werte sogar nach oben, was auch als sehr positiv gelten kann, besonders angesichts des großen Zeitabstands zwischen den Erhebungen (mindestens vier Monate).

Zusammenfassend kann festgestellt werden, dass die bis hierhin durchgeführten Item- und Skalenanalysen sowohl im Rahmen der Pilot- als auch der Hauptuntersuchung angemessene psychometrische Eigenschaften für die Selbstkonzeptskala SkPhB-1 aufweisen.

5.2.2   *„Selbstkonzept-Lesekompetenz 1" (SkLk-1)*

Nach der Pilotuntersuchung wurden zwei Unterskalen zur Skala SkLk-1 zur Erhebung des Leseselbstkonzepts gebildet: die Skala „Selbstkonzept phonemanalytische Kompetenz" (5 Items) zur Erhebung des Selbstkonzepts Phonologische Bewusstheit und die Skala „Selbstkonzept Lesekompetenz"(12 Items) zur Erhebung des Leseselbstkonzepts. Als wünschenswert erschien die Skala „Selbstkonzept phonemanalytische Kompetenz" zu verlängern, um mehr Ausgewogenheit der Iteminhalte der Gesamtskala zu gewinnen. Aus diesem Grund wurden in der Hauptuntersuchung nicht nur fünf sondern zehn der Items von Skala SkPhB-1 in die Skala SkLk-1 übernommen (Unterskala „Selbstkonzept phonemanalytische Kompetenz"). Aus der Unterskala „Selbstkonzept Lesekompetenz" wurde das Item 19 ausgeschlossen („Auch wenn zwei Wörter gleich klingen, kann ich erkennen, worin der Unterschied besteht."), da der Iteminhalt in bulgarischer Sprache keine Bedeutung hat. Beide Unterskalen werden in den folgenden Abschnitten analysiert.

5.2.2.1 Itemanalyse

Der Schwierigkeitsindex und die Trennschärfe-Indices wurden pro Unterskala beim dritten Messzeitpunkt für jedes Land separat berechnet. Die Skala „Selbstkonzept phonemanalytische Kompetenz" als Fortsetzung der Skala SkPhB-1 zeigt erwartungsgemäß zum dritten Messzeitpunkt die höchsten Werte. In Deutschland bewegen sich diese knapp unter und über der gewünschten Grenze, in Bulgarien liegen alle Werte oberhalb dieser Grenze. Die Trennschärfe-Indices befinden sich in den beiden Ländern im akzeptablen Bereich. Die Ergebnisse sind in Tabelle 50 für Deutschland und Tabelle 51 für Bulgarien dargestellt.

Tabelle 50: Schwierigkeits- und Trennschärfe-Indices für die Unterskala „Selbstkonzept phonemanalytische Kompetenz" zur Skala SkLk-1 pro Land zum dritten Messzeitpunkt im Vergleich zur Selbstkonzeptskala „Phonologische Bewusstheit" SkPhB-1 zum ersten und zweiten Messzeitpunkt für Deutschland

Variable 1.und 2. MZP SkPhB-1	Iteminhalt	MZP 1 n = 83		MZP 2 n = 80		MZP 3 n = 80		Variable 3. MZP SkLk-1
		Schwierigkeit	Trennschärfe r_{it}	Schwierigkeit	Trennschärfe r_{it}	Schwierigkeit	Trennschärfe r_{it}	
Item 3	Ich weiß, wie man Wörter in Teile zerlegen kann.	.37	.22	.54	.15	.77	.49	Item 1

SkPhB-1	Iteminhalt	MZP 1		MZP 2		MZP 3		SkLk-1
Item 4	Ich kann sagen, welches der vordere und welches der hintere Teil in einem Wort ist.	.48	.36	.63	.46	.81	.50	Item 2
Item 5	Ich kann ein Wort in alle kleinsten Teile zerlegen, die zu hören sind.	.43	.42	.57	.40	.73	.52	Item 3
Item 6	Wenn ich verschiedene Laute nacheinander höre, kann ich sie alle als ein Wort aussprechen.	.45	.36	.53	.39	.74	.50	Item 4
Item 7	Wenn ich ein Wort höre, kann ich es auch von hinten nach vorne sagen und mir so ein neues Wort daraus zaubern.	.48	.52	.49	.30	.72	.32	Item 5
Item 8	Ich kann erkennen, wenn Wörter vorne gleich klingen.	.62	.42	.77	.40	.80	.36	Item 6
Item 9	Ich kann erkennen, wenn Wörter vorne unterschiedlich klingen.	.60	.48	.70	39	.78	.45	Item 7
Item 10	Ich kann erkennen, wenn Wörter am Ende gleich klingen.	.55	.41	.76	.38	.79	.28	Item 8
Item 11	Ich kann erkennen, wenn Wörter am Ende unterschiedlich klingen.	.58	.46	.72	.51	.75	.60	Item 9
Item 12	Ich kann erkennen, wenn sich Wörter reimen.	.71	.34	.82	.25	.88	.32	Item 10

Tabelle 51: Schwierigkeits- und Trennschärfe-Indices für die Unterskala „Selbstkonzept phonemanalytische Kompetenz" zur Skala SkLk-1 pro Land zum dritten Messzeitpunkt im Vergleich zur „Selbstkonzeptskala Phonologische Bewusstheit" SkPhB-1 zum ersten und zweiten Messzeitpunkt für Bulgarien

Variable 1.und 2. MZP SkPhB-1	Iteminhalt	MZP 1 / n = 89		MZP 2 / n = 89		MZP 3 / n = 89		Variable 3. MZP SkLk-1
		Schwierigkeit	Trennschärfe r_{it}	Schwierigkeit	Trennschärfe r_{it}	Schwierigkeit	Trennschärfe r_{it}	
Item 3	Аз знам как се разделя една дума на части.	.60	.52	.83	.51	.92	.58	Item 1
Item 4	Аз мога да кажа коя е предната част в една дума и коя е задната част.	.59	.42	.85	.53	.92	.64	Item 2
Item 5	Аз мога да разделя една дума на всички малки части, които могат да се чуят в нея.	.53	.38	.74	.61	.83	.39	Item 3
Item 6	Когато чуя няколко звука един след друг, мога да ги произнеса като една цяла дума.	.56	.28	.76	.61	.80	.47	Item 4
Item 7	Когато чуя една дума, мога да я кажа отпред-назад, но после и отзад-напред като при това съставя нова.	.52	.30	.69	.43	.86	.23	Item 5

SkPhB-1	Iteminhalt	MZP 1		MZP 2		MZP 3		SkLk-1
Item 8	Аз мога да позная кога две думи звучат в началото еднакво.	.67	.26	.91	.51	.94	.45	Item 6
Item 9	Аз мога да позная кога две думи звучат в началото различно.	.65	.46	.91	.48	.95	.55	Item 7
Item 10	Аз мога да позная кога две думи звучат в края еднакво.	.65	.49	.85	.57	.95	.36	Item 8
Item 11	Аз мога да позная кога две думи звучат в края различно.	.73	.49	.90	.45	.90	.67	Item 9
Item 12	Аз мога да кажа, когато две думи се римуват.	.66	.30	.77	.56	.86	.59	Item 10

Die zweite Unterskala „Selbstkonzept Lesekompetenz" zeigte niedrigere Schwierigkeitsindices. Der Index in Deutschland lag zwischen .49 und .75, damit wurde der untere Bereich zur gewünschten Grenze besser abgedeckt, in Bulgarien lag dieser hingegen zwischen .69 und .86. Die Trennschärfe-Indices lagen in Deutschland im mittleren, in Bulgarien im mittleren bis oberen Bereich, was auf eine gute Homogenität der Skala hindeutet. Die Ergebnisse für Deutschland sind in Tabelle 52 und für Bulgarien in Tabelle 53 wiedergegeben.

Tabelle 52: Schwierigkeits- und Trennschärfe-Indices für die Unterskala „Selbstkonzept Lesekompetenz" zur Skala SkLk-1 pro Land zum dritten Messzeitpunkt für Deutschland

Variable 3. MZP SkLk-1	Iteminhalt	MZP 3 n = 80	
		Schwie-rigkeit	Trenn-schärfe r_{it}
Item 11	Ich kann schnell herausfinden, wenn ein Wort nicht in den Satz passt.	.55	.31
Item 12	Ich kann schnell lesen.	.64	.59
Item 13	Wenn ich ein Wort lese, weiß ich, was damit gemeint ist.	.64	.56
Item 14	Wenn ich einen Satz lese, merke ich meistens schnell, ob ein Wort fehlt.	.62	.60
Item 15	Wenn die Wörter in einem Satz durcheinander sind, kann ich sie in die richtige Reihenfolge bringen.	.49	.58
Item 16	Wenn ich einen Satz lese, merke ich schnell, was gemeint ist.	.65	.45
Item 17	Wenn ich eine Geschichte gelesen habe, dann kann ich sagen, was das Wichtigste daran war.	.52	.55
Item 18	Lesen fällt mir leicht.	.75	.46
Item 19	Ich kann genauso gut lesen wie andere Schüler aus meiner Klasse.	.68	.43
Item 20	Wenn ich Anweisungen lese, erkenne ich schnell, was ich tun soll.	.56	.44
Item 21	Laut vorlesen fällt mir leicht.	.73	.48

Tabelle 53: Schwierigkeits- und Trennschärfe-Indices für die Unterskala „Selbstkonzept Lesekompetenz" zur Skala SkLk-1 pro Land zum dritten Messzeitpunkt für Bulgarien

Variable 3. MZP SkLk-1	Iteminhalt	MZP 3 n = 89	
		Schwie-rigkeit	Trenn-schärfe r_{it}
Item 11	Аз мога бързо да открия, кога една дума не пасва в изречението.	.73	.63
Item 12	Мога бързо да чета.	.83	.45
Item 13	Когато чета една дума, мога да позная какво означава тя.	.79	.45

SkLk-1	Iteminhalt	MZP 3	
Item 14	Когато чета едно изречение, забелязвам бързо дали липсва някоя дума.	.70	.69
Item 15	Когато думите в едно изречение са разбъркани, аз мога да ги подредя в правилния ред.	.82	.65
Item 16	Когато чета едно изречение, разбирам точно какво се има предвид.	.72	.66
Item 17	Когато прочета една история, мога да кажа какво е било най-важното в нея.	.69	.64
Item 18	Лесно ми е да чета.	.83	.70
Item 19	Мога да чета толкова добре колкото други ученици от моя клас.	.79	.64
Item 20	Когато чета указанието към една задача, разбирам бързо какво трябва да се прави.	.76	.61
Item 21	Лесно ми е да чета на глас.	.86	.50

5.2.2.2   Skalenanalyse

5.2.2.2.1   Reliabilität

Die Reliabilität wurde mit Hilfe des Koeffizienten Cronbachs Alpha pro Land und für beide Länder zusammen ermittelt sowie für die Gesamtskala und für jede Unterskala separat berechnet. Die Gesamtskala SkLk-1 zeigte eine hohe interne Konsistenz; mit $\alpha = .87$ für Deutschland und mit $\alpha = .91$ für Bulgarien liegt diese weit über der gewünschten Grenze. Diese Reliabilitätswerte und auch weitere statistische Kennzahlen sind aus Tabelle 54 zu ersehen.

Tabelle 54: Reliabilität und statistische Kennzahlen für die Gesamtskala SkLk-1 pro Land und für beide Länder zusammen zum dritten Messzeitpunkt

Skala SkLk-1	Cronbachs Alpha	Anzahl der Items	Item Mittel-wert	Item Min.	Item Max.	Skala Mittel-wert	Skala SD	n
3. MZP Bulgarien	.91	21	3.57	3.18	3.89	74.91	9.35	89
3. MZP Deutschland	.87	21	3.19	2.56	3.51	66.96	9.64	80
3. MZP beide Länder zusammen	.90	21	3.39	2.94	3.70	71.15	10.26	169

Auch die Unterskalen zeigten sowohl in Bulgarien als auch in Deutschland sehr gute Alpha-Werte. Die Ergebnisse für die Unterskala „Selbstkonzept phonemanalytische Kompetenz" sind in Tabelle 55 und für die Unterskala „Selbstkonzept Lesekompetenz" in Tabelle 56 dargestellt.

Tabelle 55: Reliabilität und statistische Kennzahlen für die Unterskala „Selbstkonzept phonemanalytische Kompetenz" pro Land und für beide Länder zusammen zum dritten Messzeitpunkt

Unterskala „Selbstkonzept phonemanalytische Kompetenz"	Cronbachs Alpha	Anzahl der Items	Item Mittelwert	Item Min.	Item Max.	Skala Mittelwert	Skala SD	n
3. MZP Bulgarien	.81	10	3.72	3.45	3.89	37.25	3.95	89
3. MZP Deutschland	.77	10	3.41	3.26	3.51	34.11	4.39	80
3. MZP beide Länder zusammen	.81	10	3.58	3.38	3.70	35.76	4.44	169

Tabelle 56: Reliabilität und statistische Kennzahlen für die Unterskala „Selbstkonzept Lesekompetenz" pro Land und für beide Länder zusammen zum dritten Messzeitpunkt

Unterskala „Selbstkonzept Lesekompetenz"	Cronbachs Alpha	Anzahl der Items	Item Mittelwert	Item Min.	Item Max.	Skala Mittelwert	Skala SD	n
3. MZP Bulgarien	.88	11	3.42	3.18	3.65	37.66	6.22	89
3. MZP Deutschland	.83	11	2.99	2.56	3.37	32.85	6.18	80
3. MZP beide Länder zusammen	.87	11	3.22	2.94	3.48	35.38	6.64	169

5.2.2.3   Diskussion

Im Rahmen der Item- und Skalenanalysen sollten die Gütekriterien des Fragebogens SkLk-1 als Fortsetzung des Fragebogens SkPhB-1 erneut überprüft werden. Die Hauptuntersuchung sollte das in der Pilotuntersuchung gezeigte Potential der Leseselbstkonzeptskala auffüllen, was durch Hinzufügen weiterer geeigneter Items geschah. Die beiden Aspekte des Leseselbstkonzepts repräsentieren sich in der Hauptuntersuchung in den entsprechenden zwei Unterskalen: der Unterskala „Selbstkonzept phonemanalytische Kompetenz" mit 10 Items und der Unterskala „Selbstkonzept Lesekompetenz" mit 11 Items.

Alle Schwierigkeitskoeffizienten der Items zur Unterskala „Selbstkonzept phonemanalytische Kompetenz" liegen oberhalb der gewünschten Grenze. Die erfragten Inhalte waren den Kindern erwartungsgemäß am dritten Messzeitpunkt vertraut. Niedriger sind die Schwierigkeitskoeffizienten der Items zur Unterskala „Selbstkonzept Lesekompetenz", was auf erhöhte Schwierigkeit der Items schließen lässt. Dies entspricht auch der Erwartung, dass zu diesem Zeitpunkt die getestete Kompetenz noch nicht bei allen Kindern ganz aufgebaut wurde. Im Vergleich zur Pilotuntersuchung sind die Koeffizienten bei der Hauptuntersuchung in Deutschland niedriger, was wiederum auf schwierigere Items hinweist. In diesem Fall scheinen den Probanden diese Items der Hauptuntersuchung-Stichprobe schwergefallen zu sein oder wurden als schwieriger eingeschätzt. Ähnlich fallen die Werte bei diesem Vergleich in Bulgarien aus.

Die im akzeptablen Bereich befindlichen Trennschärfe-Indices deuten auf zwei homogene Skalen, die das gemessene Konstrukt sowohl in Deutschland als auch in Bulgarien gut repräsentieren. Ein Vergleich der Itemanalysewerte zwischen Pilot- und Hauptuntersuchung befindet sich im Anhang A (Tabelle A.3 für Deutschland und Tabelle A.4 für Bulgarien).

Beide Unterskalen zeigen eine sehr gute interne Konsistenz, die bei der Skala „Selbstkonzept phonemanalytische Kompetenz" nach Hinzufügen weiterer Items besonders positiv ausgeprägt ist. Die Alpha-Koeffizienten für diese Skala steigen für Bulgarien von .77 auf .81, für Deutschland von .62 auf .77. Für beide Länder zusammen erhöhten sie sich von .71 auf .81. Der Itemausschluss bei der Skala „Selbstkonzept Lesekompetenz" führte zu einer geringen Absenkung der Alpha-Werte in Deutschland (von .90 auf .83), die sich damit noch immer weit über den gewünschten Grenzen bewegen. In Bulgarien bleibt die interne Konsistenz im Vergleich zur Pilotuntersuchung unverändert.

Zusammengefasst zeigen die hier vorgestellten Analysen sowohl im Rahmen der Pilot- als auch der Hauptuntersuchung, dass die Selbstkonzeptskala SkLk-1 angemessene psychometrische Eigenschaften aufweist.

5.2.3   „Der Rundgang durch Hörhausen" (RDH)

Im Gegensatz zur Pilotuntersuchung wurde der Test RDH in der Hauptuntersuchung zu allen drei Messzeitpunkten in Bulgarien sowie in Deutschland vollständig durchgeführt. Kritisch anzumerken bei der Pilotuntersuchung war die

Reihenfolge der Aufgaben jeweiliger Unterskalen. Das auszuschließende Beispiel bei Aufgaben 7, 8 und 9 wurde in der Hauptuntersuchung, wie im deutschen Originaltest, platzabwechselnd innerhalb der jeweiligen Skala und nicht
immer als letztes platziert (wie in der Pilotuntersuchung bei der bulgarischen
Variante). Geändert wurden außerdem einzelne Beispiele, die ungünstige statistische Werte in der Pilotuntersuchung verursacht haben.

5.2.3.1   Aufgabenanalyse

Der Schwierigkeitsindex wurde zum Schulanfang, zum Schulhalbjahr und zum
Schuljahresende der ersten Klasse in den beiden Ländern berechnet.

Tabelle 57: Schwierigkeits- und Trennschärfe-Indices für den Test RDH zu allen
drei Messzeitpunkten für Bulgarien

Bereich	Untertest	Aufgaben	1. MZP	Mittelwert	2. MZP	Mittelwert	3. MZP	Mittelwert	1. MZP	2. MZP	3. MZP
					Schwierigkeit					Trennschärfe	
Phonologische Bewusstheit im weiteren Sinn	Silben segmentieren (Aufg. 1)	Лъв	.55	.83	.90	.97	100	100	.04	.31	-
		Крокодил	.88		.97		100		.56	.43	-
		Зебра	.89		.97		100		.66	.65	-
		Камила	.83		.97		100		.44	.54	-
		Слон	.60		.90		100		.17	.25	-
		Папагал	.89		.98		100		.57	.64	-
		Тигър	.79		.97		100		.58	.65	-
		Бръмбар	.85		.98		100		.62	.64	-
	Silben zusammensetzen (Aufg. 2)	Заек/Пиле - За-ле	.16	.12	.69	.60	.81	.75	.80	.44	.45
		Заек/Пиле - Пи-ек	.15		.64		.76		.79	.33	.44
		Зебра/Пудел -	-		-		-		-	-	-
		Зеб-дел	.16		.46		.70		.85	.50	.51
		Зебра/Пудел - Пу-ра	.13		.54		.72		.89	.55	.52
		Коза/Тигър - Ко-гър	.08		.40		.64		.41	.48	.53
		Коза/Тигър - Ти-за	.05		.74		.91		.37	.36	.28
		Бухал/Муха - Бу-ха	.12		.73		.83		.68	.48	.47
		Бухал/Муха - Му-хал	.13		.56		.75		.68	.49	.49

		Test RDH	Schwierigkeit						Trennschärfe		
Phonologische Bewusstheit im weiteren Sinn	Endreim erkennen (Aufg. 9)	Биберон. камион. (брада). панталон.	.51	.57	.81	.81	.97	.92	.57	.44	.32
		Четка. топка. шапка. (крак)	.75		.88		.94		.66	.21	.52
		(Заек). кана. вана. маймуна.	.53		.71		.85		.55	.41	.67
		Ножица. (фъстък). вилица. лъжица.	.68		.88		.97		.67	.29	.43
		Бръмбар. куфар. светофар. (риба)	.56		.56		.82		.65	.30	.60
		Гъба. (куче). риба. баба.	.53		.79		.85		.75	.15	.71
		Врата. чанта. (сърце) порта.	.58		.87		.92		.78	.45	.63
		(Сладкиш). лупа. купа. супа.	.53		.91		.92		.79	.38	.27
Phonologische Bewusstheit im engeren Sinn	Anlaute / Endlaute (Aufg. 7) / (Aufg. 8)	Ваза. вана. (ябълка) врата.	.93	.90	.97	.92	100	.98	.65	.45	-
		Слънце. (порта) салам. сладолед.	.91		.97		100		.58	.37	-
		(Клон). портокал. пакет. палма.	.82		.96		100		.44	.47	-
		Нож. нота. нос. (луна)	.95		100		100		.42	-	-
		Облак. крак. (сърце). чук.	.83		.92		100		.60	.28	-
		(Лист). шише. грозде. плодове.	.68		.91		.94		.53	.65	.66
		Палто. (пиле). гнездо. ухо.	.75		.83		.97		.62	.58	.80
		Клон. слон. телефон. (круша)	.88		.89		.99		.33	.65	.63
	Phonemanalyse (Aufg. 3)	Око	.89	.74	.99	.96	100	.98	.49	.59	-
		Нос	.92		.98		100		.53	.77	-
		Ваза	.83		.97		.98		.59	.84	.61
		Вълк	.58		.82		.99		.38	.49	.85
		Кофа	.81		.98		100		.64	.82	.80
		Пират	.67		.96		.98		.70	.62	.85
		Палма	.64		.90		.99		.77	.75	.67
		Телефон	.56		.87		.97		.68	.64	-

Test RDH		Schwierigkeit						Trennschärfe		
	Ил	.88	.54	.97	.89	100	.97	.53	.55	-
	Ли	.51		.89		.93		.50	.41	.33
	Ике	.72		.94		.99		.70	.53	.49
Lautsynthese mit Umkehraufgabe (4)	Еки	.37		.50		.59		.63	.31	.30
	Над	.71		.96		.99		.76	.41	.49
	Дан	.49		.58		.80		.75	.51	.39
	Пане	.57		.89		.97		.76	.51	.50
	Енап	.17		.26		.66		.44	.36	.37

Als leichtester Untertest zum Schulanfang (1. MZP) erwies sich für Bulgarien „Anlaute/Endlaute" (Mittelwertert – .90), für Deutschland galt das für „Endreime erkennen" (Mittelwertert – .82). Erwartungsgemäß auch als leicht zeigte sich der Untertest „Silben segmentieren" (Mittelwertert für Bulgarien – .83, für Deutschland – .79). Alle weiteren Untertests erbrachten Mittelwerte der Schwierigkeitsindices innerhalb der gewünschten Grenze zwischen .20 und .80. Extreme Werte (in Bulgarien .12 und in Deutschland .10) erbrachte der Untertest „Silben zusammensetzen" und somit galt er als besonders schwierig. Beim zweiten und beim dritten Messzeitpunkt stiegen erwartungsgemäß alle Schwierigkeitsindices. Der schwierigste Untertest „Silben zusammensetzen" zeigte auch beim dritten Messzeitpunkt in Bulgarien und in Deutschland noch immer Werte unter .80.

Die Ergebnisse pro Untertest und separat für jeden Untertest „Phonologische Bewusstheit im weiteren Sinn" (WS) und „Phonologische Bewusstheit im engeren Sinn" (ES) sind in Tabelle 57 für Bulgarien und Tabelle 58 für Deutschland wiedergegeben. Ebenso sind dort auch die Aufgabentrennschärfen dargestellt. Zu allen drei Messzeitpunkten zeigten die Untertests mittlere bis niedrige bzw. mittlere bis hohe Trennschärfen.

Tabelle 58: Schwierigkeits- und Trennschärfe-Indices für Test RDH zu allen drei Messzeitpunkten für Deutschland

Bereich	Untertest	Aufgaben	1. MZP	Mittelwert	2. MZP	Mittelwert	3. MZP	Mittelwert	1. MZP	2. MZP	3. MZP
					Schwierigkeit				Trennschärfe		
Phonologische Bewusstheit im weiteren Sinn	Silben segmentieren (Aufg. 1)	Fisch	.60	.79	.81	.92	.93	.96	.32	.34	.64
		Krokodil	.90		.96		.96		.43	.10	.65
		Biene	.77		.92		.96		.62	.32	.48
		Elefant	.92		.96		.96		.41	.30	.65
		Gans	.60		.70		.95		.21	.28	.56
		Papagei	.88		.96		.97		.32	.23	.60
		Nilpferd	.79		.96		.99		.61	.43	.73
		Käfer	.75		.93		.97		.60	.49	-.05
	Silben zusammensetzen (Aufg. 2)	Nashorn/Tiger – Nas-ger	.09	.10	.36	.37	.59	.65	.73	.56	.25
		Nashorn/Tiger – Ti-horn	.15		.57		.78		.88	.50	.18
		Eule/Fliege – Eu-ge	.11		.41		.67		.79	.59	.58
		Eule/Fliege – Flie-le	.05		.36		.56		.76	.70	.63
		Hase/Vogel – Ha-gel	.11		.36		.67		.90	.66	.63
		Hase/Vogel – Vo-se	.09		.38		.73		.88	.65	.59
		Löwe/Zebra – Lö-bra	.09		.29		.65		.87	.73	.63
		Löwe/Zebra – Ze-we	.09		.25		.64		.89	.77	.43
	Endreim erkennen (Aufg. 9)	Nase-Vase-(Hand)-Hase	.92	.82	.96	.88	100	.95	.49	.13	-
		Taube-Traube-Schraube-(Schrank)	.89		.89		.96		.57	.40	.68
		(Tafel)-Masche-Flasche-Tasche	.77		.88		.96		.55	.21	.61
		Gabel-(Gans)-Schnabel-Nabel	.75		.82		.93		.74	.44	.63
		Kanne-Tanne-Wanne-(Wolke)	.90		.96		.97		.63	.13	.76
		Wurm-(Tulpe)-Sturm-Turm	.77		.92		.95		.71	.38	.79
		Uhr-Spur-(Schnuller)-Schnur	.82		.85		.95		.51	.40	.65
		(Ball)-Stein-Wein-Bein	.74		.84		.90		.52	.55	.37

			Test RDH		Schwierigkeit				Trennschärfe		
Phonologische Bewusstheit im engeren Sinn	Anlaute / Endlaute (Aufg. 7) / (Aufg. 8)	Hammer-Herz-(Kuchen)-Hund	.61	.67	.95	.90	.96	.97	.29	.34	.52
		Kirche-(Fisch)-Koffer-Käfer	.78		.90		.96		.38	.30	.26
		(Tor)-Sonne-Sieb-Sand	.70		.93		.96		.51	.17	.52
		Ast-Apfel-Arm-(Laster)	.69		.93		.99		.54	.31	.31
		Glas-Eis-(Gurke)-Fuß	.65		.92		.99		.51	.34	.31
		(Blume)-Brei-Polizei-Papagei	.62		.70		.92		.42	.11	.16
		Kerze-(Wurm)-Schere-Zange	.65		.86		.97		.33	.38	.20
		Post-Ast-Obst-(Tür)	.70		.89		100		.51	.42	-
	Phonemanalyse (Aufg. 3)	A-s-t	.61	.30	.90	.82	100	.96	.57	.32	-
		Z-u-g	.45		.86		.96		.38	.53	.23
		N-a-s-e	.35		.82		.97		.78	.47	.45
		Z-e-l-t	.24		.82		.90		.74	.64	.60
		S-o-f-a	.42		.85		.98		.80	.62	.09
		P-i-r-a-t	.26		.72		.94		.74	.73	.39
		P-a-l-m-e	.17		.65		.94		.72	.78	.53
		T-e-l-e-f-o-n	.10		.48		.81		.59	.52	.57
	Lautsynthese mit Umkehraufgabe (4)	IL	.73	.26	.97	.63	100	.90	.47	.24	-
		LI	.39		.84		.97		.57	.38	.36
		IKE	.30		.77		.93		.67	.48	.40
		EKI	.17		.36		.63		.50	.45	.50
		NAT	.26		.81		.97		.64	.41	.01
		TAN	.13		.43		.68		.57	.54	.54
		PANE	.17		.50		.90		.60	.68	.40
		ENAP	.04		.16		.47		.41	.44	.56

5.2.3.2 Testanalyse

5.2.3.2.1 Reliabilität

Interne Konsistenz

Die Testreliabilität für den Test RDH wurde erneut in der Hauptuntersuchung mit der Berechnung von Cronbachs Alpha bestimmt. Der Koeffizient lag für Bulgarien zum ersten Messzeitpunkt bei $\alpha = .93$, zum zweiten Messzeitpunkt bei $\alpha = .94$ (s. Tabelle 59), für Deutschland entsprechend bei $\alpha = .92$ zum ersten und $\alpha = .89$ zum zweiten Messzeitpunkt (s. Tabelle 60).

Tabelle 59: Interne Konsistenz für den Test RDH zum ersten und zum zweiten Messzeitpunkt für Bulgarien

Bereich	Untertest	MZP 1			MZP 2		
Phonologische Bewusstheit (WS)	Silben segmentieren (Aufg. 1)	.77			.84		
	Silben zusammen-setzen (Aufg. 2)	.89	.88		.76	.85	
	Endreim erkennen (Aufg.9)	.89		.93	.63		.94
Phonologische Bewusstheit (ES)	Anlaute / Endlaute (Aufg. 7) / (Aufg. 8)	.81			.78		
	Phonemanalyse (Aufg. 3)	.86	.91		.91	.93	
	Lautsynthese mit Umkehraufgabe (Aufg. 4)	.87			.78		

Tabelle 60: Interne Konsistenz für den Test RDH zum ersten und zum zweiten Messzeitpunkt für Deutschland

Bereich	Untertest	MZP 1			MZP 2		
Phonologische Bewusstheit (WS)	Silben segmentieren (Aufg. 1)	.74			.66		
	Silben zusammen-setzen (Aufg. 2)	.96	.88		.88	.78	
	Endreim erkennen (Aufg. 9)	.85		.92	.61		.89
Phonologische Bewusstheit (ES)	Anlaute / Endlaute (Aufg. 7) / (Aufg. 8)	.74			.63		
	Phonemanalyse (Aufg. 3)	.89	.91		.83	.87	
	Lautsynthese mit Umkehraufgabe (Aufg. 4)	.83			.74		

Alle Werte sind im optimalen Bereich und liegen weit über der gewünschten Mindestgrenze. Ebenso sehr gute Werte erzielten sowohl in Bulgarien als auch in Deutschland der Untertest „Phonologische Bewusstheit im weiteren Sinn"

(WS) sowie der Untertest „Phonologische Bewusstheit im engeren Sinn"(ES). Der Untertest „Endreim erkennen" erbrachte, zum zweiten Messzeitpunkt, als einziger Werte unter .70 (in Bulgarien .63 und in Deutschland .61) und somit geringe Werte für die interne Konsistenz. Weitere statistische Kennzahlen sind in Tabelle 61 wiedergegeben.

Tabelle 61: Statistische Kennzahlen für den Test RDH pro Land pro Messzeit-punkt

Skala RDH	Anzahl der Items	Item Mittelwert	Item Minimum	Item Maximum	Skala Mittelwert	Skala SD	n
1. MZP Bulgarien	44	.66	.14	.95	28.89	8.73	75
1. MZP Deutschland	44	.56	.04	.93	24.59	8.16	71
2. MZP Bulgarien	44	.83	.27	.99	39.14	6.40	74
2. MZP Deutschland	44	.76	.16	.97	36.69	6.92	69

Tabelle 62: Interne Konsistenz für den Test RDH zum dritten Messzeitpunkt für Bulgarien

Bereich	Untertest	MZP 3		
Phonologische Bewusstheit (WS)	Silben segmentieren (Aufg. 1)	-	.83	.91
	Silben zusammensetzen (Aufg. 2)	.76		
	Endreim erkennen (Aufg. 9)	.80		
Phonologische Bewusstheit (ES)	Anlaute / Endlaute (Aufg. 7) / (Aufg. 8)	.84	.93	
	Phonemanalyse (Aufg. 3)	.91		
	Lautsynthese mit Umkehraufgabe (Aufg. 4)	.76		

Bei der Hauptuntersuchung wurde der Test RDH erstmalig auch am Schuljah-resende (3. MZP) durchgeführt. Die Tabellen 62 (für Bulgarien) und 63 (für Deutschland) zeigen, dass die Werte in den beiden Ländern sowohl für den

gesamten Test auch für die Tests beider Bereiche „Phonologische Bewusstheit
im weiteren Sinn" und „Phonologische Bewusstheit im engeren Sinn" im optimalen Bereich liegen. Weitere statistische Kennzahlen für den dritten Messzeitpunkt sind in Tabelle 64 dargestellt.

Tabelle 63: Interne Konsistenz für den Test RDH zum dritten Messzeitpunkt für
Deutschland

Bereich	Untertest	MZP 3		
Phonologische Bewusstheit (WS)	Silben segmentieren (Aufg.1)	.82	.81	.87
	Silben zusammensetzen (Aufg.2)	.78		
	Endreim erkennen (Aufg.9)	.90		
Phonologische Bewusstheit (ES)	Anlaute / Endlaute (Aufg.7) / (Aufg.8)	.58	.81	
	Phonemanalyse (Aufg.3)	.70		
	Lautsynthese mit Umkehrauf-gabe (Aufg.4)	.67		

Tabelle 64: Statistische Kennzahlen für den Test RDH pro Land zum dritten
Messzeitpunkt

Skala RDH	Anzahl der Items	Item Mittelwert	Item Minimum	Item Maximum	Skala Mittelwert	Skala SD	n
3. MZP Bulgarien	44	.88	.59	.99	27.34	4.04	73
3. MZP Deutschland	44	.89	.49	.99	37.37	4.34	70

Test-Retest-Reliabilität

Der Retest der Versuchsdurchführung mit dem RDH zur Erhebung der Phonologischen Bewusstheit wurde am Schuljahresanfang, am Halbjahresende und am
Schuljahresende sowohl in Bulgarien als auch in Deutschland durchgeführt. Für
jedes Kind lagen mindestens fünf Monate Zeitabstand zwischen der ersten und
der zweiten sowie mindestens vier Monate zwischen der zweiten und der dritten Erhebung. Von den anfänglich zum ersten Erhebungszeitpunkt getesteten

Schülern (n = 153) nahmen 97 % (n = 149) an der zweiten Erhebung und auch an der dritten Erhebung teil. Zu den drei Zeitpunkten wurde dieselbe Skala mit den jeweiligen Untertests und Items bearbeitet.

Tabelle 65: Korrelationen des RDH-Tests und der Untertests zwischen erstem, zweitem und drittem Messzeitpunkt für Bulgarien

		1.MZP			2.MZP			3.MZP	
1.MZP	RDH	RDH	ES	WS	RDH	ES	WS	RDH	ES
	ES	.90**							
	WS	.87**	.56**						
2.MZP	RDH	.72**	.69**	.59**					
	ES	.65**	.66**	.48**	.92**				
	WS	.69**	.62**	.60**	.93**	.71**			
3.MZP	RDH	.65**	.69**	.46**	.75**	.80**	.75**		
	ES	.48**	.54**	.31**	.68**	.83**	.68**	.81**	
	WS	.63**	.65**	.46**	.64**	.61**	.64**	.92**	.52**

** auf dem Niveau von 0.01 signifikant
Anmerkungen: ES – Untertest Phonologische Bewusstheit im engeren Sinn; WS – Untertest Phonologische Bewusstheit im weiteren Sinn

Tabelle 66: Korrelationen des RDH-Tests und der Untertests zwischen erstem, zweitem und drittem Messzeitpunkt für Deutschland

		1.MZP			2.MZP			3.MZP	
1.MZP	RDH	RDH	ES	WS	RDH	ES	WS	RDH	ES
	ES	.91**							
	WS	.85**	.56**						
2.MZP	RDH	.72**	.71**	.54**					
	ES	.64**	.67**	.42**	.92**				
	WS	.67**	.62**	.56**	.89**	.63**			
3.MZP	RDH	.58**	.58**	.42**	.76**	.77**	.59**		
	ES	.47**	.46**	.34**	.62**	.68**	.43**	.85**	
	WS	.55**	.55**	.40**	.71**	.68**	.59**	.91**	.56**

** auf dem Niveau von 0.01 signifikant
Anmerkungen: ES – Untertest Phonologische Bewusstheit im engeren Sinn; WS – Untertest Phonologische Bewusstheit im weiteren Sinn

Zur Ermittlung der Retest-Reliabilität wurden die Daten für den Gesamttest RDH und für die Untertests für beide Bereiche „Phonologische Bewusstheit im engeren Sinn" und „Phonologische Bewusstheit im weiteren Sinn" zu allen drei

Messzeitpunkten errechnet und miteinander verglichen. Für die Berechnung der Retest-Reliabilitäten wurde die Korrelationsanalyse mit Spearmans-Rho-Koeffizienten ermittelt. Die Retest-Reliabilitätskoeffizienten sind in Tabelle 65 für Bulgarien und Tabelle 66 für Deutschland dargestellt. Alle Koeffizienten sind hoch signifikant (p < .01).

5.2.3.2.2 Validität

Korreliert wurden der Test RDH und dessen Untertests, der Stolperwörter-Lesetest und seine ins Bulgarische adaptierte Variante, als Paralelltest für die deutsche Stichprobe ELFE 1-6, der ebenso wie STOLLE Lesekompetenz misst, sowie für die bulgarische Stichprobe die Lehrerbenotung im Lesen. Die erwartungsgemäß hoch signifikanten Werte sind in Tabelle 67 dargestellt.

Tabelle 67: Korrelationen zwischen RDH-Skalen und Stolperwörter-Lesetest, ELFE 1 - 6 (nur Deutschland) und Lehrerbenotung (nur Bulgarien)

| Korrelation nach Spearmans Rho | | 3.MZP | | | |
| | | Bulgarien | | Deutschland | |
		STOLLE	Lehrerbenotung	STOLLE	ELFE 1-6
1.MZP	RDH	.64**	.70**	.55**	.53**
	ES-Untertest	.66**	.76**	.52**	.52**
	WS-Untertest	.45**	.46**	.47**	.42**
2.MZP	RDH	.52**	.68**	.71**	.65**
	ES-Untertest	.46**	.63**	.62**	.55**
	WS-Untertest	.47**	.60**	.66**	.62**
3.MZP	RDH	.46**	.48**	.66**	.58**
	ES-Untertest	.34**	.48**	.58**	.53**
	WS-Untertest	.46**	.42**	.59**	.50**
	STOLLE	-	.62**	-	.87**

** auf dem Niveau von 0.01 signifikant
Anmerkungen: *ES*-Untertest - Phonologische Bewusstheit im engeren Sinn; *WS*-Untertest - Phonologische Bewusstheit im weiteren Sinn

5.2.3.3 Diskussion

Die leichtesten Untertests zum ersten Messzeitpunkt, ähnlich der Pilotuntersuchung, sind in der bulgarischen Stichprobe „Silben segmentieren" und „Anlaute/Endlaute erkennen", wobei der letzte überraschenderweise für die Kinder in der Hauptuntersuchung extrem leicht war (Mittelwert der Schwierigkeitsindices .90). Als schwierigste Untertests haben sich erwartungsgemäß „Silben zusammensetzen" und „Lautsynthese mit Umkehraufgabe" erwiesen.

Für die deutsche Stichprobe, ähnlich der Untersuchung von Martschinke, Kirschhok und Frank (vgl. Tabelle A.1, Anhang A) sind Untertests „Endreime erkennen" und „Silben segmentieren" die leichtesten. Der Untertest „Silben zusammensetzen" hat sich in dieser Stichprobe als besonders schwierig gezeigt (Mittelwert der Schwierigkeitsindices .10 im Vergleich zu .30 im Testbuch, s.o.). Auch zum dritten Messzeitpunkt bereitet dieser Untertest den Kindern beider Länder Probleme (Mittelwert der Schwierigkeitsindices in Bulgarien .75 und in Deutschland .65) und ist in der Lage, Kinder mit guten und Kinder mit schlechten Fähigkeiten in diesem Bereich zu trennen.

Auch in der Hauptuntersuchung zeigt sich die interessante Konstellation der Untertests „Endreime erkennen" und „Phonemanalyse": der Untertest „Endreime erkennen" erwies sich für die Probanden der deutschen Stichprobe als eher leicht zu lösen (Mittelwert der Schwierigkeitsindices .82) in der bulgarischen dagegen eher als schwierig (.57), für den Untertest „Phonemanalyse" ergibt sich ein gegensätzliches Bild (Mittelwert der Schwierigkeitsindices in Deutschland .30 und in Bulgarien .90). Das bestätigt die Annahme (vgl. Kapitel 4.2.5.3), dass diese Besonderheit unter anderem durch die verschiedenartige Förderung der Kinder beider Länder in der Vorschulzeit erklärt werden kann. Ein Vergleich mit den Angaben des Elternfragebogens zeigt, dass die Eltern in Bulgarien mit ihren eigenen Kindern häufiger Buchstaben und Wörter schreiben als die Eltern in Deutschland (50 Elternteile in Bulgarien gegenüber 25 in Deutschland), d.h. in Bulgarien werden zu Hause tendenziell eher Buchstaben eingeführt und Laute zugeordnet. Hinzu kommt die große Zahl (61 %) bulgarischer Kinder, die zum Zeitpunkt der Einschulung schon das gesamte Alphabet beherrschen. Das könnte die sehr guten Werte der bulgarischen Kinder bei der Aufgabe „Phonemanalyse" erklären. Als oft durchgeführte Tätigkeit benennen deutsche Eltern Wortspiele. Da der Anteil solcher Eltern in Deutschland (42) gegenüber Bulgarien (39) nicht gravierend höher liegt, können die Unterschiede für diese Ergebnisse nicht als erklärungstragend herangezogen werden. Als eine weitere Begründung könnte das Curriculum der vorschulischen Einrichtungen dienen. Diese Option zu untersuchen, war im Rahmen des vorliegenden Projekts infolge der großen Anzahl (41 in Bulgarien, 39 in Deutschland) der als besucht angegebenen Einrichtungen nicht möglich.

Eine weitere Erklärung für die großen Differenzen der Schwierigkeitsindices oben genannter Untertests in den beiden Ländern, könnte in der unterschiedlichen Sprachstruktur des Bulgarischen und Deutschen liegen. Als grundlegend für die Betrachtung rhythmischer Aspekte der jeweiligen Sprache gilt zunächst die Betonung der Einzelwörter. Deutsche Grundwörter werden in der Regel auf der ersten Silbe betont. Die moderne bulgarische Sprache kennt hingegen keine feste Akzentregel. Im Gegensatz zur deutschen Sprache werden die Wörter des bulgarischen Grundwortschatzes nicht auf einer bestimmten und auch nicht immer derselben Silbe betont. Das bedeutet, dass abhängig von den Flexionsformen (Deklination, Konjugation, Komparation) die Betonung dieser Wörter von einer Silbe auf eine andere wechseln kann, so genannte Freisetzung und Beweglichkeit der Wortbetonung (vgl. БАН, 1982). Der Wortakzent im Bulgarischen bestimmt im Unterschied zur deutschen Sprache auch die Semantik vieler Wörter, anders formuliert: Akzentunterschiede in der bulgarischen Sprache können bedeutungstragend sein. Diese Sprachunterschiede unterstützen das Reime-Erkennen der Deutschmuttersprachler und könnte deren gute Werte bei dieser Aufgabe erklären.

Nach den Erfahrungen der Pilotuntersuchung für die Hauptuntersuchung veränderte Aufgabenstruktur der bulgarischen Variante des Tests erwies sich als erfolgreich. Alle Aufgaben (abgesehen von wenigen Ausnahmen) zeigen zu allen drei Messzeitpunkten gute Trennschärfen, was auf eine gute Homogenität hindeutet. Es zeigt sich, dass die hier gestellten Aufgaben in der Lage sind, gut zwischen Kindern mit unterschiedlicher Ausprägung des untersuchten Merkmals zu differenzieren. Wie zu sehen, liegen in Bulgarien und in Deutschland alle Werte für die interne Konsistenz sowohl für den gesamten Test als auch für die Untertests weit über der gewünschten Grenze. Die Werte der deutschen Stichprobe zeigen darüber hinaus gute Übereinstimmung mit den Ergebnissen der Untersuchung von Martschinke, Kirschhok und Frank (2001); vgl. dazu Tabelle A.2 im Anhang A.

Die Test-Retest-Reliabilitätskoeffizienten besitzen hochsignifikante Werte und sind sowohl in Bulgarien als auch in Deutschland statistisch bedeutend. Über die drei Erhebungszeitpunkte schwächen sich die Werte ab, dennoch bleiben sie für die Gesamtskala bei Spearmans-Rho-Koeffizienten mindestens .58**. Der Vergleich mit der Pilotuntersuchung zeigt, dass die Werte der zweiten verbesserten bulgarischen Variante des Tests gleichfalls besser ausfallen. Während der Untertest „Phonologische Bewusstheit im weiteren Sinn" bei der Pilotuntersuchung keine signifikanten Retest-Werte aufwies (vgl. Tabelle 39),

sind bei der Hauptuntersuchung allein für diesen Untertest Koeffizienten ausschließlich auf dem Niveau von 0.01 signifikant.

Erwartungsgemäß signifikant sind die Korrelationswerte zwischen dem
Konstrukt Phonologische Bewusstheit und dem später gemessenen Kriterium
Lesekompetenz (als Leistungsindikatoren dienen die Werte des „Stolperwörter-
Lesetests" und von ELFE 1-6 für die deutsche Stichprobe). Für die bulgarische
Stichprobe wurde zu den Leistungswerten von STOLLE als landspezifische Methode die Lehrerbewertung mit einbezogen. Üblicherweise müssen die Lehrer
in Bulgarien am Ende des ersten Schuljahres eine zusammenfassende Bewer-
tung/Benotung über ihre Schüler im Klassenbuch eintragen. Die Lehrer wurden
gebeten, für die Ziele dieses Projekts auf einer fünfstufigen Skala (2 – schlecht,
3 – befriedigend, 4 – gut, 5 – sehr gut und 6 – ausgezeichnet) eine Bewertung
mit dem Schwerpunkt Lesen aufgrund üblicher Quellen der Leistungsbeurtei-
lung (mündliches Abfragen und Vorlese-Kontrollen) zu erstellen. Auch diese
Korrelation ergab hochsignifikante Werte. Das spricht in beiden Ländern für
eine gute Prognosekraft der Skala. Es zeigt sich folgender Zusammenhang: Je
besser die Werte eines Kindes beim RDH sind, desto wahrscheinlicher ist es,
dass es die Bedingungen für einen erfolgreichen Schriftspracherwerb erfüllt
bzw. gute Leistungen beim Lesen und Leseverstehen erzielt.

Zusammenfassend kann festgestellt werden, dass bei der Hauptuntersuchung der Originaltest RDH sowie seiner bulgarischen Variante angemessene
Testwerte zeigen und die Entwicklung bei den Kindern erfassen können.

5.2.4   Validität von „Selbstkonzept-Phonologische-Bewusstheit 1"
(SkPhB-1) und „Selbstkonzept-Lesekompetenz 1" (SkLk-1)

Um beurteilen zu können, wie gut die Selbstkonzeptskalen SkPhB-1 und SkLk-1
geeignet sind, tatsächlich das zu erfassen, was sie vorgeben, wurde bereits im
Rahmen der Pilotuntersuchung die Validität bestimmt (vgl. Kapitel 4.2.6). Im
Folgenden soll im Rahmen der Hauptuntersuchung erneut die Validität der
Skalen überprüft werden. Die Stichprobengröße ist bei dieser Analyse kleiner als
bei der Reliabilitätsanalyse. Zum dritten Zeitpunkt zeigte sich bei der Erhebung
der Phonologischen Bewusstheit, dass vier Kinder einige Aufgaben nicht lösen
konnten. Die Ergebnisse dieser Schülerinnen und Schüler stellten sich daher als
extreme Ausreißer in der Datei dar. Aus diesem Grund musste bei der Validitätsanalyse auf die Werte dieser Kinder verzichtet werden.

5.2.4.1   Kriteriumsvalidität

Um die Kriteriumsvalidität der Fragebögen prüfen zu können, wurden Korrelationen zunächst zwischen den Selbstkonzeptskalen SkPhB-1 und SkLk-1 und dem Verfahren zur Erhebung der Phonologischen Bewusstheit „Der Rundgang durch Hörhausen" (RDH) aufgestellt.

Tabelle 68: Kriteriumsvalidität: Korrelationen zwischen den Selbstkonzeptskalen SkPhB-1, SkLk-1 und dem Verfahren zur Erhebung der Phonologischen Bewusstheit (RDH) für Bulgarien

Bulgarien		1.MZP			2.MZP			3.MZP		
		RDH Ge-samt-skala	RDH Unterskalen		RDH Ge-samt-skala	RDH Unterskalen		RDH Ge-samt-skala	RDH Unterskalen	
			ES	WS		ES	WS		ES	WS
1.MZP	SK Ph.B (SkPhB-1)	.39** n=73	.41** n=73	.28* n=73	.41** n=72	.36** n=72	.39** n=72	.38** n=71	.21* n=71	.38** n=71
2.MZP	SK Ph.B (SkPhB-1)	.27* n=73	.29* n=73	.18 n=73	.42** n=73	.43** n=73	.39** n=73	.34** n=72	.22* n=72	.34** n=72
3.MZP	LSK (SkLk-1) Gesamt-skala	.38** n=73	.33* n=73	.33** n=73	.49** n=73	.44** n=73	.47** n=73	.33** n=73	.27* n=73	.30** n=73
	SK ph.K Unter-skala	.38** n=73	.32** n=73	.30* n=73	.43** n=73	.39** n=73	.41** n=73	.38** n=73	.33** n=73	.36** n=73
	SK Lk Unter-skala	.32** n=73	.28* n=73	.30* n=73	.46** n=73	.40** n=73	.44** n=73	.28* n=73	.22* n=73	.26* n=73

* auf dem Niveau von 0.05 signifikant; ** auf dem Niveau von 0.01 signifikant
Anmerkungen: *SK Ph.B* – Selbstkonzept Phonologische Bewusstheit; *LSK* – Leseselbstkonzept; *SK ph.K* – Unterskala „Selbstkonzept phonemanalytische Kompetenz"; *SK Lk* – Unterskala „Leseselbstkonzept"; *RDH* – Phonologische Bewusstheit, „Der Rundgang durch Hörhausen"; *ES* – Untertest Phonologische Bewusstheit im engeren Sinn, „Der Rundgang durch Hörhausen"; *WS* – Untertest Phonologische Bewusstheit im weiteren Sinn, „Der Rundgang durch Hörhausen".

Diese Berechnung war in der Hauptuntersuchung sowohl für Bulgarien als auch für Deutschland zu den drei Messzeitpunkten möglich. Hierzu wurde mit Hilfe des Rangkoeffizienten Spearmans Rho die Korrelation berechnet. Es ergaben sich für Bulgarien (vgl. Tabelle 68) zu allen drei Messzeitpunkten signifikante Korrelationen. Für Deutschland jedoch, wie aus Tabelle 69 zu ersehen ist, zeigten sich ebenso nicht signifikante Werte. Dabei lässt sich in Deutschland eine Tendenz zu höheren Korrelationswerten mit der Unterskala ES feststellen.

Tabelle 69: Kriteriumsvalidität: Korrelationen zwischen den Selbstkonzeptskalen SkPhB-1, SkLk-1 und dem Verfahren zur Erhebung der Phonologischen Bewusstheit (RDH) für Deutschland

Deutsch-land		1.MZP			2.MZP			3.MZP		
		RDH Ge-samt-skala	RDH Unterskalen		RDH Ge-samt-skala	RDH Unterskalen		RDH Ge-samt-skala	RDH Unterskalen	
			ES	WS		ES	WS		ES	WS
1.MZP	SK Ph.B (SkPkB-1)	.25* n=67	.30* n=67	.08 n=67	.14 n=65	.23* n=65	.00 n=65	.13 n=66	.15 n=66	.03 n=66
2.MZP	SK Ph.B (SkPhB-1)	.52** n=64	.56** n=64	.33** n=64	.31** n=65	.36** n=65	.19 n=65	.43** n=65	.37** n=65	.36** n=65
3.MZP	LSK (SkLk-1) Gesamt-skala	.33** n=65	.40** n=65	.08 n=65	.26* n=65	.25* n=65	.23* n=65	.20 n=66	.22* n=66	.08 n=66
3.MZP	SK ph.K Unter-skala	.31** n=65	.37** n=65	.06 n=65	.22* n=65	.25* n=65	.17 n=65	.22* n=66	.24* n=66	.11 n=66
3.MZP	SK Lk Unter-skala	.31** n=65	.37** n=65	.09 n=65	.24* n=65	.22* n=65	.23* n=65	.15 n=66	.14 n=66	.06 n=66

* auf dem Niveau von 0.05 signifikant; ** auf dem Niveau von 0.01 signifikant

Anmerkungen: SK Ph.B – Selbstkonzept Phonologische Bewusstheit; *LSK* – Leseselbstkonzept; *SK ph.K* – Unterskala „Selbstkonzept phonemanalytische Kompetenz"; *SK Lk* – Unterskala „Leseselbstkonzept"; *RDH* – Phonologische Bewusstheit, „Der Rundgang durch Hörhausen"; *ES* – Untertest Phonologische Bewusstheit im engeren Sinn, „Der Rundgang durch Hörhausen"; *WS* – Untertest Phonologische Bewusstheit im weiteren Sinn, „Der Rundgang durch Hörhausen".

Anschließend wurde die Korrelationsanalyse für die Gesamtstichprobe (beide Länder zusammen) (vgl. Tabelle 70) durchgeführt. Es zeigten sich durchgängig statistisch bedeutsame Zusammenhänge. Ausgenommen die bescheidene Korrelationen zum ersten Messzeitpunkt mit der Skala WS, was ein Hinweis darauf sein könnte, dass die Skala zu diesem Erhebungszeitpunkt eher die Phonologische Bewusstheit im engeren Sinne gemessen hat, sind alle andere Werte auf dem Niveau von 0.01 signifikant.

Tabelle 70: Kriteriumsvalidität: Korrelationen zwischen Selbstkonzeptskalen SkPhB-1, SkLk-1 und dem Verfahren zur Erhebung der Phonologischen Bewusstheit (RDH) für die Gesamtstichprobe

Gesamt-stichprobe	1.MZP			2.MZP			3.MZP		
	RDH Gesamt-skala	RDH Unterskalen		RDH Gesamt-skala	RDH Unterskalen		RDH Gesamt-skala	RDH Unterskalen	
		ES	WS		ES	WS		ES	WS
1.MZP — SK Ph.B (SkPhB-1)	.33** n=140	.40** n=140	.13 n=140	.30** n=137	.34** n=137	.21** n=137	.28** n=137	.21** n=137	.23** n=137
2.MZP — SK Ph.B (SkPhB-1)	.46** n=137	.55** n=137	.13 n=137	.47** n=138	.50** n=138	.36** n=138	.42** n=137	.34** n=137	.38** n=137
3.MZP — LSK (SkLk-1) Gesamt-skala	.39** n=138	.46** n=138	.12 n=138	.45** n=138	.44** n=138	.38** n=138	.31** n=139	.28** n=139	.23** n=139
3.MZP — SK ph.K Unter-skala	.39** n=138	.47** n=138	.13 n=138	.42** n=138	.43** n=138	.36** n=138	.35** n=139	.34** n=139	.28** n=139
3.MZP — SK Lk Unter-skala	.34** n=138	.41** n=138	.11 n=138	.41** n=138	.40** n=138	.35** n=138	.26** n=139	.23** n=139	.20* n=139

* auf dem Niveau von 0.05 signifikant; ** auf dem Niveau von 0.01 signifikant
Anmerkungen: SK Ph.B – Selbstkonzept Phonologische Bewusstheit; LSK – Leseselbstkonzept; SK ph.K – Unterskala „Selbstkonzept phonemanalytische Kompetenz"; SK Lk – Unterskala „Leseselbstkonzept"; RDH – Phonologische Bewusstheit, „Der Rundgang durch Hörhausen"; ES – Untertest Phonologische Bewusstheit im engeren Sinn, „Der Rundgang durch Hörhausen"; WS – Untertest Phonologische Bewusstheit im weiteren Sinn, „Der Rundgang durch Hörhausen".

In einem weiteren Schritt wurde der Zusammenhang zwischen den Selbstkonzeptskalen und den Leseleistungstests untersucht. Statistisch bedeutsame Werte haben sich nur in Deutschland zum zweiten Messzeitpunkt ergeben: mit
STOLLE in Höhe von .34 und mit ELFE 1-6 in Höhe von .29. Beide Werte sind
auf dem Niveau von 0.01 signifikant. Schließlich sind alle berechneten Beziehungen zwischen den Selbstkonzeptskalen und den Leistungsindikatoren in
Tabelle 71 für Bulgarien und in Tabelle 72 für Deutschland dargelegt. Zur besseren Anschaulichkeit sind die Werte zwischen Selbstkonzept und Leistung nur zu
dem jeweiligen Messzeitpunkt aufgeführt worden.

Tabelle 71: Korrelationen zwischen Selbstkonzeptskalen SkPhB-1 und SkLk-1
und Leistungsindikatoren zu den drei Messzeitpunkten für Bulgarien

BG	Selbstkonzept					Leistungstests			
Leis-tungs-indikator	SK Ph.B 1.MZP	SK Ph.B 2.MZP	LSK Gesamt-skala 3.MZP	SK ph.K Unter-skala 3.MZP	SK Lk Unter-skala 3.MZP	RDH 1.MZP	RDH 2.MZP	RDH 3.MZP	STOLLE 3.MZP
RDH 1.MZP	.39** n=73								
RDH 2.MZP		.42** n=73							
RDH 3.MZP			.33** n=73	.38** n=73	.28* n=73				
STOLLE 3.MZP			.12 n=89	.15 n=89	.08 n=89	.64** n=73	.52** n=73	.46** n=73	
Lehrer-benotung 3.MZP			.38** n=89	.36** n=89	.33** n=89	.70** n=73	.68** n=73	.48** n=73	.62** n=89

* auf dem Niveau von 0.05 signifikant; ** auf dem Niveau von 0.01 signifikant
Anmerkungen: SK Ph.B – Selbstkonzept Phonologische Bewusstheit; *LSK* – Leseselbstkonzept;*SK ph.K* – Unterskala „Selbstkonzept phonemanalytische Kompetenz";
SK Lk – Unterskala „Leseselbstkonzept";*RDH* – Phonologische Bewusstheit, „Der Rundgang durch Hörhausen"; *STOLLE* – „Stolperwörter-Lesetest".

Fast alle Beziehungen zwischen Leistung und Selbstkonzept in Bulgarien (vgl.
Tabelle 71) erwiesen sich als statistisch bedeutsam. Bei einer genaueren Betrachtung wird deutlich, dass die zum dritten Messzeitpunkt erhobene Kompetenz in Phonologischer Bewusstheit erwartungsgemäß stärker mit der Unterskala „Selbstkonzept phonologische Kompetenz" (.38**) als mit der Unterskala
„Selbstkonzept Lesekompetenz" (.28*) korreliert. Nach demselben Schema

aber fallen ebenso die Werte mit STOLLE auf. Erwartungsgemäß sollte der Lesetest stärker mit der Unterskala „Selbstkonzept Lesekompetenz" korrelieren. Die
anschließend durchgeführte Korrelation zwischen STOLLE und den beiden direkt
auf diesen Leistungstest bezogenen Items der Selbstkonzeptskala SkLk-1 (Item
11 und Item 12) ergab einen Koeffizienten, der mit .16 zwar relativ gering ist,
jedoch eine eher stärkere Beziehung zur Unterskala „Selbstkonzept Lesekompetenz" als zur Unterskala „Selbstkonzept phonologische Kompetenz" andeutet.
Allerdings hat dieser Wert keine statistische Bedeutsamkeit.

Tabelle 72: Korrelationen zwischen Leseselbstkonzeptskalen SkPhB-1 und
SkLk-1 und Leistungsindikatoren zu den drei Messzeitpunkten für
Deutschland

DE	Selbstkonzept					Leistungstests			
Leis-tungs-tests	SK Ph.B 1.MZP	SK Ph.B 2.MZP	LSK Gesamt-skala 3.MZP	SK ph.K Uter-skala 3.MZP	SK Lk Unter-skala 3.MZP	RDH 1.MZP	RDH 2.MZP	RDH 3.MZP	STOLLE 3.MZP
RDH 1.MZP	.25* n=67								
RDH 2.MZP		.31** n=65							
RDH 3.MZP			.20 n=66	.22* n=66	.15 n=66				
STOLLE 3.MZP			.17 n=76	.09 n=76	.16 n=76	.55** n=65	.68** n=65	.63** n=66	
ELFE 1-6 3.MZP			.16 n=76	.10 n=76	.15 n=76	.52** n=65	.61** n=65	.54** n=66	.87** n=76

* auf dem Niveau von 0.05 signifikant; ** auf dem Niveau von 0.01 signifikant
Anmerkungen: SK Ph.B – Selbstkonzept Phonologische Bewusstheit; LSK – Leseselbstkonzept; SK ph.K – Unterskala „Selbstkonzept phonemanalytische Kompetenz"; SK Lk –
Unterskala „Leseselbstkonzept"; RDH – Phonologische Bewusstheit, „Der Rundgang
durch Hörhausen"; STOLLE – „Stolperwörter-Lesetest".

In Deutschland zeigten sich signifikante Korrelationen zwischen den Selbstkonzeptskalen und dem Außenkriterium RDH zu den ersten beiden Messzeitpunkten. Zum dritten Messzeitpunkt ergab die Analyse statistisch bedeutsame Korrelation nur mit der Unterskala „Selbstkonzept phonologische Kompetenz"
(.22*). Wie erwünscht, ist dieser Zusammenhang höher als mit der Unterskala
„Selbstkonzept Lesekompetenz" (.15). Auch wenn die Zusammenhänge mit den

Außenkriterien, die die Lesekompetenz messen, erwartungsgemäß gelingen, d.h. die Lesekompetenztests (STOLLE und ELFE 1-6) korrelieren höher mit der Unterskala „Selbstkonzept Lesekompetenz" als mit der Unterskala „Selbstkonzept phonologische Kompetenz", ließen sich keine statistisch bedeutsamen Werte feststellen. Vier Items (Item 11 bis 14) der Skala SkLk-1 mit einem anzunehmenden direkten Bezug zu STOLLE wurden anschließend separat mit dem Test korreliert. Der resultierende Korrelationskoeffizient ist mit seinem Wert von .22* auf dem Niveau von 0.05 signifikant und erwartungsgemäß einzuordnen.

5.2.4.2   Konstruktvalidität

Zur Ermittlung der Konstruktvalidität wurden zwei der Harter-Selbstkonzeptskalen herangezogen.

Tabelle 73: Konvergente und diskriminante Validität: Korrelationen zwischen den Leseselbstkonzeptskalen SkPhB-1, SkLk-1 und den Selbstkonzeptskalen „Kognitive Kompetenz" und „Sportkompetenz für beide Länder zusammen

| | 1.MZP | 2.MZP | 3.MZP | | |
| | SK Ph.B (SkPhB-1) | SK Ph.B (SkPhB-1) | LSK (SkLk-1) | | |
			LSK 3 Gesamtskala	SK ph.K Unterskala	SK Lk Unterskala
KK (1.MZP)	.36**	.31**	.36**	.24**	.39**
n	168	165	164	164	164
SK (1.MZP)	.23**	.06	.14	.05	.18*
n	168	165	164	164	164

* auf dem Niveau von 0.05 signifikant; ** auf dem Niveau von 0.01 signifikant
Anmerkungen: SK Ph.B – Selbstkonzept Phonologische Bewusstheit; *LSK* – Leseselbstkonzept; *SK ph.K* – Unterskala „Selbstkonzept phonemanalytische Kompetenz"; *SK Lk* – Unterskala „Selbstkonzept Lesekompetenz"; *KK* – Selbstkonzeptskala von Harter, Unterskala „Kognitive Kompetenz"; *SK* – Selbstkonzeptskala von Harter, Unterskala „Sportkompetenz".

Um sowohl die konvergente wie auch die diskriminante Validität zu ermitteln, wurden die Skalen „Kognitive Kompetenz" und „Sportkompetenz" eingesetzt. Dabei erhebt "Kognitive Kompetenz" ein dem Leseselbstkonzept ähnliches, jedoch nicht identisches, die Skala „Sportkompetenz" ein sich vom Leseselbstkonzept weitgehend unterscheidendes Konstrukt. Demzufolge konnte mit relativ hohen Zusammenhängen zwischen den Leseselbstkonzeptskalen und der Skala „Kognitive Kompetenz" und mit geringeren Korrelationen zur Skala „Sportkompetenz" gerechnet werden. Die Berechnungen bestätigten diese Erwartungen (s. Tabelle 73): signifikante Korrelationen zwischen allen Selbstkonzeptskalen und der Skala „Kognitive Kompetenz" zu allen Messzeitpunkten, nur zwei signifikante Korrelationskoeffizienten mit der Skala „Sportkompetenz" und auf erwartungsgemäß niedrigerem Niveau.

Tabelle 74: Konvergente und diskriminante Validität (alle Korrelationswerte incl.)

		1.MZP	2.MZP	3.MZP			
		SK Ph.B (SkPhB-1)	SK Ph.B (SkPhB-1)	LSK (SkLk-1)			KK
				LSK Gesamt-skala	SK ph.K Unter-skala	SK Lk Unter-skala	
2.MZP	SK Ph.B (SkPhB-1)	.50** n=164					
3.MZP	LSK (SkLk-1) Gesamtskala	.39** n=163	.51** n=163				
3.MZP	SK ph.K (SkLk-1) Unterskala	.39** n=163	.49** n=163	.89** n=165			
	SK Lk (SkLk-1) Unterskala	.35** n=163	.47** n=163	.97** n=165	.76** n=165		
1.MZP	KK	.36** n=168	.31** n=165	.36** n=164	.24** n=164	.39** n=164	
	SK	.23** n=168	.06 n=165	.14 n=164	.05 n=164	.18* n=164	.45** n=169

* auf dem Niveau von 0.05 signifikant; ** auf dem Niveau von 0.01 signifikant

Anmerkungen: SK Ph.B – Selbstkonzept Phonologische Bewusstheit; *LSK* – Leseselbstkonzept; *SK ph.K* – Unterskala „Selbstkonzept phonemanalytische Kompetenz"; *SK Lk* – Unterskala „Selbstkonzept Lesekompetenz"; *KK* – Selbstkonzeptskala von Harter, Unterskala „Kognitive Kompetenz"; *SK* – Selbstkonzeptskala von Harter, Unterskala „Sportkompetenz".

Wie Tabelle 74 zeigt, korrelieren erwartungsgemäß alle Leseselbstkonzept-skalen untereinander höher als mit der Skala „Kognitive Kompetenz". Mit der Skala „Sportkompetenz" ergab sich noch geringere oder gar keine Korrelation.

5.2.4.3 Diskussion

Die Prüfung der Kriteriumsvalidität für die Gesamtstichprobe zeigte durchgängig signifikante Zusammenhänge der Selbstkonzeptskalen SkPhB-1 und SkLk-1 mit dem gemessenen Leistungskonstrukt über die Phonologische Bewusstheit. Die Kriteriumsvalidität für Bulgarien ergab zwischen den Skalen SkPhB-1 und SkLk-1 und dem Verfahren zur Erhebung der Phonologischen Bewusstheit „Der Rund-gang durch Hörhausen" zu allen drei Messzeitpunkten signifikante Werte. Die in Deutschland festgestellte leichte Tendenz zu höheren Korrelationswerten mit der Unterskala ES könnte ein Hinweis dafür sein, dass die Skalen in diesem Land eher die Kompetenz in nur einem Bereich (Phonologische Bewusstheit im enge-ren Sinn) erheben. Diese Tendenz war für die Gesamtstichprobe nur zum ersten Messzeitpunkt ersichtlich. Die Beziehungen zu den Lesetests, die als weitere Außenkriterien dienen, waren eher gering, statistisch bedeutsame Werte erga-ben sich nur für Deutschland und das nur zum zweiten Messzeitpunkt. Die Er-gebnisse sprechen dafür, dass mit den Leseleistungen nur diejenigen Items der Unterskala „Selbstkonzept Lesekompetenz" zur Skala SkLk-1 tatsächlich korre-lieren, die einen direkten Bezug zum Lesetest STOLLE voraussetzen lassen (Item 11: „Ich kann schnell herausfinden, wenn ein Wort nicht in den Satz passt."; Item 12: „Ich kann schnell lesen."; Item 13: „Wenn ich ein Wort lese, weiß ich, was damit gemeint ist."; Item 14: „Wenn ich einen Satz lese, merke ich meistens schnell, ob ein Wort fehlt."). Darüber hinaus war dieser statistisch bedeutsame Zusammenhang nur in Deutschland festzustellen. Die Unterskala „Selbstkonzept Lesekompetenz" zeigt demnach nur relativ geringfügige Bezie-hungen zur tatsächlichen Leseleistung.

Die Korrelationskoeffizienten der Selbstkonzeptskalen mit den Leistungs-tests bestätigten zum dritten Messzeitpunkt die erwarteten Zusammenhänge: Das Verfahren zur Erhebung der Phonologischen Bewusstheit korrelierte höher mit der Unterskala „Selbstkonzept Phonologische Bewusstheit" als mit der Un-terskala „Selbstkonzept Lesekompetenz". Entsprechend korrelierten beide Le-sekompetenztests stärker mit der Unterskala „Selbstkonzept Lesekompetenz" als mit der Unterskala „Selbstkonzept Phonologische Bewusstheit". Als kritisch

erwiesen sich jedoch die unerwartet relativ niedrigen Korrelationen der Leseleistungstests zur Unterskala „Selbstkonzept Lesekompetenz".

Zum dritten Messzeitpunkt liegt in Bulgarien das Lehrerurteil erwartungsgemäß dicht an den von den Kindern erbrachten Testergebnissen, es zeigt auch
sinifikante Korrelationen mit den Selbsteinschätzungen der Kinder. Die Ergebnisse zeigen auch, dass zum dritten Messzeitpunkt mehrere Kompetenzen die
vom Lehrer wahrgenommene Kinderkompetenz bilden und dass diese deutlich
mehr von anderen Kompetenzen (z. B. Lesekompetenz: Korrelation mit STOLLE
in der Höhe von .62**) als nur von der Phonologischen Bewusstheit (.48**)
geprägt wird. Es zeigt sich, dass im Laufe der ersten Klasse die Phonologische
Bewusstheit immer weniger eine Rolle spielt: auch die Korrelationen mit den
Leseleistungstests nehmen ab. Diese Tendenz ist ebenso in Deutschland ab dem
zweiten Messzeitpunkt festzustellen.

Im Rahmen der Validitätsüberprüfung wurde nach solchen Messdatenkorrelationen gesucht, die auf eine konvergente oder auch diskriminante Validität
des Konstrukts ‚Leseselbstkonzept' wie auch des Konstrukts ‚Selbstkonzept
Phonologische Bewusstheit' deuten. Die Konstruktvalidierung bestätigte die
erwarteten Beziehungen der Selbstkonzeptskalen zu dem herangezogenen
ähnlichen (das Selbstbild über kognitive Kompetenz) bzw. unähnlichen (das
Selbstbild über Sportkompetenz) psychologischen Konstrukt. Bei dem Vergleich
zu dem letztgenannten Konstrukt (Sportkompetenz) entstand darüber hinaus
ein Prozess im Sinne von Marshs internaler Referenz (s. z.B. Marsh & Hau,
2004). Von den Kindern wurde ein Vergleich gezogen, indem sie ihre eigene
Leistung in einem bestimmten Fach (hier Kompetenzbereich Lesen) mit ihren
persönlichen Leistungen in einem anderen Kompetenzbereich (hier Sportkompetenz) in Beziehung setzen. Das resultierte positive Selbstbewusstsein kann
Ergebnis dieses internen Vergleichsprozesses sein, auch wenn es den externen
Standards nicht entspricht. Als Fazit kann festgestellt werden, dass die durchgeführten Analysen darauf hinweisen, dass beide Selbstkonzeptskalen SkPhB-1
und SkLk-1 das Selbstkonzept über die Phonologische Bewusstheit erheben.

5.2.5   *Änderungsvalidität*

Im Folgenden werden die ermittelten Befunde der Änderungsvalidität darge-
stellt. Die zwei Komponenten dieses Kriteriums – die Sensibilität gegenüber der
Veränderung über die Zeit und die Sensibilität gegenüber unterschiedlichen
Lernbedingungen – werden erörtert. Unter Punkt 5.2.5.1.3 wird über den in der

vorliegenden Studie festgestellten Zusammenhang zwischen Selbstkonzept und Leistung über die Zeit berichtet.

5.2.5.1 Änderungsvalidität: Validität als Sensibilität gegenüber Veränderung über die Zeit

Im Folgenden werden die Befunde zur Ermittlung der Validität als Sensibilität gegenüber der Veränderung zu allen drei Messzeitpunkten in Bulgarien und in Deutschland dargestellt. Zunächst werden die Variablen, die längsschnittlich betrachtet wurden, und danach die Variablen, die nur zu einem Messzeitpunkt erhoben wurden, vorgestellt. Beschrieben werden hier nur die Variablen, die in den beiden Ländern deckungsgleich eingesetzt wurden.

5.2.5.1.1 Längsschnittlich untersuchte Variablen

Aufgrund der Untersuchungsergebnisse wurde eine Schätzung der Effektgrößen (die so genannte Ex-post-Bestimmung von Effektgrößen) ausgesuchter Variablen mit Hilfe der Prozedur Allgemeines Lineares Modell (ALM) durchgeführt. Nach Bortz und Döring (2006) liegt für die geprüfte Maßnahme ein kleiner Effekt bei erzieltem Wert über .10, ein mittlerer bei einem Wert über .25 und bei einem Wert über .40 ein großer Effekt vor. Für die vorliegende Untersuchung eignet sich ALM mit Messwiederholung, da so auch die Entwicklungsunterschiede der Kinder berücksichtigt werden. Die ALM-Prozedur wurde zunächst mit den Selbstkonzeptwerten und dann mit den Gesamtwerten (inklusive aller Aufgaben), die die Schüler beim Leistungstest „Der Rundgang durch Hörhausen" (RDH) erzielt haben, durchgeführt.

Selbstkonzept Phonologische Bewusstheit

Das ‚Selbstkonzept Phonologische Bewusstheit' verändert sich über das erste Schuljahr signifikant (F = 230.66, df = 1, p < .01). Der Effekt ist mit .58 als sehr hoch einzuschätzen. Die Veränderung der Werte des Selbstkonzepts über alle drei Messzeitpunkte hinweg ist statistisch signifikant. Diese Veränderung stellt sich in Deutschland und in Bulgarien unterschiedlich dar. Anschließend wurde ein t-Test durchgeführt, wobei bei dieser zweiten Testung erst eine Signifikanz auf dem Niveau <= .005 als hoch angenommen wurde. Auch bei verschärftem

Signifikanzniveau wegen doppelter Testung zeigte sich zu allen drei Messzeit-punkten der signifikante Unterschied zwischen den beiden Ländern: 1.MZP ((F = .338), t = 3.82, df = 170, p < .001), 2.MZP ((F = .108), t = 5.72, df = 167, p < .001) und 3.MZP ((F = 4.45), t_{het} = 4.89, df = 159,96, p < .001). Zu allen drei Messzeitpunkten bleibt der Mittelwert in Bulgarien (BG) höher als in Deutsch-land (DE) : (1.MZP: BG (M = 3.07, s = .43) und DE (M = 2.82, s = .48)), (2.MZP: BG (M = 3.56, s = .47) und DE (M = 3.16, s = .44)), (3.MZP: BG (M = 3.72, s = .40) und DE (M = 3.42, s = .43)).
Die Gruppenmittelwerte sind in Abbildung 5 dargestellt.

In Abbildung 5 (auf der nächsten Seite) sind die Entwicklungsgrafiken zum ‚Selbstkonzept Phonologische Bewusstheit' und zum Kompetenzbereich Phono-logische Bewusstheit nebeneinander zu ersehen.

Phonologische Bewusstheit

Auch die Phonologische Bewusstheit verändert sich über die Zeit signifikant (F = 739,46, df = 1, p < .01). Der Effekt ist hier mit .84 noch höher und daher als sehr hoch zu klassifizieren. Der Unterschied zwischen den beiden Ländern im Kompetenzbereich Phonologische Bewusstheit über den Zeitraum der Messun-gen hinweg ist statistisch signifikant.

Der anschließend durchgeführte t-Test zeigte auch bei Berücksichtigung doppelter Testung hochsignifikante Unterschiede zwischen den beiden Ländern zu den ersten beiden Messzeitpunkten: 1.MZP ((F = 1.15), t = 2.83, df = 144, p = 005) und 2.MZP ((F = 2.68), t = 3.10, df = 141, p < 005). Zum dritten Mess-zeitpunkt jedoch besteht kein statistisch bedeutsamer Unterschied zwischen Bulgarien und Deutschland in Bezug auf die Phonologische Bewusstheit ((F = 1.02), t = 1.38, df = 141, n.s.).

Der Mittelwertevergleich zeigt auch hier, dass die Werte zu allen drei Er-hebungszeitpunkten in Bulgarien höher als in Deutschland bleiben, wobei beim letzten Messzeitpunkt die Differenz minimal ist: (1.MZP: BG (M = 29.23, s = 9.25) und DE (M = 25.34, s = 8.76), (2.MZP: BG (M = 40.18, s = 6.43) und DE (M = 36.62, s = 6.94)). Am Schuljahresende haben sich die Länderunterschiede fast ganz ausgeglichen (3.MZP: BG (M = 44.34, s = 4.04) und DE (M = 43.32, s = 4.38). Dies kann auch graphisch an dem Diagramm (Abb. 5) nachvollzogen werden. Dargestellt sind die beobachteten Gruppenmittelwerte.

Selbstkonzept Phonologische Bewusstheit

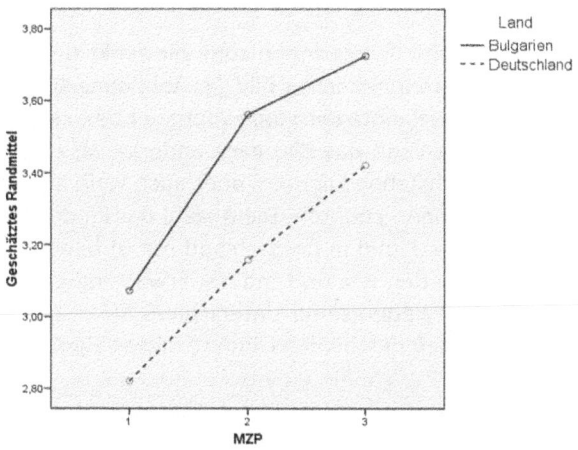

Phonologische Bewusstheit

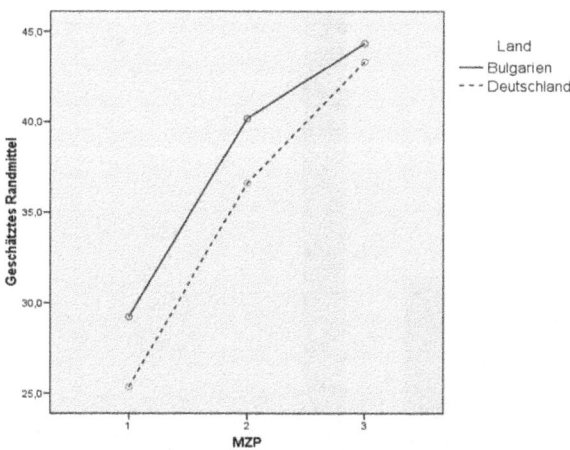

Abb. 5: Entwicklung des ‚Selbstkonzepts Phonologische Bewusstheit' und der Phonologischen Bewusstheit in Deutschland und Bulgarien während der ersten Klasse

5.2.5.1.2   Weitere Variablen

Buchstabenkenntnis

Die Buchstabenkenntnis der Schüler und Schülerinnen zum Zeitpunkt der Einschulung zeigt in beiden Ländern kein einheitliches Bild (s. Abbildung 6). Die Mehrheit der Kinder in Bulgarien (61 %) kannte das ganze Alphabet beim ersten Messzeitpunkt. In Deutschland dagegen sah das Bild ganz anders aus: es gab viele Kinder, die alle oder fast alle Buchstaben kannten, aber auch viele Kinder, die nur sehr wenige Buchstaben benennen konnten. Die Anzahl der Kinder, die nur einen Buchstaben (in Bulgarien n = 1 und in Deutschland n = 6) benennen konnten, ist allerdings relativ gering in den beiden Ländern. Erwartungsgemäß bestätigte auch die Analyse statistisch bedeutsame Unterschiede ((F = 26.89), t_{het} = 7.23, df = 102.95, p < .001) zwischen den beiden Ländern dieses Ergebnis.

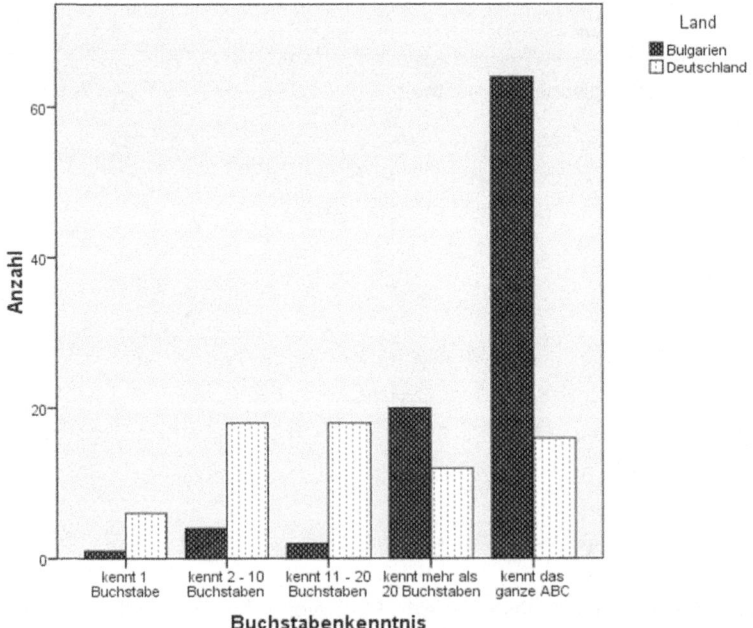

Abb. 6: Buchstabenkenntnis bei der Einschulung

Lesekompetenz

Der Leistungsindikator für die Lesekompetenz, der in den beiden Ländern zum dritten Messzeitpunkt durchgeführt wurde, ist der Stolperwörter-Lesetest. Hier zeigten sich keine signifikanten Länderunterschiede (($F = 2.78$), $t = .01$, $df = 165$, n.s.), auch die Mittelwerte waren fast identisch (BG: $M = 24.53$, $s = 10.32$ und DE: $M = 24.49$, $s = 12.09$). In Tabelle 75 sind die Beziehungen zwischen den jeweils zur Leistungsmessung an allen drei Messzeitpunkten eingesetzten Instrumente (in Bulgarien zwei, Deutschland drei) und der Buchstabenkenntnis bei der Einschulung dargestellt. Alle Korrelationen sind hochsignifikant.

Tabelle 75: Korrelation zwischen Buchstabenkenntnis, Phonologischer Bewusstheit und Leseleistungen über die drei Messzeitpunkte für Bulgarien, Deutschland und beider Länder zusammen

Korrelation nach		1.MZP	2.MZP	3.MZP		
Spearmans Rho		RDH	RDH	RDH	ELFE 1-6	STOLLE
Buchstaben-kenntnis	Bulgarien	.55** (75)	.48** (74)	.50** (73)		.43** (89)
	Deutschland	.58** (70)	.46** (67)	.40** (68)	.55** (68)	.55** (68)
	Gesamt	.60** (145)	.56** (141)	.46** (141)		.44** (157)

** auf dem Niveau von 0.01 signifikant
Anmerkung: In Klammern ist n (Anzahl der getesteten Kinder in der Stichprobe) angegeben.

Intelligenz

Zum dritten Messzeitpunkt wurde ein Intelligenztest (CFT 1) eingesetzt. Wesentliches Ziel dabei war es, sicher zu stellen, dass der Ausgangspunkt für das Leistungsniveau (also die kognitiven Fähigkeiten) beider Stichprobengruppen (Bulgarien und Deutschland) vergleichbar ist. Die erzielten Mittelwerte in den beiden Ländern sind identisch (BG: $M = 46.80$, $s = 7.12$ und DE: $M = 46.81$, $s = 5.68$). Erwartungsgemäß hat der t-Test keine signifikante Werte gezeigt (($F = 1.61$) $t = -.01$, $df = 165$, n.s.).

5.2.5.1.3   Zusammenhang zwischen Selbstkonzept und Leistung über die Zeit

Zunächst werden alle Beziehungen zwischen den Selbstkonzeptskalen SkPhB-1 und SkLk-1 und dem Leistungstest RDH in Tabelle 76 vorgestellt. Mit Ausnahme der Ergebnisse zum dritten Messzeitpunkt in Deutschland korrelieren Leistung und Selbstkonzept zu den jeweiligen Messzeitpunkten sowohl in Bulgarien als auch in Deutschland hochsignifikant miteinander. Zur besseren Anschaulichkeit sind die Werte zwischen Selbstkonzept und Leistung nur zum jeweiligen Messzeitpunkt angeführt.

Tabelle 76: Korrelationen zwischen Selbstkonzeptskalen SkPhB-1 und SkLk-1 und dem Leistungstest RDH zu den drei Messzeitpunkten für Bulgarien und für Deutschland

	Selbstkonzept „Phonologische Bewusstheit" Skala SkPhB-1 1.MZP		Selbstkonzept „Phonologische Bewusstheit" Skala SkPhB-1 2.MZP		Lese-Selbstkonzept Gesamtskala SkLk-1 3.MZP		Selbstkonzept phonemanalytische Kompetenz Unterskala SK Ph.B 3.MZP		Selbstkonzept Lesekompetenz Unterskala SK Lk 3.MZP	
Leistungs-test	BG	DE	BG	DE	BG	DE	BG	DE	BG	DE
RDH 1.MZP	.39** n=73	.25* n=67								
RDH 2.MZP			.42** n=73	.31** n=65						
RDH 3.MZP					.33** n=73	.20 n=66	.38** n=73	.22* n=66	.28* n=73	.15 n=66

* auf dem Niveau von 0.05 signifikant; ** auf dem Niveau von 0.01 signifikant

Als einen weiteren Zusammenhang zwischen den erhobenen Selbstkonzepten und der tatsächlichen Leistung wurde die Korrelation mit der Buchstabenkenntnis zum Schulanfang überprüft. Wie der Tabelle 77 zu entnehmen ist, stellt sich auch hier ein interessantes Bild dar. Zum ersten Messzeitpunkt in Bulgarien, bei dem die Kinder sehr gute Kenntnisse zeigten, korreliert die Buchstabenkenntnis signifikant mit dem ‚Selbstkonzept Phonologische Bewusstheit‘, zu den anderen Messzeitpunkten, bei denen die meisten Kinder nicht allzu viele neue Buchstaben zu lernen hatten, jedoch nicht. In Deutschland lässt sich gerade das Gegenteil feststellen: Am Schulanfang scheint es keinen Zusammenhang zu geben, zum zweiten und dritten Messzeitpunkt offenbaren sich hingegen hochsignifikante Korrelationen mit allen Skalen.

Tabelle 77: Korrelation zwischen Buchstabenkenntnis und Selbstkonzept über die drei Messzeitpunkte für Bulgarien, Deutschland und für beide Länder zusammen

Korrelation nach Spearmans Rho		1.MZP	2.MZP	3.MZP		
		Selbst-konzept „Phonolog. Bewusstheit"	Selbst-konzept „Phonolog. Bewusstheit"	Leseselbst-konzept Gesamtskala	Selbstkonzept phonemanalytische Kompetenz Unterskala	Selbstkonzept Lesekompetenz Unterskala
Buchstabenkenntnis	BG	.26*	.12	.17	.23	.14
	n	89	89	89	89	89
	DE	.23	.48**	.32**	.30*	.30*
	n	70	67	68	68	68
	Gesamt	.33**	.46**	.42**	.42**	.39**
	n	159	156	157	157	157

* auf dem Niveau von 0.05 signifikant; ** auf dem Niveau von 0.01 signifikant

5.2.5.2 Änderungsvalidität: Validität als Sensibilität gegenüber unterschiedlichen Lernbedingungen

In Anlehnung an IGLU wird hier angenommen, dass die Ergebnisse des Leseunterrichts (Leseleistungen und Einstellungen zum Lesen) mit den familiären und schulischen Bedingungen in Beziehung stehen (Lankes et al., 2003). Um die Lernbedingungen, die sozialen und auch die familiären Merkmale erheben zu können, wurden ausführliche Fragebögen entwickelt und mit den Lehrern und Eltern durchgeführt. Einige Items des Eltern- (s. Anhang C.5 und D.9) bzw. Lehrerfragebogens (s. Anhang C.6 und D.10) wurden in Anlehnung an IGLU, KESS sowie an Poerschke (1999, S. 167ff.) formuliert oder auch ganz übernommen. Zudem wurden in beiden Fragebögen aufeinander abgestimmte Items aufgenommen, was einerseits erlaubte die Perspektiven gruppenspezifisch

(Eltern und Lehrkräfte) zu betrachten, und andererseits, auch kontrastierend zu reflektieren.

5.2.5.2.1   Elternfragebogen

Die Mitteilungen der Elternfragebögen gaben wichtige Hinweise über das soziale und familiäre Umfeld der getesteten Kinder. Die gewonnenen Informationen bezogen sich auf den Kindergarten- /Vorschulbesuch, die Aktivitäten in der Familie vor und nach dem Schulbeginn, die Erwartungen der Eltern und ihre Einschätzungen über ihre eigenen Kinder, die Ausbildung der Eltern und ihr Arbeitsverhältnis sowie das allgemeine Wohlbefinden der Familie. Der Fragebogen wurde von insgesamt 165 Familien ausgefüllt, davon 89 in Bulgarien (fehlend zwei) und 76 in Deutschland (fehlend sieben). In Bulgarien wurden 73 Fragebögen (80%) und in Deutschland 63 Fragebögen (76%) ausschließlich von den Müttern ausgefüllt.

Besuch vorschulischer Einrichtungen

Zur Klärung der Rolle eines Kindergartenbesuchs für die Entwicklung der Erstklässler, wurden die Eltern befragt, ob und wie lange ihr Kind einen Kindergarten oder eine Vorschule besucht hat. Unabhängig vom Zeitraum hatten alle getesteten Erstklässler in Bulgarien entweder einen Kindergarten oder eine Vorschule besucht, in Deutschland hatten nur zwei Kinder diese Möglichkeit nicht in Anspruch genommen. Die Mehrheit, 85 % in Bulgarien und 76 % in Deutschland, gab einen Besuchs-Zeitraum von zwei Jahren oder länger an. Für 8 % der bulgarischen und 10% der deutschen Kinder war dieser Zeitraum auf ein Jahr begrenzt. Der dazu durchgeführte Mann-Whitney-Test zeigte erwartungsgemäß nicht signifikante Ergebnisse ($Z=-.009$, $p = .993$, n.s.), was auf keinen Unterschied zwischen den Ländern im Bezug auf diese Variable deutet. Anders gesagt, wenn Unterschiede in den Lesekompetenzen oder Selbstkonzepten vorkommen sollten, kann es nicht am Besuch eines Kindergartens oder einer Vorschule liegen.

Die Erwartungen der Eltern gegenüber den öffentlichen vorschulischen Einrichtungen wurden in zwei Gruppen zusammengefasst. Die erste Gruppe schließt Antworten ein, die auf eine spielerische und freizeitorientierte Rolle des Kindergartens hinweist: Sozialisierung/Kommunikation mit Gleichaltrigen, Entspannung für die Kinder (spielerisch), Gewinn freier Zeit für die Eltern, oder auch die Deutung, dass der Kindergarten keine wichtige Rolle hat. Die zweite Gruppe umfasst Tätigkeiten, die gezielt die Schulreife der Kinder unterstützen sollen: Vorbereitung auf die Schule, Buchstaben und Zahlen lernen, ein oder mehrere Wörter schreiben lernen. Die Ergebnisse zeigen für beide Länder ein ähnliches Bild: In Bulgarien hoffen 56 (63 %) und in Deutschland 51 (67 %) der Eltern, dass der Kindergartenbesuch als eine Entspannung und Kommunikationsförderung auf ihre Kinder einwirken wird. Eine gezielte Vorarbeit für das erste Schuljahr erhoffen sich 33 (37 %) bulgarische und 25 (33 %) deutsche Familien. Der Chi-Quadrat-Test ergab nicht signifikante Werte (x^2=.315, df=1, n.s.), was darauf hinweist, dass es keinen signifikanten länderspezifischen Unterschied bei den Erwartungen der Eltern gegenüber Kindergarten oder Vorschule gibt.

Aktivitäten in der Familie vor dem Schulbeginn

Die Eltern haben über die Tätigkeiten, die sie mit ihrem Kind vor der Einschulung ausgeübt haben, auf einer 3-Punkte-Skala (1 = nie oder fast nie, 2 = manchmal, 3 = oft) berichtet. Es wurde eine explorative Faktorenanalyse durchgeführt, die zwei Faktoren extrahierte. Die Ergebnisse der Hauptkomponentenanalyse mit Varimaxrotation sind in Tabelle 78 dargestellt.

Tabelle 78: Tätigkeiten mit dem Kind vor der Einschulung

Item	Iteminhalt	Faktor 1	Faktor 2
Item 4.9	Fernsehprogramme sehen, die Lesen lehren	.65	
Item 4.4	Mit Alphabet-Spielzeug spielen	.65	
Item 4.8	Schilder/Beschriftungen laut lesen	.65	
Item 4.10	Fernsehprogramme mit Untertiteln sehen	.63	
Item 4.5	Lesetätigkeit am Computer	.58	
Item 4.7	Buchstaben/Wörter schreiben	.58	
Item 4.6	Wortspiele spielen	.44	.38
Item 4.1	Bücher vorlesen		.74
Item 4.11	Über Gelesenes sprechen		.74
Item 4.2	Geschichten erzählen		.65
Item 4.3	Lieder singen		.59

Nach der Berechnung konnte die Antwort „Wortspiele spielen" (Item 4.6) keinem der beiden Faktoren eindeutig zugeordnet werden. Es wurde entschieden, dieses Item auszuschließen und zwei Skalen mit den Antworten zu bilden, die den beiden Faktoren jeweils zugewiesen wurden. Die erste Skala (MOD genannt) umfasst Tätigkeiten, die heutzutage dem moderneren Alltag entsprechen: Lese-Lernprogramme im Fernsehen sehen, mit Alphabet-Spielzeug spielen, Schilder/Beschriftungen laut lesen, Fernsehprogramme mit Untertiteln sehen, Lesetätigkeit am Computer, Buchstaben/Wörter schreiben. Die zweite Skala (TRAD genannt) beinhaltet traditionelle Aktivitäten: Bücher vorlesen, über Gelesenes sprechen, Geschichten erzählen, Lieder singen. Anschließend wurde separat für jede Unterskala die Reliabilität anhand der Größe des Alpha-Koeffizienten nach Cronbach bestimmt. Für Skala MOD ergibt sich Cronbachs $\alpha = .70$, für Skala TRAD trotz der geringeren Itemzahl Cronbachs $\alpha = .64$. Somit liegen die Werte in einem guten Bereich. Der zusätzlich durchgeführte t-Tests zeigte, dass die Eltern aus Bulgarien häufiger ($M = 2.11$, $s = .41$) mit den Kindern die Tätigkeiten der Skala MOD durchgeführt hatten, als die deutschen Eltern ($M = 1.76$, $s = .40$) ($t = 5.41$, $df = 157$, $p < .01$). Die Aktivitäten der Skala TRAD wurden von den Eltern in den beiden Ländern gleich oft ausgeübt (für Bulgarien $M = 2.51$, $s = .41$, für Deutschland $M = 2.64$, $s = .38$) ($t = -2.03$, $df = 161$, $p < .05$). Die Skala TRAD korreliert in Deutschland in Höhe von: .29 mit der Buchstabenkenntnis, .26 mit RDH (2.MZP), .24 mit ELFE 1-6 und .23 mit STOLLE. Alle Werte sind auf dem Niveau von 0.05 signifikant. Für Bulgarien wurden keine statistisch bedeutsamen Korrelationen mit dieser Skala gefunden. Sehr schwach gestalten sich die Korrelationen mit Skala MOD sowohl in Deutschland als auch in Bulgarien. Gleichfalls nicht signifikante Korrelationen wurden zwischen den beiden Skalen (TRAD und MOD) und den Leseselbstkonzepten festgestellt.

Aktivitäten in der Familie nach dem Schulbeginn

Die zu erwartenden möglichen Veränderungen nach Schulbeginn sollten durch folgende Befragung erhoben werden: Die Eltern wurden gebeten auf einer vierstufigen Skala (1 = nie, 2 = ein- bis zweimal pro Monat, 3 = ein bis zweimal pro Woche, 4 = jeden oder fast jeden Tag) zu entscheiden, wie oft sie bestimmte Dinge mit ihrem Kind ausüben. Solche Aktivitäten wurden zu zwei wesentlichen Gruppen zugeordnet: den auf das Lesen bezogene (Anschauen von Bilderbüchern, dem Kind vorlesen, dem Kind beim Vorlesen zuhören, über gelesene Bücher/Geschichten sprechen, in Bibliothek/Buchladen gehen) und den mehr freizeitorientierten (Gespräche während des gemeinsamen Essens, Beantworten von Wissensfragestellungen seitens des Kindes, über Gefühle/Einstellungen des Kindes sprechen, Lieder, Gedichte beibringen, Fernsehen/Video schauen, Problemlöseaktivitäten wie Puzzeln oder andere Tischspiele, Bewegungsspiele/Sport üben, malen/basteln, am Computer spielen/arbeiten).

Die daraus gebildeten Skalen wurden nach ihren Cronbachs-Alpha-Koeffizienten überprüft. Skala 1 (lesebezogene Aktivitäten) zeigte Cronbachs $\alpha = .65$. Angesichts der Tatsache, dass Item 9.3 („dem Kind beim Vorlesen zuhören") verwirrend auf die Eltern wirken könnte, da die meisten Kinder zu diesem Zeitpunkt noch nicht lesen konnten, wurde das Item von der Cronbachs-Alpha-Bestimmung nachträglich ausgeschlossen. Demzufolge stieg der Skalenwert auf $\alpha = .71$ und liegt somit im zuverlässigen Bereich. Skala 2 (andere Freizeitaktivitäten) wies einen Wert von Cronbachs $\alpha = .52$ auf, was darauf hindeutet, dass die Items zu wenig Varianz miteinander teilen.

Die anschließend durchgeführte Korrelationsanalyse zeigte keine statistisch bedeutsamen Werte zwischen diesen beiden Skalen einerseits und den Leseselbstkonzepten bzw. den Leseleistungen der Schülerinnen und der Schüler.

Vorkenntnisse der Kinder aus der Sicht der Eltern

Aufschlussreich waren die Elterneinschätzungen in Bezug auf die Vorkenntnisse, die ihre Kinder am Schulanfang mitbringen. Die Eltern sollten eine einzige Antwort geben, wobei die Fähigkeiten steigernd angegeben wurden (z.B. wenn das Kind kurze Wörter lesen kann, ist anzunehmen, dass es auch das ganze Alphabet beherrscht). Aus den Ergebnissen ist zu erkennen, dass die bulgarischen Kinder nach der Meinung ihrer Eltern mit einer guten Wissensgrundlage in Bezug auf das Lesen in die erste Klasse kommen: 28 % können kurze Wörter lesen und mehr als ein Drittel (37%) können sogar schon Sätze lesen. Nach den Ansichten der deutschen Eltern können die meisten Erstklässler und Erstklässlerinnen in Deutschland am Schulanfang einzelne Buchstaben erkennen (37%). Darüber hinaus kurze Wörter lesen etwa 17%, ganze Sätze 13%. Der Mann-Whitney-Test wies erwartungsgemäß auf signifikante Unterschiede zwischen den Ländern ($Z = -5,39$, $p = 000$) hin.

Zur besseren Anschaulichkeit stellt die Abbildung 7 pro Land das Kindervorwissen nach Einschätzung der Eltern als Balkendiagramm dar.

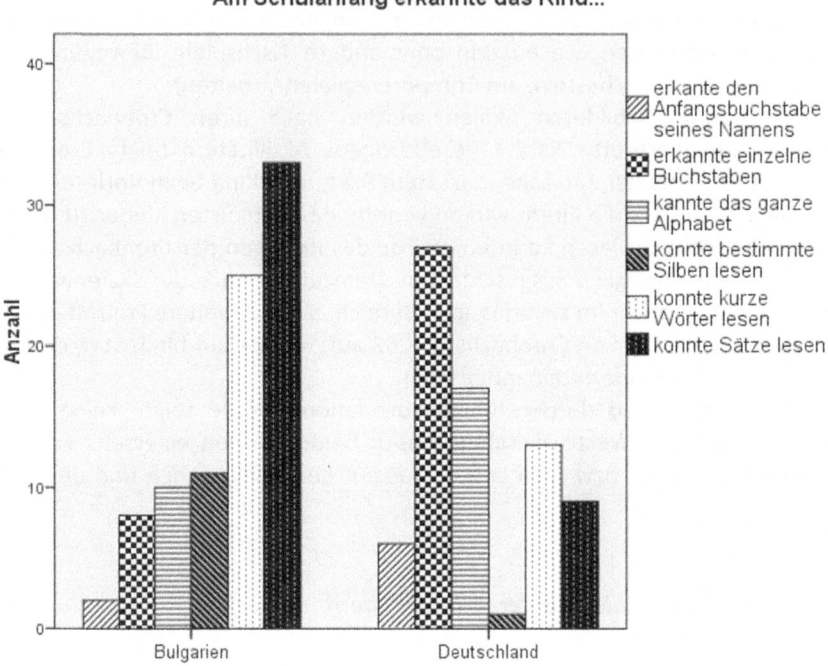

Abb. 7: Elterneinschätzung des Kindervorwissens am Schulanfang

Elterneinstellung gegenüber kindlicher Selbsteinschätzung

Sehr interessant für dieses Projekt war die Elterneinstellung gegenüber angemessener kindlicher Selbsteinschätzung zu Beginn der Grundschule. Die Eltern sollten sich nur für eine von drei angegebenen Möglichkeiten entscheiden. Die Mehrzahl der bulgarischen Eltern (64%) hält es für richtig, wenn ihre Kinder vom Anfang an lernen, sich realistisch einzuschätzen. Die deutschen Eltern sind einer ganz anderen Meinung: die Mehrzahl (62%) stimmt dem zu, dass sich Kinder im betreffenden Alter durchaus überschätzen dürfen. Ein kleiner Prozentsatz der Eltern in beiden Ländern (Bulgarien 5 %, Deutschland 1 %) hält es für gut, wenn sich die Kinder unterschätzen. So, denken die Eltern, bliebe ihnen die Enttäuschung erspart, wenn etwas „nicht klappen" sollte (vgl. Tabelle 79).

Tabelle 79: Elterneinstellung zur Realitätsnähe der Kinderselbsteinschätzungen zu Beginn der Grundschule

Item	Iteminhalt	Land	
		Bulgarien	Deutschland
Item 16.1	Ein Kind in der ersten Klasse muss lernen, sich realistisch einzuschätzen.	64,4%	36,5%
Item 16.2	In diesem Alter darf sich das Kind überschätzen.	31%	62,2%
Item 16.3	Es ist besser für das Kind, sich zu unterschätzen...	4,6%	1,4%

Der Chi-Quadrat-Test hat erwartungsgemäß signifikante Unterschiede zwischen den Ländern bei Variable 16.1 (x^2=12.973, df=1, p=.000) und Variable 16.2 (x^2=14.936, df=1, p=.000). Nicht signifikant sind die Werte bei Variable 16.3 (x^2=1.435, df=1, p=.374, n. s.). Zur besseren Anschaulichkeit ist in der Balkendiagramm-Form (s. Abbildung 8) die Anzahl der Familien pro Land dargestellt.

Um herauszufinden, ob diesen unterschiedlichen Einstellungen auch verschiedene Erziehungsmethoden zu Grunde liegen, wurden die Eltern nach der Häufigkeit, mit der sie ein Lob aussprechen, gefragt. Es wäre zu erwarten, dass die bulgarischen Eltern seltener oder nur bei außergewöhnlich guten Ergebnissen ihr Kind loben, weil nach den Ergebnissen der vorliegenden Studie der Mehrheit dieser Eltern die Realitätsnähe der Kinderselbsteinschätzungen sehr wichtig ist. Die Ergebnisse zeigen erstaunlicherweise hohe Prozentanteile der bulgarischen Eltern, die Ihre Kinder immer, wenn das Kind etwas erreicht hat (62%) und immer wenn das Kind etwas, ohne fremde Hilfe geschafft hat (33%) loben. Erwartungsgemäß loben auch die deutschen Eltern viel: 75% - immer, wenn das Kind etwas erreicht hat und 18% - wenn das Kind etwas allein geschafft hat. Kein einziger Elternteil verzichtet auf Lob.

Der durchgeführte Chi-Quadrat-Test hat nicht signifikante Werte bei Item 15.1 (Eltern loben immer, wenn das Kind etwas schafft.) (x^2 = 1.891, df = 1, p= .181, n.s.) und Item 15.3 (Eltern loben nur, wenn das Kind etwas Außergewöhnliches schafft.) (x^2 = .889, df = 1, p = .473, n.s.) und signifikante Werte bei Item 15.2 (Eltern loben immer, wenn das Kind etwas ohne fremde Hilfe schafft.)

(x^2 = 5.369, df = 1, p= .030, s.) gezeigt. Diese Ergebnisse deuten darauf hin, dass Unterschiede zwischen den Ländern nur bei der Option – ein Lob immer, wenn das Kind etwas ohne fremde Hilfe schafft – auszusprechen, zu finden sind. In diesem Fall loben die bulgarischen Eltern häufiger (33 % gegenüber 18 %).

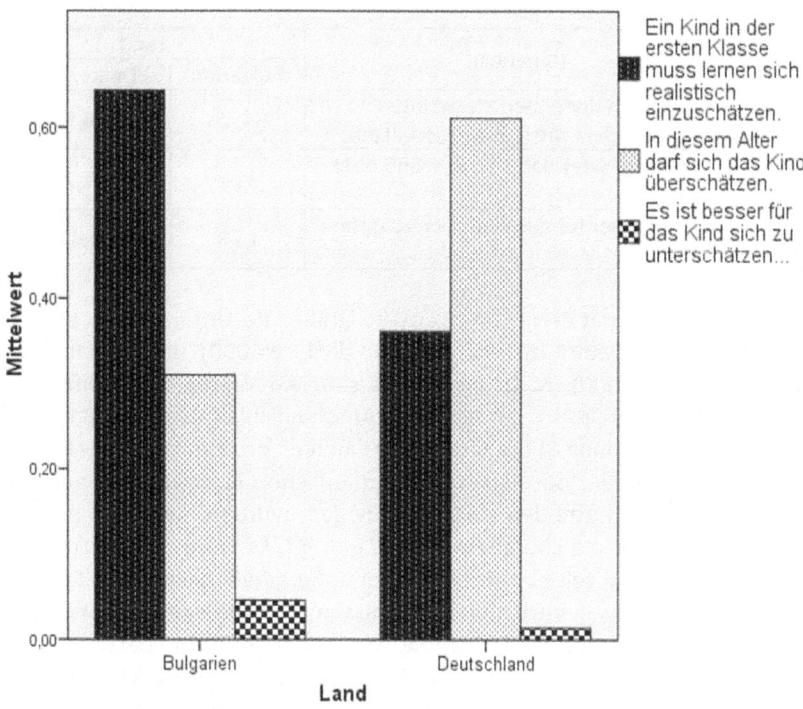

Abb. 8: Elterneinstellung gegenüber Kinderselbsteinschätzungen zu Beginn der Grundschule

Bücheranzahl im Haushalt

Der Zusammenhang zwischen dem Leseerfolg und der Anzahl der Bücher im Haushalt, als eine der Rahmenbedingungen, unter denen Kinder lesen lernen, wurde in umfangreichen Untersuchungen wie IGLU und KESS nachgewiesen. In der vorliegenden Arbeit zeigten sich keine signifikanten Unterschiede zwischen den Ländern in Bezug auf diese Variable (x^2 = 2,999, df = 4, p = .829, n.s.).

Tabelle 80: Korrelation zwischen der Anzahl der Bücher im Haushalt, den Selbstkonzepten und den Leseleistungen über die drei Messzeitpunkte

Korrelation nach Spearmans Rho		Bücheranzahl im Haushalt		
		Bulgarien	Deutschland	Gesamt
1.MZP	Buchstabenkenntnis	-.04	.01	-.02
	Lesekompetenz (Phonologische Bewusstheit)	.08	.17	.13
	Selbstkonzept (SkPhB-1)	.09	.03	.05
2.MZP	Lesekompetenz (Phonologische Bewusstheit)	.04	.12	.05
	Selbstkonzept (SkPhB-1)	-.07	.11	-.02
3.MZP	Lesekompetenz (Phonologische Bewusstheit)	.05	.17	.11
	Lesekompetenz (STOLLE)	.06	.33**	.19*
	Lesekompetenz (ELFE 1-6)		.43**	.43**
	Selbstkonzept (SkLk-1)	-.10	-.00	-.09

* auf dem Niveau von 0.05 signifikant; ** auf dem Niveau von 0.01 signifikant

Anschließend wurde eine Korrelationsanalyse zwischen der Bücheranzahl im Haushalt, den Leseselbstkonzepten und den Leseleistungen der Schülerinnen und der Schüler durchgeführt. Der resultierende Korrelationskoeffizient zwischen der Anzahl der Bücher und den Lesetests sind in der Tabelle 80 dargestellt. Statistisch bedeutsame Zusammenhänge sind für Deutschland bzw. für die gesamte Stichprobe und den Lesetests zum dritten Messzeitpunkt zu finden. Zwischen der Bücheranzahl zu Hause und den Selbstkonzepten zeigten sich keine statistisch bedeutsamen Korrelationen.

Auch bei der Frage nach der Anzahl der Kinderbücher im Haushalt zeigten sich keine gravierenden Unterschiede zwischen den Ländern. Die meisten Familien, 75 % in Bulgarien und 71 % in Deutschland, besitzen mehr als 20 Kinderbücher. Lediglich zwei bulgarische Familien gaben an, kein einziges Kinderbuch zu besitzen.

Computerzugang

Ein Länderunterschied hingegen zeigte sich beim Zugang der Kinder zu einem anderen Medium – dem Computer. In Bulgarien können 55 % der getesteten Schülerinnen und Schüler regelmäßig und 27 % gelegentlich am Computer arbeiten. In Deutschland ist es gerade umgekehrt: einen regelmäßigen Computerzugang haben 23 % und einen gelegentlichen 53 % der Probanden. Fast gleich groß ist die Anzahl der Familien, in denen die Kinder gar keinen Zugang zum Computer haben (13 % in Bulgarien und 14 % in Deutschland). Aus den Ergebnissen ist jedoch nicht ersichtlich, wie das Gerät von den Kindern genutzt wird: eher für Computerspiele oder mehr für Lernprogramme. Ferner kann nicht überprüft werden, ob der verringerte Umgang daran liegt, dass die Eltern keinen PC besitzen oder die Nutzung des Mediums für die Kinder beschränken bzw. untersagen.

Angaben zur Ausbildung und zum Beruf der Eltern

In dem Fragebogen gaben die Eltern auch Auskunft über ihre Ausbildung und ihre berufliche Verwirklichung. Lediglich 1 % der Mütter in Bulgarien gaben an, über keine abgeschlossene Ausbildung zu verfügen. In Deutschland traf dies hingegen auf 5 % der Mütter und 4 % der Väter zu. Die Mehrheit der Eltern in Bulgarien und über ein Drittel der Eltern in Deutschland verfügen über eine akademische Ausbildung: Die höchsten Prozentwerte finden sich bei bulgarischen Müttern – über 69 % geben an, Akademikerinnen zu sein – gegenüber 66 % der Väter. In Deutschland ist das Verhältnis gerade umgekehrt – die Mehrheit der Akademiker liegt bei den Vätern (42 %) gegenüber einem Akademikerinnenanteil von 35 % bei den Müttern. Über eine abgeschlossene Promotion berichten über 8 % der Väter und 2 % der Mütter in Deutschland sowie über 4 % der Väter und knapp 1 % der Mütter in Bulgarien.

Bei der Betrachtung des beruflichen Hintergrundes der Eltern fällt (vgl. Tabelle 81) der große Anteil bulgarischer Mütter (78 % gegenüber 10 % in Deutschland) auf, die Vollzeit arbeitet. Teilzeitbeschäftigt sind 55 % der Mütter in Deutschland und 7 % der Mütter in Bulgarien. Ein großer Unterschied zwischen den Ländern zeigt sich auch beim Anteil der Hausfrauen in der getesteten Stichprobe (5 % in Bulgarien gegenüber 25 % in Deutschland). Die berufliche Situation der Väter erscheint in den beiden Ländern etwa gleich: in Vollzeit tätig sind 82 % der Väter in Bulgarien und 80 % in Deutschland, ein einziger Vater (in

Deutschland) klassifizierte sich als Hausmann. Keine Antwort zur beruflichen Tätigkeit gaben in Bulgarien sechs Mütter und zwei Väter, in Deutschland fünf Väter. Erwartungsgemäß wies der zugehörige Chi-Quadrat-Test auf signifikante Unterschiede bei der Situation der Mütter (x^2 = 81.950, df = 5, p = .000) bzw. nicht signifikante bei der Situation der Väter (x^2 = 4.037, df = 5, p = .544, n. s.) hin.

Tabelle 81: Berufliche Situation der Eltern

Berufliche Situation	Bulgarien		Deutschland	
	Mutter	Vater	Mutter	Vater
Arbeitet bezahlt in Vollzeit	78,3	81,6	10,5	80,3
Arbeitet bezahlt in Teilzeit	7,2	4,6	55,3	2,8
Arbeitet nicht bezahlt, ist um eine Stelle bemüht	1,2	1,1	1,3	1,4
Hausfrau/Hausmann	4,8		25	1,4
Sonstiges	3,6	4,6	5,3	9,9
Nichts trifft zu	4,8	8	2,6	4,2

Um das Bild des sozialen Hintergrunds zu komplettieren, sollten die Familien zum Schluss eine Selbsteinschätzung, für wie wohlhabend sie sich halten, abgeben. Die Mehrheit sowohl in Bulgarien (57 %) als auch in Deutschland (40 %) hält sich für durchschnittlich, 24 % in Bulgarien und 29 % in Deutschland schätzen sich als einigermaßen wohlhabend ein. Nur in Deutschland gab es Familien, die sich als sehr wohlhabend (4 %) eingeschätzt haben. Eine statistische Bedeutsamkeit der Gruppenunterschiede erwies sich jedoch nicht (x^2 = 6.682, df = 4, p = 154, n. s.).

Beziehung zwischen Elternhaus und Schule

Die Beziehung zwischen Elternhaus und Schule wurde zunächst anhand ihrer Bereitschaft, in bestimmte Schulbereiche integriert zu werden, erfragt. Der größte Teil der Eltern in Bulgarien (72 %) sehen ihre Unterstützung gegenüber der Schule bei der Hausaufgabenbetreuung zu Hause und im Freizeitbereich (49 %). Ein signifikanter Unterschied zeigt sich hier hingegen in Deutschland: Nur 17 % der Eltern würden gern an der Hausaufgabenbetreuung zu Hause teilnehmen. Gern würden die Eltern in Deutschland im Freizeitbereich (29 %)

und beim Förderunterricht (27 %) an der Schule ihres Kindes mitarbeiten. Jedwedes Engagement bei Schulprogrammkonzerten lehnen 34 % der Eltern in Bulgarien und 44 % der Eltern in Deutschland ab. Bei Fachkonferenzen möchten 66 % der Eltern in Bulgarien und 72 % in Deutschland nicht miteinbezogen werden.

Als weiterer Aspekt der Einstellung der Eltern zur Schule ihres Kindes wurde die Einschätzung der Leistungsanforderungen erfragt. Obwohl die Mehrheit die Schulanforderungen sowohl in Bulgarien (79 %) als auch in Deutschland (86 %) für gerade richtig hält, ergab sich für die beiden Länder ein unterschiedliches Bild: Ihre Kinder als unterfordert sehen 11 % der Eltern in Deutschland. Aus dem gegenteiligen Grund unzufrieden sind 18 % der Eltern in Bulgarien, die die Leistungsanforderungen in der Schule ihrer Kinder als etwas zu hoch einschätzen. Der Chi-Quadrat-Test weist erwartungsgemäß auf signifikante Unterschiede in den beiden Ländern im Bezug auf diese Variable (x^2 = 12.068, df = 2, p = 001) hin.

5.2.5.2.2 Lehrerfragebogen

Der Lehrerfragebogen wurde als Informationsquelle für die Klassenmerkmale auch länderspezifisch geplant. Nach Themen gruppiert, wurden dabei folgende Aspekte angesprochen: Erwartungen gegenüber Schülerinnen und Schülern beim Schuleintritt, Lernumgebung und Unterrichtsorganisation in der Klasse, Unterrichtsmethode und Unterrichtsformen mit Schwerpunkt Leseunterricht, Materialien und Hilfsmitteln sowie neue Technologien im Anfangsunterricht, Leistungsbewertung im Leseunterricht, Umgang mit der Heterogenität der Schülervoraussetzungen in der Klasse, Hausaufgaben für das Lesen im Anfangsunterricht, Schülerselbstkonzepte, Erwartungen gegenüber Elternunterstützung, Kontakte mit den Elternhäusern sowie persönliche Lehrervariablen (Alter, Geschlecht, Berufserfahrung).

Das Alter der Lehrkräfte (neun weibliche und eine männliche) lag in Bulgarien zwischen 37 und 59, in Deutschland zwischen 43 und 58 Jahren. An der Studie nahm eine deutsche Lehrkraft teil, die zum ersten Mal eine erste Klasse unterrichtete, und eine, die dies bereits zum fünfzehnten Mal tat, alle anderen gaben ihre Erfahrung mit dem Anfangsunterricht zwischen drei und zehn Jahre an. Als Lehrkraft selbst waren die bulgarischen Pädagogen seit 16 bis 24 Jahren tätig, eine seit 36 Jahren, in Deutschland lag der angegebene Zeitraum zwischen 13 und 30 Jahren.

Angaben zu den Schulklassen

Die Schülerzahl in den getesteten Klassen lag zwischen 19 und 27 Erstklässlern (Mittelwert in Bulgarien 24,8, in Deutschland 22,8), der Anteil der Mädchen und der Jungen in den Klassen war nahezu ausgeglichen. In den getesteten bulgarischen Klassen gab es bis zu zwei Kinder (in einer Klasse vier Kinder) mit unzureichenden Bulgarisch-Kenntnissen, in Deutschland war diese Zahl auf ein Kind bzw. zwei Kinder (in einer der Klassen) mit unzureichenden Deutsch-Kenntnissen begrenzt.

Auf die Frage nach der Freude am Unterricht mit der jetzigen Klasse gegenüber vorausgegangenen ersten Klassen, gaben alle deutschen Lehrkräfte und eine bulgarische der aktuellen Klasse den Vorzug. Die anderen vier bulgarischen Lehrkräfte unterrichteten im aktuellen Schuljahr mit weniger Begeisterung, dennoch aber eher gern.

Beim Vergleich des Leistungsniveaus zu früheren ersten Klassen schätzten jeweils drei Lehrkräfte in jedem Land, dass ihre jetzige Klasse eher hohe Leistungen erziele. Bei den übrigen zwei Klassen gehen die Lehrkraftmeinungen auseinander: die zwei Klassen in Bulgarien wurden als Gruppen mit einem eher niedrigen Leistungsniveau eingeschätzt, wobei die zwei in Deutschland als Gruppen mit einem sehr hohen bewertet wurden.

Auch die Atmosphäre in der Klasse wurde beurteilt. Sehr gut war sie in drei der deutschen und in einer der bulgarischen Klassen, eher gut bei drei bulgarischen und zwei deutsche Klassen. Nur in einer Klasse (in Bulgarien) herrschte angeblich eine eher schlechte Atmosphäre.

Erwartungen gegenüber Schülerinnen und Schüler beim Schuleintritt

Die Rolle des Kindergartens/der Vorschule sahen die Lehrkräfte in beiden Ländern eindeutig positiv bei der Sozialisierung und Kommunikation mit Gleichaltrigen sowie bei der Vorbereitung auf die Schule. Als zusätzliche Aspekte gaben drei Befragte in Bulgarien das Lernen von Buchstaben und Zahlen an sowie drei in Deutschland, die die spielerische Entspannung hervorhoben. Ebenso eindeutig sind die Erwartungen an die Kinder zum Zeitpunkt des Schuleintritts: die Schülerinnen und Schüler sollten den Anfangsbuchstaben ihrer Namen erkennen und allgemeine Schulreife besitzen. Eine Lehrkraft in Bulgarien wünschte zudem, dass die Kinder in der Lage sein sollten, kurze Wörter zu lesen.

Unterrichtsorganisation in der Klasse

Im regulären Unterricht hatten drei deutsche Lehrkräfte wöchentlich zusätzliche Unterstützung für zwei Stunden von ehemaligen Kolleginnen sowie jeweils für ca. fünf Stunden durch eine Sonderpädagogin bzw. Erzieherin. Im Unterrichtsplan dieser Klassen sind auch offiziell bis zwei (eine Klasse sieben) Teilungsstunden pro Woche vorgesehen. Alle fünf Lehrkräfte in Bulgarien sowie zwei Lehrkräfte in Deutschland erhielten keine personelle Unterstützung und unterrichteten durchgehend die gesamte Klasse.

Ein länderspezifischer Unterschied bestand auch bei der Organisation der Hausaufgabenbetreuung in der Schule außerhalb regulärer Unterrichtszeit. In Bulgarien gaben die Schulen aller getesteten Klassen offiziell das Angebot gesondert mit einer pädagogischen Kraft bis zu 30 Stunden in der Woche zu arbeiten, in Deutschland erfreuten sich nur zwei Klassen der Möglichkeit, bis zu fünf Stunden wöchentlich Förderkurse/ Hausaufgabenbetreuung zu erhalten.

Die am häufigsten angewendete Unterrichtsform im Anfangsunterricht in beiden Ländern war der Frontalunterricht: mit 35 bis 50 % der Unterrichtszeit in Deutschland und 50 % bis 70 % in Bulgarien. Fast ein Drittel der Zeit arbeiteten die Schülerinnen und Schüler beider Länder in einer typischen Woche einzeln. Auch das Lernen zu zweit oder innerhalb von (selbst gewählten oder vorgegebenen) Gruppen sind Formen, die in Deutschland stark vertreten wurden, in Bulgarien dagegen fanden sie sich eher sporadisch. Nur eine der deutschen Klassen zeigte eine durchgehend andere Unterrichtsform: Hier wurde die meiste Zeit zu zweit (50 % der Unterrichtszeit) oder einzeln (30 %) gearbeitet.

Bei der Form der Aufgabenstellung zeigt sich ein heterogenes Bild: In drei der bulgarischen Klassen wurden die Aufgaben für die Kinder stets von der Lehrperson gestellt. In einer Klasse in Deutschland dagegen wurden die Aufgaben von den Schülerinnen und Schülern für die überwiegende Zeit (90 %) aus verschiedenen Angeboten der Lehrperson selbst ausgewählt. In zwei Klassen jeweils in jedem Land erhielten die Kinder vorgegebene Aufgaben, durften jedoch manchmal auch selbst Entscheidungen treffen. In zwei weiteren Klassen in Deutschland hatten die Kinder genauso oft wie die Lehrperson das Recht zu entscheiden, was sie als nächstes arbeiten (unabhängig, ob Wochenplanarbeit oder freie Wahl).

Unterrichtsorganisation in der Klasse im Leseunterricht

Ein großer Teil der Fragen des Lehrerfragebogens betraf den Leseunterricht. Das Lesenlernen/-lehren in Deutschland geschah je nach Lehrkraft in jeder Klasse unterschiedlich mit Hilfe der Kombination zahlreicher Methoden und deren Erweiterungen (Hinnrichs-, Reichenmethode, Myrtel und Bo, Bausteine Fibel, Lolli Pop usw.). Die Lehrkräfte stellten sowohl verfügbares wie auch selbst hergestelltes Material nach ihrer Wahl zusammen und gestalteten auf dieser Weise den Unterricht nach ihrer Vorstellung und Erfahrung. Den Lehrpersonen in Bulgarien hingegen stand eine einzige Methode (Звуков аналитико-синтетичен) zur Verfügung. Sie hatten die Wahl zwischen Lehrbüchern („Lehrbuch zur Buchstabeneinführung" [Übersetzung K.P.K.] „буквар", „Lesebuch" [Übersetzung K.P.K.] „читанка") und zusätzlichem Material verschiedener Autoren bzw. Verlage.

Eine eindeutige Stundenzahl für den Leseunterricht (4 Stunden pro Woche) findet sich ausdrücklich im Stundenplan aller Klassen in Bulgarien. In Deutschland wurde der Umfang der Stunden mit vier bzw. fünf Stunden angegeben, auch die Variante „nicht festgelegt" wurde von den Probanden genannt. Zuzüglich dem vorgesehenen Pensum nahmen der Leseunterricht oder lesebezogene Aktivitäten (auch fächerübergreifend) sieben bis 17 Stunden in Bulgarien und in Deutschland zwei bis 10 Stunden einer normalen Schulwoche in Anspruch.

Bei der Frage, wie die Lehrkräfte mit den unterschiedlichen Lesefähigkeiten der Kinder im Leseunterricht umgehen, zeigte sich ein eindeutiges Ergebnis: Ausgenommen einer Klasse in Deutschland, in der entsprechend dem Leistungsniveau der jeweiligen Schüler unterschiedliches Material angeboten wurde, gaben alle Lehrkräfte an, für alle Kinder einheitliches Material zu verwenden, aber je nach Leistung mit unterschiedlicher Geschwindigkeit arbeiten zu lassen.

Alle Lehrkräfte in Bulgarien gaben an, jeden Tag drei Dinge mit der Klasse zu tun: der Klasse vorzulesen, Kinder aufzufordern, der ganzen Klasse vorzulesen sowie den Kindern zu helfen, neue Wörter in Lesetexten zu verstehen. Andere Prioritäten setzten die deutschen Lehrkräfte: hier wurden die Schülerinnen und Schüler täglich aufgefordert, leise für sich selbst zu lesen sowie das systematische Erweitern des Wortschatzes. Täglich hatten alle Kinder sowohl in Bulgarien als auch in Deutschland mündliche Fragen zum Gelesenen zu beantworten oder es mündlich zusammenzufassen. Ein bis zwei Mal wöchentlich wurden den Kindern freie Assoziationen vorgeschlagen, um das selbstständige Denken und die Reflexion über den gelesenen Text anzuregen. Ebenso oft sollten die meisten Kinder in Deutschland miteinander über das Gelesene sprechen, wozu die meisten Kinder in Bulgarien nie aufgefordert wurden. Zeichnungen oder ein künstlerisches Projekt zum Gelesenen anzufertigen, wurde von den bulgarischen Kindern monatlich gefordert. Monatlich in Deutschland dagegen wurde den Kindern vorgeschlagen, über das Gelesene zu Hause zu erzählen.

Mit dem Ziel, Fähigkeiten im Leseverständnis zu entwickeln, wurden eindeutig alle Schülerinnen und Schüler während des Anfangsunterrichts täglich aufgefordert, die Hauptaussagen von etwas Gelesenem zu benennen, ihr Verständnis von etwas Gelesenem zu erklären oder zu belegen sowie Verallgemeinerungen und Schlussfolgerungen aus dem Gelesenen abzuleiten. Bei weiteren wöchentlich angesetzten Aufgaben gehen die Meinungen der Lehrkräfte beider Länder auseinander: In Bulgarien wurde es als wichtiger angenommen, das Gelesene mit anderen Texten zu vergleichen, die die Kinder gelesen haben, während in Deutschland ein Vergleich mit den eigenen kindlichen Erfahrungen bevorzugt wurde.

Ein länderspezifischer Unterschied zeigte sich auch in Bezug auf die gegebenen Hausaufgaben. Lesen und damit Sprachbildung, und das in allen möglichen Fächern, ist für die bulgarischen Kinder an jedem Tag Teil der Hausaufgabe, für die meisten deutschen Kinder dagegen ein- bis zweimal pro Woche.

Leistungsbewertung im Leseunterricht

Eine wesentliche Frage stellt sich bei den Methoden der Leistungsbewertung im Lesen. In Bulgarien kontrollieren alle Lehrkräfte die Lesefortschritte einheitlich: Die Schülerinnen und Schüler werden wöchentlich mündlich abgefragt und zum Vorlesen aufgefordert, um Genauigkeit und Geschwindigkeit erfassen zu können. In Deutschland hatte jede Lehrkraft ihre eigene Struktur und Organisation der Leistungsbewertung im Lesen, ein einheitliches Bild der Bewertungsmethoden war nicht feststellbar. Darüber hinaus besprechen sowohl in Bulgarien als auch in Deutschland die meisten Lehrkräfte monatlich mit den Schülern die gelesenen Texte und die geleistete Arbeit. Als Bewertungsmaßstab hat in beiden Ländern die professionelle Einschätzung der Lehrkraft das größte Gewicht. Als zweitwichtigste Datenquelle zur Bewertung dienten in Deutschland standardisierte diagnostische Tests, in Bulgarien dagegen die Klassenarbeiten (von der Lehrkraft selbst entworfene oder dem Lehrbuch entnommene Arbeiten).

Die Lesefähigkeit der meisten Kinder dreier Klassen der bulgarischen Stichprobe wurde von den Lehrpersonen als durchschnittlich eingeschätzt, in den restlichen zwei Klassen überwogen Kinder, die besser als der Altersdurchschnitt seien. In Deutschland war das Niveau der getesteten Klassen laut der Einschätzung ihrer Pädagogen umgekehrt: die Kinder dreier Klassen besaßen überwiegend bessere Lesefähigkeiten als Gleichaltrige und zwei Klassen zeigten sich durchschnittlich.

Ausstattung mit Bibliotheken und digitalen Medien

Unterschiede zwischen den Ländern zeigten sich in Bezug auf die zur Verfügung gestellten Bücher, didaktischen Materialien, neuen Technologien und deren Nutzung. In drei Klassenzimmern in Bulgarien gab es keinerlei Lern- oder Didaktik-Spiele, in den anderen beiden verfügten die Lehrkräfte über bis zu sechs Spiele als Unterstützung für ihre Arbeit mit den Erstklässlern. In Deutschland dagegen lag die Anzahl solcher Unterrichtshilfen zwischen vier und 30; nur eine Lehrkraft gab in diesem Land an, keine derartigen Materialien einsetzen zu können. Drei bulgarische Klassen hatten keine Möglichkeit, in der Schule an Computern zu arbeiten. Gelegentlich am Computer arbeiten drei deutsche Klassen und regelmäßig eine Klasse jeweils in jedem Land.

In jedem Klassenzimmer in Deutschland gab es eine Klassenzimmerbibliothek mit ca. 50 Büchern, in einer der Klassen war diese Zahl mit 300 Büchern sogar extrem hoch. Die vorliegenden Bücher wurden auch jeden Tag oder mindestens ein- bis zweimal pro Woche benutzt. Die Kinder einer einzigen bulgarischen Klasse kamen dagegen in dieser Form mit Büchern in Kontakt (15 Bücher im Klassenzimmer). In Bulgarien war hingegen eine allen Klassen zur Verfügung stehende Schulbibliothek eingerichtet. Zudem beauftragen die Lehrpersonen die Eltern, nach ihrer Wahl oder aber auch bestimmte Titel für ihr Kind zu besorgen. Eine Schulbibliothek zu besitzen gaben auch drei Klassen in Deutschland an.

Zur Aufgabe von Erziehungspersonen, Kindern öffentliche Bibliotheken nahezubringen, teilten sich in Bulgarien die Meinungen: zwei Lehrkräfte sprachen sich für die Verantwortung der Eltern aus, zwei hatten ihre Klassen schon in öffentlichen Büchereien eingeführt, eine Lehrperson plante das für einen späteren Zeitpunkt. Auch in Deutschland hatten schon zwei Klassen mit ihrer Lehrperson eine öffentliche Bibliothek besucht, für die drei übrigen Klassen war das in absehbarer Zeit vorgesehen.

Lehrereinstellung gegenüber kindlicher Selbsteinschätzung

Von großer Bedeutung für die Ziele dieses Projekts war der Variablenbereich, der die Schülerselbstkonzepte betraf. Fast alle Lehrkräfte in den beiden Ländern erwarteten, dass nur sehr wenige Kinder ihrer Klasse sich entweder überschätzen oder unterschätzen: Es wurde demnach angenommen, dass die meisten Erstklässler und Erstklässlerinnen eine realistische Einschätzung ihrer eigenen Fähigkeiten besitzen.

In der Meinung über die angemessene kindliche Selbsteinschätzung am Beginn der Grundschule fand sich eine starke Streuung. Drei Lehrpersonen in Bulgarien und zwei in Deutschland halten eine Selbstüberschätzung für Schulanfänger für altersangemessen. Zwei Pädagogen jedes Landes plädieren für eine realistische Selbstsicht als gerechtfertigt. Eine Lehrkraft (in Deutschland) wünschte, dass sich Kinder möglichst unterschätzen sollten, um ihnen im Falle von Misslingen größere Enttäuschungen zu ersparen.

Auf die Frage nach Erziehungsmaßnahmen und -zielen ihrer eigenen Arbeit mit den Erstklässler/innen antworteten alle Pädagogen/innen ohne Ausnahme, dass es sehr wichtig sei, das Selbstvertrauen der Kinder zu fördern. Als Weg dahin legten alle Lehrkräfte großen Wert auf Lob. Sie erklärten in jedem Fall zu loben, wenn ein Kind eine Aufgabe bewältigt, unabhängig davon, ob dies allein oder mit Hilfe von außen erreicht wurde.

5.2.5.3   Diskussion

Im Vergleich zu den deutschen Kindern kamen die getesteten Erstklässler/innen in Bulgarien mit einer optimistischeren Einschätzung eigener Fähigkeiten in die Schule. Diese Selbstsicht stieg weiterhin im Laufe des ersten Halbjahres, wo sie zwar einen „Knick" erfuhr, jedoch bis zum Ende des Schuljahres weiter anstieg. Die deutschen Kinder durchliefen in ihren Selbstkonzepten über die Phonologische Bewusstheit einen fast gradlinigen Entwicklungsverlauf nach oben.

Der Vergleich mit dem realen Wissen der Kinder unterstützte die hohen Konzepte der bulgarischen Kinder, sie kamen mit gutem Vorwissen in die erste Klasse. Durchgehend über den beobachteten Zeitraum (das gesamte erste Schuljahr) und auch am Schuljahresende, war das Mittelwertenniveau der Selbstkonzepte der deutschen Kindern weiterhin niedriger als das ihrer bulgarischen Altersgenossen, obwohl am Ende der ersten Klasse beide Stichproben dasselbe Leistungsniveau aufwiesen.

Die Ergebnisse sprechen dafür, dass die Kinder beider Länder während des ersten Schulhalbjahres eine starke Entwicklung ihrer Leistung in Bezug auf die Phonologische Bewusstheit erzielten, wobei die Kinder in Bulgarien mit einem Wissensvorsprung zu Schulbeginn starteten. Diesen Vorsprung holten die Kinder in Deutschland jedoch am Ende der ersten Klasse fast vollständig auf.

Der genannte „Knick" im Entwicklungsverlauf Phonologischer Bewusstheit bulgarischer Kinder fiel möglicherweise mit dem Abschluss des „Lehrbuchs zur Buchstabeneinführung" [Übersetzung K.P.K.] „буквар" und mit der Einführung des „Lesebuchs" [Übersetzung K.P.K.] „читанка" zusammen. Dann sollten alle Buchstaben bekannt sein und das intensive Lesen von Texten begann, während kaum gezielte Buchstabenspiele/-übungen oder Aufgaben im Bereich Phonologischer Bewusstheit angeboten wurden. Der geradlinige Entwicklungsverlauf in Deutschland deutete auf eine systematische Arbeit im sprachlichen Anfangsunterricht hin, welche gezielt die angesprochenen Kompetenzen der Phonologischen Bewusstheit unterstützte.

Das Niveau der Buchstabenkenntnis bei der Einschulung zeigt statistisch signifikante Unterschiede zwischen beiden Ländern. Während in Bulgarien selten ein Kind mit einem unbekannten Buchstaben im Unterricht konfrontiert wurde, fand sich bei den deutschen Schülern und Schülerinnen eine breite Streuung der Buchstaben-Vorkenntnisse. Die zum Schulanfang erhobenen Ergebnisse zur Buchstabenkenntnis stimmten mit den Angaben des Elternfragebogens überein – die Mehrheit der bulgarischen und weniger als ein Drittel der deutschen Eltern gaben ein, dass ihr Kind zum Schulanfang mindestens kurze Wörter lesen könne.

Alle Korrelationen zwischen den zur Leistungsmessung eingesetzten Instrumenten und der Buchstabenkenntnis bei der Einschulung sowohl in Bulgarien als auch in Deutschland zeigen sich hochsignifikant. Das gilt für alle drei Messzeitpunkte. Buchstabenkenntnis erweist sich also ganz besonders bedeutsam auch für die zu späteren Zeitpunkten erhobene Leistung.

Die Befunde sprechen dafür, dass in beiden Ländern während des ersten Schuljahres gezielt die jeweiligen Defizite aufgefüllt wurden, um eine gute Grundlage des Lesenlernens zu schaffen. Andererseits stehen die Befunde dieser Studie im Einklang mit aktuellen Forschungsergebnissen über den Zusammenhang zwischen der Phonologischen Bewusstheit und dem Erwerb des alphabetischen Prinzips. Die Auffassungen der Autoren, ob die Phonologische Bewusstheit Ursache oder Folge dieses Prozesses sei, zeigen sich teilweise widersprüchlich. In der vorliegenden Untersuchung wurde jedoch von einer Basiskompetenz Phonologischer Bewusstheit angegangen, „(...), die es dem Kind erlaubt, in den Prozess des Lesenlernens einzusteigen, wobei dieser Einstieg seinerseits die Entwicklung einer größeren phonologischen Bewusstheit ermöglicht" (Europäische Kommision, 1999, S. 33).

Die kognitiven Fähigkeiten der Kinder, hier gemessen mit Hilfe eines Intelligenztests, erwiesen sich in beiden Stichproben als durchaus ähnlich. Die Ausgangsleistungsniveaus beider Gruppen (Bulgarien und Deutschland) dürfen von daher als weitgehend identisch angenommen werden.

Darauf, dass auch die sozialen und familiaren Verhältnisse, in denen die Kinder des vorliegenden Projekts lernen und aufwachsen in gleicher Weise sich ähnlich sind, deutet der Elternfragebogen. Die in der Familie vor der Einschulung ausgeübten lesebezogenen oder Freizeit-Aktivitäten scheinen keinen statistisch bedeutsamen Einfluss auf die späteren Leistungen der Kinder in Bulgarien zu haben. In Deutschland zeigten sich jedoch bei einigen solcher Beziehungen statistische Zusammenhänge. Als statistisch nicht signifikant sowohl in Deutschland als auch in Bulgarien zeigten sich die Korrelationen zwischen den Leistungen der Kinder und den nach dem Schulbeginn mit den Eltern durchgeführten Tätigkeiten. Das würde bedeuten, dass in der hier untersuchten Stichprobe die familiären Aktivitäten nur einen indirekten Einfluss auf die Entwicklung der Kinder in der angesprochenen Phase ausgeübt haben. Aus den Ergebnissen ist zu schließen, dass die berichteten, vor und nach dem Schulbeginn in der Familie praktizierten Aktivitäten keinen wesentlichen Einfluss auch auf das kindliche Selbstkonzept über die Phonologische Bewusstheit ausübten.

Die Ergebnisse zeigen deutlich, dass zwischen Bulgarien und Deutschland deutliche Unterschiede in Bezug auf die Meinung der Eltern dazu bestehen, welche Selbsteinstellung „gut für ihre Kinder" sei. Bei fast ¾ der befragten bulgarischen Eltern wurde der Wunsch geäußert, auch die Erstklässler sollten eine realistische Selbsteinschätzung besitzen, wohingegen fast ¾ der deutschen Eltern der Meinung waren, eine Selbstüberschätzung sei in dem betreffenden Alter noch angemessen. Jedoch bewirkten diese recht gegensätzlichen Einstellungen kaum differierende Elternerziehungsmethoden: die Eltern beider Länder lobten ihre eigenen Kinder fast gleich häufig.

Wie viele Bücher die Familie besitzt, schien keinen wichtigen Einfluss auf die Kinderselbstkonzepte auszuüben. Zwischen dem Selbstkonzept zum dritten Messzeitpunkt und dem Computerzugang zu Hause ergibt sich jedoch für die gesamte Stichprobe ein auf dem Niveau 0.05 signifikanter Korrelationskoeffizient. Das weist darauf hin, dass das Selbstbild der befragten Kinder am Ende der ersten Klasse sich vom Computerzugang der Familie abhängig zeigte. Diese Abhängigkeit konnte in ihrer Ursächlichkeit nicht geklärt werden.

Differenzen im Lernumfeld, die so genannten schulorganisatorischen Verhältnisse, unter denen die Schülerinnen und die Schüler lernen, sind nebenwirkende Faktoren, die jedoch eine relevante Erklärungsgröße für Unterschiede in den Leseleistungen zwischen den Kindern und den Klassen bilden und die in der Forschung bereits identifiziert wurden. Für diese Untersuchung wurde von der Existenz verschiedener Lernbedingungen in den Ländern grundlegend ausgegangen, was sich durch die Ergebnisse des Lehrerfragebogens bestätigte.

Die Informationen aus dem Lehrerfragebogen für die Klassenmerkmale zeigten mehrere länderspezifische Unterschiede: sowohl für die Schulorganisation (Leseunterrichtszeit, Organisation der Hausaufgabenbetreuung in der Schule, zur Verfügung gestellte Bücher, didaktische Materialien, neue Technologien) als auch für die Gestaltung des Leseunterricht selbst (von der Lehrkraft gesetzte Prioritäten, Hausaufgaben, Leistungsbewertung). Die Ergebnisse bestätigten die Annahme, dass sich die Selbstkonzepte der Kinder abhängig von den gegebenen Voraussetzungen unterschiedlich entwickelten und dies wiederum für die Sensibilität des Verfahrens spricht.

Obwohl in Deutschland mehrere Formen der Unterrichtsorganisation (auch Arbeit zu zweit, Gruppenarbeit) ausgeübt wurden, war die verbreiteteste Unterrichtsform im Anfangsunterricht in beiden Ländern der Frontalunterricht. Trotz der erwähnten Unterschiede in einzelnen deutschen Klassen darf in dieser Studie für den Vergleich von weitgehend parallelen Unterrichtssituationen ausgegangen werden, auch im Hinblick auf die Größe der Stichproben, die jeweils als Ganzes und nicht in kleinen Teilen betrachtet werden sollen. Für eine darüberhinausgehende statistische Bewertung von Bedeutung und Effekt differierender Freiheitsräume im Unterricht für und auf das Selbstkonzept (vgl. Kammermeyer & Martschinke, 2004; Fend, 1997) reichte das im Rahmen dieser Untersuchung zu gewinnende Material nicht aus, sie bedeutete auch eine nicht unwesentliche Erweiterung der hier gestellten Aufgabe.

Die Ergebnisse dieser Studie sind nur für die getestete Stichprobe repräsentativ. Zwar dienen sie keinem allgemeinen Ländervergleich – in Folgestudien wird zu prüfen sein, ob diese Befunde replizierbar sind – sie legen jedoch Korrelationen und Tendenzen offen, die für weitere Studien von Interesse sind. Besonders konnte gezeigt werden, dass mit dem angewandten Verfahren, unabhängig von der Muttersprache, das Selbstkonzept über die Phonologische Bewusstheit von Kindern am Beginn der Grundschulzeit erhoben werden kann.

6. Abschließende Diskussion

Die am Ende jedes Kapitels dieser Arbeit jeweils dargestellten und diskutierten Ergebnisse der Pilot- und der Hauptuntersuchung werden im Folgenden akzentuiert zusammengefasst und diskutiert. Dabei wird zunächst auf die Gliederung, dann auf das Verfahren selbst, auf seine spezifische Ökonomie, auf die Zuverlässigkeit sowie auf die Gültigkeit eingegangen, um schließlich noch einmal pointiert bisherige Forschungsergebnisse anderer Analysen darzulegen, auf deren Basis das Novum der vorliegenden Untersuchung sichtbar wird.

In der vorliegenden Arbeit wurde der Verlauf der Selbstkonzeptentwicklung und der Fähigkeitsaufbau bei Schülern im ersten Schuljahr untersucht und der Zusammenhang zwischen Selbstkonzeptentwicklung und Erwerbskompetenzen am Beispiel Lesekompetenzerwerb erforscht. Das Ziel war eine gültige und dabei ökonomische Erfassungsmethode zu entwickeln, die Erhebungen über das Leseselbstkonzept und über das Selbstkonzept der Phonologischen Bewusstheit im Grundschulalter erlaubt.

Pilot- und Hauptuntersuchung

Die einleitende Literaturrecherche zum Umfeld der gestellten Aufgabe hatte gezeigt, dass nur sehr wenige einschlägige Untersuchungen bekannt sind, die sich mit der hier gestellten Aufgabe befassen, weshalb auf eine nur geringe Anzahl entsprechender Erfahrungen zurückgegriffen werden konnte. Die zunächst vorgenommene Pilotstudie diente daher einerseits dem Erarbeiten neuer Instrumente im Sinne der Aufgabe wie auch ersten Prüfungen und Bewertungen der Effektivität. Diese Instrumente sind zum einen die neuentwickelten Fragebögen zur Erfassung der Phonologischen Bewusstheit (SkPhB-1) und des Leseselbstkonzepts (SkLk-1) und zum anderen die adaptierten Selbstkonzeptskalen und Kompetenztests zum Erheben der Phonologischen Bewusstheit und der Lesekompetenz.

Die Befunde der Pilotstudie erbrachten für die weitere Arbeit fruchtbare Ergebnisse und Erkenntnisse. Es konnte gezeigt werden, dass das neu konstruierte Verfahren in seinen beiden Varianten (SkPhB-1 und SkLk-1) sowie in den beiden hier relevanten Sprachen (deutsch und bulgarisch) angemessene psychometrische Eigenschaften sowohl bei der Reliabilitäts- als auch bei der Validitätsanalyse aufweist.

Bei der Hauptuntersuchung handelt es sich um eine erneut durchgeführte Erhebung und Analyse der nun verbesserten Instrumente. Diese Verbesserungen hatten sich im Verlauf und bei der Umsetzung der Pilotstudie ergeben und konnten in die Hauptuntersuchung aufgenommen werden. Dadurch kam es sowohl bei den Items als auch bei den Skalen zu Modifikationen, die sich positiv auf die Studie auswirkten.

Die anschließende Reliabilitätsüberprüfung zeigte auch für die Hauptuntersuchung gute psychometrische Qualitäten des Verfahrens. Im Rahmen der Validitätsüberprüfung wurden durchgängig signifikante Zusammenhänge der neuentwickelten Skalen mit dem gemessenen Leistungskonstrukt der Phonologischen Bewusstheit festgestellt. Die Beziehungen der Leseselbstkonzeptskala zu den Lesetests, die als weitere Außenkriterien dienten, waren jedoch unbefriedigend. Ebenso wie in der Pilotuntersuchung bestätigten sich aber auch hier die erwarteten Beziehungen zwischen den vorgestellten Selbstkonzeptskalen und den herangezogenen ähnlichen bzw. unähnlichen Selbstkonzeptkonstrukten.

Im Rahmen der Hauptuntersuchung waren auch weitere Hypothesen zu prüfen. Einerseits konnte die Änderungsvalidität, als weiteres Gütekriterium des neuen Verfahrens eingeführt werden. Andererseits wurde nach den Zusammenhang zwischen der Selbstkonzeptentwicklung und der Lesekompetenz sowie der Phonologischen Bewusstheit gesucht.

Verfahren zur Erfassung des Selbstkonzepts bei Schulanfängern

Das vorgegebene Hauptziel der Arbeit wurde durch die Entwicklung einer praktikablen Erfassungsmethode des Selbstkonzepts der Phonologischen Bewusstheit und der Lesekompetenz in der ersten Klasse erreicht. Das Verfahren ermöglicht Erhebungen im Gruppensetting. Es zeigte sich sowohl bedingungs- als auch änderungssensibel. Die vorliegende Studie offenbart schlüssig, dass die Selbstkonzepte von Kindern bereits kurz nach der Einschulung (in den ersten beiden Wochen) erfolgreich und durchaus differenziert erfasst werden können.

Im Hinblick auf die Fragestellung zeigte sich, dass es möglich ist, bereichsspezifische Selbstkonzepte im Gruppensetting zu Beginn der Grundschule zu erfassen. Dazu wurde in der vorliegenden Arbeit ein Fragebogen zur Erhebung des Selbstkonzepts für die 1. Klasse entwickelt. Hierbei erwiesen sich auch die spielerische Umsetzung der Aufgaben in den Fragebögen und die spielerische Atmosphäre bei der Erhebung sowie eine altersgerechte Sprache als ausschlaggebend für den Erfolg. Auch ist es gelungen, ein valides Instrument zur Erhebung des Selbstkonzeptes über die Phonologische Bewusstheit zu konzipieren. Eine Schwierigkeit besteht offenbar jedoch, ein valides Instrument zur Erhebung des Leseselbstkonzepts für diese Altersgruppe zu entwickeln, wie die niedrige Beziehung zur tatsächlich erhobenen Lesekompetenz zeigt. Die Resultate der vorliegenden Untersuchung lassen vermuten, dass der Begriff „Lesekompetenz" zu abstrakt für das Alter der getesteten Probanden definiert wurde. Vielmehr kann davon ausgegangen werden, dass das Leseselbstkonzept in diesem Alter nicht so facettenreich greifbar ist. Einzelne Items speziell zur Erfassung des Leseverständnisses zeigten jedoch signifikante Korrelationen zu der tatsächlichen Lesekompetenz, allerdings nur in Deutschland. In diesem Sinne lässt sich der Leseerwerb in dem betreffenden Alter als Selbstkonzeptdomäne über die Phonologische Bewusstheit greifen. Als Konsequenz wird hier empfohlen, die hier entwickelte Unterskala „Selbstkonzept Lesekompetenz" von Skala SkLk-1 zu einem späteren Zeitpunkt (höhere Klassenstufe) einzusetzen.

In den Fragebögen Selbstkonzept-Phonologische-Bewusstheit (SkPhB-1) und Selbstkonzept-Lesekompetenz (SkLK-1) wurden die bestehenden Erkenntnisse zu der Struktur und dem Aufbau von Selbstkonzepten bei Kindern berücksichtigt. Es wurde hier von der Erkenntnis der gegenwärtigen Selbstkonzeptforschung (z.B. Marsh, Debus, Graven, 1991) ausgegangen, dass die Kinder in dem getesteten Alter ein differenziertes und mehrdimensional angelegtes Selbstkonzept besitzen. Es wurde erwartet, dass das ‚Selbstkonzept Phonologische Bewusstheit' und das Leseselbstkonzept bereichsspezifisch bei Kindern der ersten Klasse erfassbar sind. Im Anschluss an die Gedanken von Davis-Kean und Sandler (2001) wurde zudem vermutet, dass es den Erstklässlerinnen und Erstklässlern leicht fallen wird, ihre Einstellungen zur Lesefähigkeit aus dem Gedächtnis abzurufen und Fragen zu dieser Thematik zu beantworten.

Die in dieser Studie befragten Kinder befinden sich nach Susan Harters (1999) Einteilung am Ende der zweiten Stufe der Entwicklung ihres Selbstkonzepts (frühe bis mittlere Kindheit). Drei Aspekte in den Ausführungen Harters waren für die vorliegende Arbeit besonders wichtig: Der erste entscheidende Ausgangspunkt ist die Annahme, dass bei Kindern dieses Alters bereits ausgear-

beitete Klassifikationseigenschaften vorhanden seien. Der zweite wichtige Aspekt ist, dass Kinder sich auf spezifische Kompetenzen fokussieren und die eigene Person mit sich selber zu einem früheren Zeitpunkt verglichen wird.
Schließlich wird davon ausgegangen, dass bei Kindern des betreffenden Alters
eine idealistisch positive Selbsteinstellung vorherrscht. Nach Harters Annahmen
dauert diese zweite Stufe bis zum Alter von 7 Jahren. Das würde weiterhin bedeuten, dass sich ein Teil der Kinder am Ende der Untersuchung in der nächsten
Stufe ihrer Entwicklung (mittlere bis späte Kindheit) befindet. Das würde hei-
ßen, dass einerseits immer mehr vergleichende Bewertungen mit Gleichaltrigen
vorgenommen werden. Andererseits konstruiert sich eine höhere Ordnung von
Verallgemeinerungen, die mehrere Verhaltensweisen subsumieren, z. B.: Ich bin
gut im Lesen, weil ich Wörter und Bücher schnell lesen kann.

Ausgehend von den Annahmen von Shavelson und Mitarbeitern (1976)
zum reziproken Verhalten der Spezifität eines Selbstkonzepts zu dessen Stabilität (je spezifischer ein Selbstkonzept, desto weniger stabil und umgekehrt)
wurden für das hier vorgestellte Verfahren drei Erhebungszeitpunkte im Laufe
des ersten Schuljahres vorgesehen. Auf diese Weise wurde berücksichtigt, dass
das ‚Selbstkonzept Phonologische Bewusstheit' situationsabhängiger zu sein
vermag, als das Selbstkonzept Lesekompetenz.

Um eine effektive Selbstkonzepterhebung zu ermöglichen, wurde das Instrument bildbasiert aufgebaut. Dieser Vorgang wird in der Selbstkonzeptforschung bei kleinen Kindern häufig eingesetzt (z.B. Harter & Pike, 1984). Da aber
eine bildliche Darstellung beispielsweise von Silben oder Phonemen nicht möglich ist, dienen die Zeichnungen in diesem Fall nicht zur Darstellung der Iteminhalte, sondern sollen lediglich die gewünschte Gruppendurchführung (statt
Einzelinterviews) gewährleisten. Die Items beginnen mit einer deklarativen
Aussage, die in eine das Personalpronomen „du" enthaltende Frage umgewan-
delt und wiederholt wird. Nach Tunmer, Chapman und Prochnow (2003) werden so die Selbstkonzeptaussagen in die natürliche Sprache eingebettet, ohne
die Kinder zu überfordern. Dass die direkt an die Kinder gerichteten Fragen den
besten Weg darstellen, um zuverlässige Informationen zu erhalten, referieren
auch weitere Forscher (Davis-Kean & Sander, 2001; Marsh et al., 1991).

Harters vierstufiges Antwortformat wurde hier weiterentwickelt, indem die
Kinder nach jeder Entscheidung ihre Antwort durch das Aufkleben von Punkten
visualisieren. Auf diese Weise ist es nicht nötig, bei der zweiten Entscheidung
die erste aus dem Gedächtnis abzurufen. Nach den Empfehlungen von Davis-
Kean und Sander (2001) sowie von Marsh et al. (1998) wurden auch Items mit
parallelen Inhalten genutzt.

SkPhB-1 („Selbstkonzept-Phonologische-Bewusstheit 1") erweist sich als ein ökonomisches, dem Alter der Befragten angemessenes Verfahren, das einen Überblick über die wichtigen Bereiche der eingeschätzten Phonologischen Bewusstheit, als Teilaspekt des Leseselbstkonzepts, noch vor dem vollständigen Aufbau der Lesekompetenz erlaubt. Der hier entwickelte Fragebogen erbringt die dazu notwendige Sensibilität. Ausgehend von der Annahme, dass in den beiden Ländern Deutschland und Bulgarien verschiedene Lernumgebungen bestehen, konnten durch SkPhB-1 die verschiedenen Selbstkonzeptverläufe in Bulgarien und in Deutschland aufgezeigt werden.

SkLk-1 („Selbstkonzept-Lesekompetenz 1") führt den oben genannten Fragebogen fort und ist als dessen Erweiterung zu sehen. Dieser Fragebogen besteht aus zwei Selbstkonzeptskalen, die auch separat angewendet werden können und ab der zweiten Hälfte des ersten Schuljahres einsetzbar sind. Die erste Skala („Selbstkonzept Phonemanalytische Kompetenz") entspricht dem SkPhB-1. Die zweite Skala („Selbstkonzept Lesekompetenz") enthält Items, die entsprechend die eingeschätzte Kompetenz im Lesen erheben.

Beide Varianten des Verfahrens erwiesen sich sowohl in der Pilot- wie in der Hauptphase als aussagekräftig. Für ihre Anwendung spricht weiterhin die Möglichkeit einer besonders ökonomischen Erhebung und Auswertung. Als ungünstig kann im vorliegenden Falle die geringe Stichprobengröße gelten. Dies sollte aber die prinzipielle Anwendbarkeit des entwickelnden Verfahrens nicht infrage stellen.

Ökonomie

Der Untersuchung der Lernvoraussetzungen wie dem Bewusstsein über eigene Kompetenzen zu Schulbeginn kommt eine hohe Bedeutung zu, da hierdurch die Sichtbarmachung potentieller Defizite und Anfangsschwierigkeiten eine Möglichkeit bietet, diese zu einem sehr frühen Zeitpunkt zu kompensieren und somit langfristige Lernprobleme sowie deren sukzessive Vergrößerung zu verringern, wenn nicht verhindern. Ein grundlegendes Problem und eine starke Herausforderung bei der Erhebung von Ausgangskompetenzen sowie kindlicher Einstellungen besteht jedoch darin, dass es angesichts des Alters der angesprochenen Kinder kaum möglich wäre, ein Papier- und Bleistift-Verfahren anzuwenden. Daher wurden in der Praxis bisher ausschließlich Einzeltests mit entsprechend hohem Zeitaufwand eingesetzt.

Als Gruppentest können die Fragebögen SkPhB-1 und SkLk-1 mit mehreren Kindern gleichzeitig durchgeführt werden. Sie sind aus diesem Grund wesentlich zeitökonomischer einsetzbar als ein Einzeltest. Auch im zweiten Schritt, der Auswertung, wird der Vorteil der erheblich verbesserten Zeitökonomie sichtbar: Die Fragebögen lassen sich mit geringem personellen und temporären Aufwand auswerten.

Altersangemessenheit der Items

Auf Itemniveau wurden die Schwierigkeitsindices bestimmt. Die errechneten Werte zeigten nicht nur, wie stark ein einzelnes Item in der Lage ist, Unterschiede zwischen Kindern mit hohem Selbstkonzept und Kindern mit geringem Selbstkonzept erkennbar zu machen, sondern auch wie weit das Verfahren für das getestete Alter angemessen ist.

Die Schwierigkeitsindices der Items zur Skala SkPhB-1, sowie der Items zur Unterskala „Selbstkonzept phonemanalytische Kompetenz" der Skala SkLk-1 bewegen sich innerhalb der gewünschten Grenzen, allerdings in deren oberem Bereich, was auf eher leichte Aufgaben schließen lässt. Das bedeutet, dass die Schüler der Meinung sind, die Aufgaben im Bereich der Phonologischen Bewusstheit mit Leichtigkeit bewältigen zu können. Die Koeffizienten steigen über die Zeit und erwartungsgemäß sind sie zum letzten Messzeitpunkt am höchsten: Die erfragten Inhalte waren den Kindern zu diesem Zeitpunkt schon bestens vertraut.

Die Schwierigkeitskoeffizienten der Items zur Unterskala „Selbstkonzept Lesekompetenz" zeigen niedrigere Werte und deuten auf deren erhöhte Schwierigkeit. Dies entspricht auch der Erwartung, dass die Lesekompetenz am Ende der 1. Klasse noch nicht bei allen Kindern vollständig aufgebaut wurde. Zu beachten ist zusätzlich, dass im Alter der befragten Schülerinnen und Schüler eine positive Selbsteinschätzung durchaus zu erwarten ist.

Wie gut misst das Verfahren?

Zur Prüfung der Zuverlässigkeit der Untersuchungsergebnisse und um beurteilen zu können, welche psychometrische Qualität die identifizierten Skalen SkPhB-1 und SkLk-1 besitzen, wurde mit Hilfe von Cronbachs Alpha zunächst die interne Konsistenz berechnet. Als weiteres Mittel zur Reliabilitätsprüfung wurde eine Testwiederholung bei der Skala SkPhB-1 umgesetzt. Die internen Konsistenzen für Skala SkPhB-1 für beide Länder liegen über der erwünschten Grenze von .70, was für eine sehr gute Reliabilität der angesprochenen Skala sowohl in Deutschland als auch in Bulgarien spricht. Die Test-Retest-Reliabilitäten sprechen ebenfalls für die Güte der Skala. Die Werte zeigen, dass insgesamt von einer relativen Messgenauigkeit der Skala im Sinne der Retest-Reliabilität ausgegangen werden kann. Die Ergebnisse sind so zu interpretieren, dass aufgrund der Retest-Reliabilität für beide Länder zusammen mindestens 39 % der empirisch beobachteten Merkmalvarianz (vgl. Tabelle 48) auf „wahre" Merkmalsunterschiede zurückgeführt werden können (Bortz & Döring, 2006). Aus der lediglich mittleren Höhe der Retest-Reliabilitätskoeffizienten lässt sich weiterhin auf eine gewisse Instabilität schließen, was möglicherweise darauf hindeutet, dass das erhobene Selbstkonzept in dem getesteten Alter (6-8 Jahre) noch nicht dauerhaft aufgebaut ist. Zu berücksichtigen ist dabei auch der große Zeitabstand (mindestens vier Monate) zwischen den Erhebungen.

Die Höhe der Retest-Reliabilitätskoeffizienten könnte auch durch mangelndes Sprachverständnis erklärt werden. Bei genauer Betrachtung der Items wird deutlich, dass besonders die schwierigeren einen relativ niedrigen Retest-Reliabilitätskoeffizienten zeigen. Zu Beginn der Erhebung haben die Kinder eine begrenzte Vorstellung, was die Nuancen der verschiedenen Fragen betrifft. Sie lösen z.B. das vorgeschlagene Beispiel und sind der Meinung, dass die Aufgabe im Prinzip leicht zu lösen sei. Mit der Zeit zeigt die erworbene Kompetenz auch andere Facetten, und nun steht das Kind vor der Entscheidung, ob die angegebene Frage generell, egal welches Beispiel man nimmt, leicht zu lösen sei. Das deutet auf eine mangelnde Generalisierung bzw. Abstraktionsfähigkeit in diesem Alter bezogen auf die eigenen Fähigkeiten.

Die internen Konsistenzen auch für die Gesamtskala SkLk-1 liegen weit über der erwünschten Grenze von .70. Das bedeutet, dass ebenso diese Skala Items versammelt, die sehr gute Passung zueinander sowohl in Bulgarien als auch in Deutschland haben.

Die Trennschärfen bewegen sich im zufriedenstellenden bis sehr guten Bereich. Auch hier zeigt sich, dass die verwendeten Items die erhobenen Konstrukte gut zu repräsentieren vermögen. Dennoch sind die Werte nicht extrem hoch, was auf die Homogenität der Skalen hinweist. Dementsprechend sind diese durchaus akzeptabel, da die Skalen die Breite des erhobenen Selbstkonzeptaspekts in all ihren Facetten, aber dennoch fokussiert erheben will.

Wie gut kann das Verfahren das Selbstkonzept erfassen?

Anders als in größeren Stichproben wurden in der vorliegenden Arbeit ganz andere und neue Validitätsaspekte erforscht. In kleineren Stichproben konnten mehrere Aspekte bedacht und bemessen werden. So konnten hier neben der Kriteriumsvalidität, der konvergenten und diskriminanten Validität auch weitere Validitätsbelege in die Betrachtung mit einbezogen werden. Zudem wurde die Änderungsvalidität als Sensibilität gegenüber der Veränderung über die Zeit und gegenüber unterschiedlichen Lernbedingungen berücksichtigt.

Die Beziehungen zwischen den Selbstkonzeptskalen SkPhB-1 und SkLk-1 und dem Leistungstest über die Phonologische Bewusstheit präsentierten sich sowohl in Bulgarien als auch in Deutschland als statistisch bedeutsam und deuten auf eine gute Kriteriumsvalidität. In Bulgarien zeigten sich zu allen Erhebungszeitpunkten hochsignifikante Werte, in Deutschland lässt sich eine leichte Tendenz zu höheren Korrelationswerten mit der Unterskala Phonologische Bewusstheit im engeren Sinne feststellen. Das ist wiederum erklärlich, da die Skala SkPhB-1 mehr Items über Phonologische Bewusstheit im engeren Sinn (sieben Items) als im weiteren (drei Items) enthält. Wie bereits einleitend beschrieben war der Zusammenhang zwischen der Gesamtskala SkLk-1 (sowie deren Unterskala „Selbstkonzept Lesekompetenz") und den Leseleistungstests unerwartet gering. Offenbar zeigt die Skala, die das Leseselbstkonzept messen will, nicht genügend Beziehung zu der tatsächlich erhobenen Lesekompetenz. Das ist kritisch anzumerken. Jedoch korreliert die erhobene Kompetenz in Phonologischer Bewusstheit mit der o.g. Unterskala („Selbstkonzept Lesekompetenz") erwartungsgemäß niedriger als mit der Unterskala „Selbstkonzept Phonologische Bewusstheit" sowohl in Bulgarien als auch in Deutschland. Das bedeutet: Das Verfahren zur Erhebung der Phonologischen Bewusstheit korreliert höher mit der Unterskala zur Messung des Selbstkonzepts Phonologische Bewusstheit und niedriger mit der Unterskala zur Messung des Leseselbstkonzepts. Andererseits ist der Zusammenhang zwischen den Lesekompetenztests und der Unterskala höher, die das entsprechende Leseselbstkonzept erhebt als mit der Unterskala, die das ‚Selbstkonzept Phonologische Bewusstheit' misst. Daraus folgt, dass, auch wenn die Korrelationen schwach sind, die ebenfalls zum dritten Messzeitpunkt erwünschten Zusammenhänge zwischen dem Selbstkonzept und der jeweiligen Kompetenz bestätigt wurden. Darüber hinaus deutet dieser Befund darauf hin, dass beide Phänomene (Leseselbstkonzept und ‚Selbstkonzept Phonologische Bewusstheit') domänenspezifisch erfasst wurden.

Die im Rahmen der Konstruktvalidität ermittelten Korrelationen lassen positive Schlüsse auf angemessene konvergente und diskriminante Validität des Leseselbstkonzepts und des Selbstkonzepts der Phonologischen Bewusstheit bzw. der beiden Selbstkonzeptskalen (SkPhB-1 und SkLk-1) zu. Die Korrelationskoeffizienten bestätigten die erwarteten Beziehungen der Selbstkonzeptskalen zu dem herangezogenen ähnlichen (Selbstbild über kognitive Kompetenz) bzw. unähnlichen (Selbstbild über Sportkompetenz und über Interesse am Lesen) psychologischen Konstrukt.

Mit dem Ziel, die Änderungsvalidität zu ermitteln, wurden in dieser Studie die Lernbedingungen aus der Sicht der Eltern und aus der Sicht der Lehrer erhoben und berücksichtigt. Hier zeigten sich durchaus Unterschiede zwischen den Ländern, aber auch Abweichungen zu früheren Forschungsergebnissen, etwa beim Zusammenhang zwischen der Anzahl der im elterlichen Haushalt befindlichen Bücher und der Lesekompetenz der Kinder (z. B. Bos et al., 2007). Auch konnte keine signifikante Korrelation gefunden werden, die auf einen Zusammenhang zwischen der Bücheranzahl und dem Selbstkonzept hinweisen würde. Der in der vorhandenen Bücheranzahl gedachte Bildungshintergrund der Eltern übte demnach weder auf das Selbstkonzept noch auf die Lesekompetenz der befragten Kinder einen merkbaren Einfluß aus.

Unterschiede zwischen beiden Ländern offenbarten sich auch in Bezug auf die Elternmeinung, welche Selbsteinstellung gut und vorteilhaft für ihre Kinder sei. Bei fast 75 % der befragten bulgarischen Eltern wurde der Wunsch geäußert, dass auch die Erstklässler/innen eine realistische Selbsteinschätzung besitzen sollten, wohingegen fast 75 % der deutschen Eltern der Meinung waren, eine Selbstüberschätzung sei in dem Alter noch angemessen. Diese starke Differenz zwischen den beiden Ländern ist bemerkenswert und konnte in seiner Ursächlichkeit nicht erschöpfend geklärt werden.

Differenzen zwischen den Ländern zeigen sich in Gestalt und Umfang des Wissensstandes der Kinder zum Zeitpunkt ihrer Einschulung: Bulgarische Schulanfänger verfügen über eine erheblich größere Buchstabenkenntnis als deutsche und damit über einen Wissensvorsprung. Auch hinsichtlich der optimistischen Einschätzung der eigenen Fähigkeiten der Lernenden zeigen sich differente Entwicklungsverläufe. So erfahren bulgarische Schüler und Schülerinnen in Bezug auf ihr Selbstkonzept über die Phonologische Bewusstheit einen Knick, während sich bei deutschen Kindern ein nahezu gradliniger Verlauf abzeichnet. Der Knick lässt sich vermutlich mit dem Einsatz des Lehrwerkes „Lesebuch" [Übersetzung K.P.K.] „читанка" im bulgarischen Unterricht erklären, was auf eine Abhängigkeit zwischen Selbstkonzept und verwendetem Unterrichtsmedium schließen lässt – ein Aspekt, der in späteren Studien untersuchungswert wäre.

Ferner wurde hier überprüft, wie die Selbstkonzepte der Kinder den tatsächlichen eigenen schulischen Leistungen folgen. Es sollte der Zusammenhang zwischen Lesekompetenzerwerb und Selbstkonzeptentwicklung einerseits sowie der Entwicklung der Phonologischen Bewusstheit andererseits untersucht werden. Als Ausgangshypothese und Basis der Untersuchung wurde von der Vermutung ausgegangen, dass sich die Selbstkonzepte bei differierenden Bedingungen auch unterschiedlich entwickeln würden. Tatsächlich zeigte sich, dass sich das Selbstkonzept und die Phonologische Bewusstheit über die drei Messzeitpunkte während des ersten Schuljahres verändern. Diese Veränderung stellte sich unterschiedlich in Deutschland und Bulgarien dar (vgl. Kapitel 5.2.5.1.1). Wie bereits ausgeführt, zeigte sich in Bulgarien ein „Knick" sowohl bei der Selbstkonzeptentwicklung zur Phonologischen Bewusstheit als auch bei der Entwicklung der Phonologischen Bewusstheit selbst. In Deutschland hingegen spiegelte der fast gradlinige Entwicklungsverlauf der Selbstkonzeptentwicklung den ebenso gradlinigen Anstieg der angesprochenen Kompetenzentwicklung.

Die Analyse des Zusammenhangs zwischen Selbstkonzept und Leistung ergab in den jeweiligen Ländern aufschlussreiche und ausschließlich hochsignifikante Korrelationen. Zum ersten Messzeitpunkt in Bulgarien offenbarten sich hohe Korrelationen zwischen Buchstabenkenntnis und ‚Selbstkonzept Phonologische Bewusstheit'. Hatten die Kinder jedoch nicht allzu viele neue Buchstaben zu lernen, zeigte sich dieser Zusammenhang nicht: zu dem folgenden zweiten und dritten Messzeitpunkt, sowie zum Leseselbstkonzept. In Deutschland konnte ein disparates Bild festgestellt werden: Zu Beginn der Schule scheint es keinen Zusammenhang zu geben, für den zweiten und dritten Messzeitpunkt ließen sich hingegen hochsignifikante Korrelationen mit allen Skalen nachweisen.

Daraus kann geschlossen werden, dass die Kinder zu den verschiedenen Erhebungszeitpunkten unterschiedliche Teilkompetenzen bei ihrer Selbsteinschätzung einbeziehen. Die Phonologische Bewusstheit, als eine den gesamten Prozess des Lesekompetenzaufbaus begleitende Kompetenz, erlebt einen Anstieg als Konsequenz des Schriftsprachunterrichts in der Schule, bleibt während des ganzen ersten Schuljahres ein wichtiger Faktor und prägt das leistungsbezogene Selbstbild von Erstklässlern und Erstklässlerinnen. Durch die vorliegenden empirischen Ergebnisse wird die Bedeutung der Phonologischen Bewusstheit deutlich, die als eine Art „Begleitkompetenz" entscheidenden Einfluss auf Selbstbild und Lernerfolg von Edukanden zu besitzen scheint.

Zusammenfassend kann gesagt werden, dass die Skalen- und Itemkennwerte zu ganz wesentlichen Teilen die Aussagekraft der Studie nachhaltig stützen. Die Ergebnisse deuten darauf hin, dass beide Fragebögen über beide Länder hinweg gut geeignet sind, zwischen Personen mit niedrigem und solchen mit hohem Selbstkonzept über die Phonologische Bewusstheit wie über das Lesen zu differenzieren.

Ergebnisse der vorliegenden Studie im Kontext bisheriger Forschung

In der vorliegenden Untersuchung konnte das Selbstkonzept über die Phonologische Bewusstheit bereichsspezifisch und dimensional getrennt vom Leseselbstkonzept erhoben werden. Diese Tatsache bestätigt durchaus die lange umstrittene, jedoch bereits in der internationalen Literatur der letzten zwei Jahrzehnte geäußerte These, dass Erstklässler durchaus in der Lage sind, ihre bereichsspezifischen akademischen Selbstkonzepte zu identifizieren (Chapman & Tunmer, 1995; Eccles et al., 1993; Harter (1983), Helmke, 1998; Marsh et al., 1991). Klar getrennt wurde in dieser Arbeit das Selbstkonzept über die Kompetenz Phonologische Bewusstheit von dem Selbstkonzept im Sport. Bei diesem Prozess führten die Kinder einen Vergleich im Sinne der internalen Referenz (z.B. Marsh et al., 2004) durch und stellten ihre eigenen Leistungen in einem bestimmten Bereich (Phonologische Bewusstheit) denen in einem anderen (Sport) gegenüber.

Ferner wurde der Versuch unternommen, den Effekt negativ formulierten Items zu untersuchen. Das führte zu einem interessanten Befund. In Bulgarien bestätigte sich Marshs (1986) Annahme, dass junge Kinder negative Selbstkonzeptitems anders als positive beantworten. In Deutschland hingegen verifizierten die Ergebnisse die Schlussfolgerungen von Chapmann und Tunmer (1995), dass negativ formulierte Items sehr wohl in Skalen für junge Kinder integriert werden können.

In der vorliegenden Stichprobe lag bei der Hauptuntersuchung das mittlere Alter bei dem ersten Messzeitpunkt bei knapp über 7 Jahren für Bulgarien und bei 6 ½ Jahren für Deutschland. Die Kausalität zwischen Selbstkonzept und Leistung ist hier wegen der relativ geringen Stichprobengröße nicht zuverlässig. Dennoch zeigen die fast durchgängig signifikanten Korrelationen zwischen Selbstkonzept und Leistung zu den jeweiligen Messzeitpunkten, dass in Bulgarien ein annähernd stabiles Selbstbild und in Deutschland ein relativ unstabiles Selbstbild der Schülerinnen und Schüler besteht. Dieses Ergebnis bestätigt die

Annahme, dass die Kinder noch über kein schlüssiges Selbstbild ihrer Fähigkeiten verfügen. Zu dessen Bildung benötigen die Kinder naturgemäß Zeit, zumal sie während des Leselern-Prozesses sowohl Schwierigkeiten als auch Erfolge erleben. Die – aufgrund bisheriger empirischer Forschung – zu erwartende Zunahme der Selbstbildstabilität mit steigendem Alter (Harter, 1999; Marsh et al., 1991, Shavelson et al., 1976) lässt sich auch durch das etwas unterschiedliche Lebensalter der beteiligten Kindergruppen bestätigen – die Kinder der Stichprobe in Bulgarien waren im Durchschnitt ein halbes Jahr älter als die Kinder der deutschen Stichprobe.

In Anbetracht der gruppenweise durchgeführten Erhebung wurde angenommen, dass zum ersten Messzeitpunkt die Selbsteinschätzungen der Kinder aufgrund eines Vergleichs mit den Mitschülern und Mitschülerinnen erfolgt sind. Dabei zeigte sich ebenfalls ein interessantes Ergebnis: In Deutschland sind die Korrelationen der Selbstkonzepte zwischen dem zweiten und dem dritten Messzeitpunkt höher als zwischen dem ersten und dem zweiten. Das bedeutet, dass in Deutschland ein Wechsel des Bezugsrahmens stattgefunden hat. Die Kinder haben sich nicht mit anderen verglichen, sondern mit sich selbst zu einem früheren Messzeitpunkt. Anzunehmen ist, dass sie sich bei der zweiten Erhebung daran erinnerten, wie sie bei der ersten Erhebung geantwortet hatten. In Bulgarien zeigte sich genau das entgegengesetzte Bild: Die Korrelationen der Selbstkonzepte zwischen dem zweiten und dem dritten Messzeitpunkt sind niedriger als zwischen dem ersten und dem zweiten. Eine mögliche Erklärung wurde im Zeitpunkt der Durchführung gesucht. In Bulgarien erfolgten die Erhebungen noch in den ersten Tagen nach der Einschulung, sodass die Kinder noch wenig Möglichkeit hatten, die Mitschüler/innen kennen zu lernen. Vermutlich haben sich die bulgarischen Kinder zum ersten Messzeitpunkt nicht mit ihren Klassengenossen, sondern mit sich selbst in einem anderen Bereich verglichen.

Die Ergebnisse der vorliegenden Untersuchung lassen – wiederum auch in Übereinstimmung mit Studien aus der Literatur – den Schluss zu, dass Grundschulkinder im ersten Schuljahr sowohl in Bulgarien als auch in Deutschland über hohe und sehr hohe Selbstkonzepte verfügen. Die Werte der Fähigkeitsselbstkonzepte der Kinder in der Dimension Phonologische Bewusstheit zeigten zudem eine Steigerung über die Zeit, was die Resultate in den Dimensionen Lernen und Lesenlernen der DÜnE-Studie (Beutel & Hinz, 2008) widerspiegelt.

Auch die zu erwartenden Genderunterschiede bei der Bildung von Selbstkonzepten wurden in der vorliegenden Studie ausgewertet. Dabei ergaben sich – auch analog zu ähnlichen, in der Literatur berichteten Studien (Barth und Gomm, 2008; Beutel und Hinz, 2008; Tunmer und Mitarbeiter, 2003) – in keinem der beiden Länder statistisch signifikante Unterschiede zwischen Mädchen und Jungen, weder in Bezug auf die Leistung (Phonologische Bewusstheit und Buchstabenkenntnis) noch in Bezug auf das Selbstkonzept im Bereich Phonologische Bewusstheit. Selbstwahrnehmungs- und Leistungsunterschiede zwischen den Geschlechtern im sprachlichen Bereich entstehen also offenbar erst zu einem späteren Zeitpunkt.

Das vorliegende Forschungsdesign und die verwendete Methode ermöglichen es weitgehend verlässliche Aussagen über den Zusammenhang zwischen metakognitiven Prozessen und kongnitiven Lernentwicklungen zu treffen. Die kindlichen Vorstellungen zum eigenen Lernen und Lernenkönnen sollten, angesichts der Bedeutung und Notwendigkeit des Selbstbildes für ein erfolgreiches Bildungs(er)leben, von hohem Interesse sein. Durch die Bestimmung des Selbstkonzeptes und die Beschreibung seines Verlaufes können zudem die Lernstrategien der Kinder erkannt werden. Dies ermöglicht in der unterrichtlichen Schulpraxis den Lehrkräften, diese Strategien zu fördern bzw. unterstützend und richtungsweisend auf sie einzuwirken.

Ausblick

Der der vorliegenden Untersuchung zugrundegelegte Altersbereich der Sechs- bis Siebenjährigen in ihrer Rolle als Schulanfänger war bisher nur marginal im Fokus wissenschaftlicher Analysen. Dies mag verwundern, da ein frühzeitiges Beobachten im Anfangsunterricht nicht nur wissenschaftlich interessant, sondern auch schulpädagogisch notwendig erscheint, um Fehlentwicklungen in einem möglichst frühen Stadium zu erkennen. In Bezug auf die Erforschung von Selbstkonzepten zeigt sich zudem eine Tendenz in der fachwissenschaftlichen Literatur, die auf die Beeinflussungsindikatoren der die Kinder umgebenden Umwelt hinweist, sodass bereits in den ersten Wochen nach der Einschulung nicht mehr von einem originären und unbeeinflussten Selbstkonzept ausgegangen werden könne. Berücksichtigt man jedoch, dass der Mensch ohnehin nie ohne soziale Einwirkung lebt, konnte durch diese Arbeit gezeigt werden, dass mithilfe des hier konstruierten Untersuchungsverfahrens sehr wohl die Erhebung des Selbstkonzeptes dieser Altersgruppe möglich ist.

Basierend auf den Ergebnissen dieser Arbeit wurde der Weg für künftige Forschungsarbeiten nicht nur in den Ländern Bulgarien und Deutschland bereitet, sondern auch für länderübergreifende Untersuchungen und Übertragungen auf weitere slawische Sprachen. In späteren Studien wäre es sinnvoll, weitere Iteminhalte mit dem hier vorgeschlagenen Antwortformat zu kombinieren und bei Erstklässlern gruppenweise einzusetzen. Dabei ist es wichtig, dass diese Iteminhalte auf bereits vertrauten und konkreten Aufgabenstellungen bezogen sind. Beispiel-Item: „Ich kann einen Satz laut vorlesen. Kannst du einen Satz laut vorlesen?" In zukünftigen forschungswissenschaftlichen Schritten könnten auch weitere Kompetenzbereiche (z.B. Mathematik) einbezogen werden um zu überprüfen, ob die dimensionalen Vergleiche zweier Leistungen in verschiedenen Kompetenzen signifikante Effekte auf die divergenten Selbstkonzepte ausüben. Die in dieser Arbeit in bulgarische Sprache adaptierten Selbstkonzeptskalen und Kompetenztests sowie der Intelligenztest bieten ferner Impulse für weitere Forschung.

Fazit

In der vorliegenden Arbeit wurde ein Teilbereich schulischen Lebens untersucht, der zweifellos eminente Wichtigkeit für den individuellen schulischen Erfolg in nahezu allen Fächern besitzt. Lesen als Schlüsselkompetenz ist von entscheidender Bedeutung für den Erfolg oder Misserfolg in der Bildungsbiografie aller Heranwachsenden. Dabei spielt deren nationale Herkunft keine Rolle, da in industriellen und hochtechnisierten Ländern die Schrift als Tradierungsmedium historischer, sozialer, kultureller, technischer, religiöser oder auch künstlerischer Inhalte die sogenannte „oral history" weitestgehend abgelöst hat. Gute Lesekompetenzen erleichtern die Partizipation am gesellschaftlichen Leben. Damit erweist sich Lesen als diejenige Kulturtechnik, die notwendigerweise den Schlüssel zum Vorrat kultureller Identität darstellt. Als wichtige Kompetenz zur Erschließung von Lebens- und Kulturbereichen in der Gesellschaft offenbart sich das Lesenlernen als zentrale Aufgabe in der Grundschule und macht daher eine wissenschaftlich-forschende Begleitung der unterrichtlichen Alltagspraxis unumgänglich. Durch einen empirisch-qualitativen Ansatz ergibt sich die Möglichkeit, sowohl Prozesse als auch Momentaufnahmen schulischer und individueller Leistung sowie deren Defizite und Schwierigkeitsfelder zu erheben und sichtbar zu machen und schließlich in einem weiteren Schritt die Grundlagen zur Konstituierung von Diagnoseverfahren und Präventivmaßnahmen zu formulieren.

Das Selbstkonzept als Persönlichkeitsmerkmal beeinflusst das Erleben und das Verhalten eines jeden Menschen und besitzt eine grundlegende Bedeutung für die Motivationsprozesse im Lern- und Leistungsbereich. Aus der pädagogisch-unterrichtlichen Praxis verdeutlicht sich die Notwendigkeit, neben der Frage, welche Unterrichtsmethode und -materialien zum Einsatz kommen sollen, auch eine ihr vorgelagerte Fragestellung zu formulieren, welche emotionalen und motivationalen Voreinstellungen die Kinder mit in die Schule bringen und schließlich wie sich diese im Verlauf des sprachlichen Anfangsunterrichts veränderten. Solche Vor-Einstellungen firmierten in dieser Untersuchung unter dem Terminus „Selbstkonzept", diese zu erfassen und sichtbar zu machen ist der vorliegenden Studie gelungen.

Die in dieser Analyse angewandten Methoden, Instrumente und Verfahren sowie die aus ihnen resultierenden Ergebnisse sind als eine Anregung zu weiterer Forschung im Bereich des kindlichen Selbstkonzepts zu verstehen und sollen helfen, neue diagnostische Instrumente und darauf aufbauende didaktische Unterrichtsmethoden und Materialien zu entwickeln.

7. Literatur

Asendorpf, J.B. & van Aken, M.A.G. (1993). Deutsche Versionen der Selbstkonzeptskalen von Harter. In Zeitschrift für Entwicklungspsychologie und Pädagogische Psychologie, Band XXV, Heft 1, 64-86.

Asendorpf, J. B. & van Aken, M. A. G. (1993b). PSCA-D Pictorial Scale of Perceived Competence and Social Acceptance - deutsche Fassung (Autorenbeschreibung). In PSYTKOM. Datenbank Psychologischer und Pädagogischer Testverfahren [PSYTKOM-Dok.-Nr. 2593]. http://www.zpid.de/pub/tests/pt_2593t.pdf.

Bandura, A. (1977). Self-efficacy: Toward a unifying theory of behavioral change. In Psychological Review, 84, 191-215.

Bandura, A. (1997). Self-efficacy: The exercise of control. New York: W. H. Freemann and Company.

Barth, K. & Gomm, B. (2008). Gruppentest zur Früherkennung von Lese- und Recht schreibschwierigkeiten. Phonologische Bewusstheit bei Kindergartenkindern und Schulanfängern (PB-LRS). In W. Schneider, H. Marx & M. Hasselhorn (Hrsg.), Diagnostik von Rechtschreibleistungen und –kompetenz (Kap. 2, S. 7-43). Göttingen: Hogrefe.

Beutel, S.-I. & Hinz, R. (2008). Schulanfang im Wandel. Selbstkonzepte der Kinder als pädagogische Aufgabe. Berlin: LIT Verlag Dr. W. Hopf.

Blatt, I. & Voss, A. (2005). Leseverständnis und Leseprozess. Didaktische Überlegungen zu ausgewählten Befunden der IGLU-/IGLU-E-Studien. In W. Bos, E.-M. Lankes, M. Prenzel, K. Schwippert, R. Valtin, G. Walther (Hrsg.), IGLU: Vertiefende Analysen zu Leseverständnis, Rahmenbedingungen und Zusatzstudien (Kap. VII, S. 239-281). Münster: Waxmann.

Bortz, J. (2005). Statistik für Human- und Sozialwissenschaftler, 6. Auflage. Heidelberg: Springer.

Bortz, J. & Döring, N. (2006). Forschungsmethoden und Evaluation für Human- und Sozialwissenschaftler, 4. Auflage. Heidelberg: Springer Medizin Verlag.

Bos, W., Lankes, E.-M., Schwippert, K., Valtin, R., Voss, A. , Badel, I. & Plaßmeier, N.
(2003). Lesekompetenzen deutscher Grundschülerinnen und Grundschüler am Ende der vierten Jahrgangsstufe im internationalen Vergleich. In W. Bos, E.-M. Lankes, M. Prenzel, K. Schwippert, G. Walther & R. Valtin (Hrsg.), Erste Ergebnisse aus
IGLU. Schülerleistungen am Ende der vierten Jahrgangsstufe im internationalen
Vergleich (Kap. IV, S. 69-142). Münster: Waxmann.

Bos, W., Pietsch, M. & Stubbe, T. C. (2006). Regionale, nationale und internationale
Einordnung der Lesekompetenz und weiterer Schulleistungsergebnisse Hamburger
Kinder am Ende der Grundschulzeit. In W. Bos & M. Pietsch (Hrsg.), KESS 4 – Kompetenzen und Einstellungen von Schülerinnen und Schülern am Ende der Jahrgangsstufe 4 in Hamburger Grundschulen (Kap. IV, S. 57-86). Münster: Waxmann.

Bos, W., Valtin, R., Hornberg, S., Buddeberg, I., Goy, M. & Voss, A. (2007). Internationaler
Vergleich 2006: Lesekompetenzen von Schülerinnen und Schülern am Ende der
vierten Jahrgangsstufe. In W. Bos, S. Hornberg, K.-H. Arnold, G. Faust, L. Fried,
E.-M. Lankes, K. Schwippert & R. Valtin (Hrsg.), IGLU 2006. Lesekompetenzen von
Grundschulkindern in Deutschland im internationalen Vergleich (Kap. V, S. 109-
160). Münster: Waxmann.

Bos, W., Schwippert, K. & Stubbe, T. C. (2007). Die Koppelung von sozialer Herkunft und
Schülerleistung im internationalen Vergleich. In W. Bos, S. Hornberg, K.-H. Arnold,
G. Faust, L. Fried, E.-M. Lankes, K. Schwippert & R. Valtin (Hrsg.), IGLU 2006. Lese-
kompetenzen von Grundschulkindern in Deutschland im internationalen Vergleich
(Kap. VIII, S. 225-247). Münster: Waxmann Verlag.

Bühner, M. (2004). Einführung in die Test- und Fragebogenkonstruktion. München:
Pearson Studium.

Chapman, J.W. & Tunmer, W.E. (1995). Development of Young Children´s Reading Self-
Concepts: An Examination of Emerging Subkomponents and Their Relationship
With Reading Achievement. In Journal of Educational Psychology, Vol. 87, No. 1,
154-167.

Chapman, J. W. & Tunmer, W. E. (1997). A longitudinal study of beginning reading
achievement and reading self-concept. In British Journal of Educational Psychology,
67, 279-291.

Chapman, J. W., Tunmer, W. E. Prochnow, J.E. (2000). Early Reading-Related Skills and Performance, Reading Self-Concept, and the Development of Academic Self-Concept: A Longitudinal Study. In Journal of Educational Psychology, Vol. 92, No. 4, 703-708.

Clauß, G., Finze, F.-R. & Partzsch, L. (2002). Statistik für Soziologen, Pädagogen, Psychologen und Mediziner, 4. Auflage. Frankfurt am Main: Wissenschaftlicher Verlag Harri Deutsch.

Cattell, R.B., Weiß, R. H. & Osterland, J. (1997). Grundintelligenztest Skala 1 (CFT 1), 5. rev. Auflage. Göttingen: Hogrefe.

Davis-Kean, P. E. & Sandler, H. M. (2001). A Meta-Analysis of Measures of Self-Esteem for Young Children: A Framework for Future Measures. In Child Development, Volume 72, Nr. 3, 887-906.

Dehn, M. (2006). Zeit für die Schrift, Bd. I. Lesen lernen und Schreiben können. Berlin: Cornelsen Scriptor.

Deusinger, I. M. (1986). Die Frankfurter Selbstkonzeptskalen (FSKN). Göttingen: Hogrefe.

Eccles, J., Wigfield, A., Harold, R.D. & Blumenfeld, P. (1993). Age and gender differences in children's self- and task perceptions during elementary school. In Child Development, 64, 830-847.

Eder, R. A. (1989). The emergent personologist: The structure and content of 3 ½, 5 ½, and 7 ½-year olds' concepts of themselves and other persons. In Child Development, 60, 1218-1228.

Eder, R. A. (1990). Uncovering young children's psychological selves: Individual and developmental differences. In Child Development, 61, 849-863.

Eisenberg, P. (2004). Grundriss der deutschen Grammatik. Bd. 1: Das Wort (Kap. 2-4, S. 40-149), 2. Auflage. Stuttgart: Verlag J. B. Metzler. Europäische Kommision (Hrsg.) (1999). Lesenlernen in der Europäischen Union. Studien. Luxemburg: Europäische Gemeinschaften.

Faber, G. (1992). Bereichspezifische Beziehungen zwischen leistungsthematischen Schülerselbstkonzepten und Schulleistungen. In Zeitschrift für Entwicklungspsychologie und Pädagogische Psychologie, 24, 66-82.

Fend, H. (1997). Schulleistung und Fähigkeitsselbstbild – Universelle Beziehungen oder kontextspezifische Zusammenhänge? Literaturüberblick. In F. E. Weinert & A. Helmke (Hrsg.), Entwicklung im Grundschulalter (Kap. XI, S.361-371). Weinheim: Beltz.

Filipp, S.-H. & Mayer, A.-K. (2005). Selbstkonzept-Entwicklung. In J. B. Asendorpf (Hrsg.). Soziale, emotionale und Persönlichkeitsentwicklung: Enzyklopädie der Psychologie, Themenbereich C, Serie V, Band 3, (Kap. V, S. 259-334). Göttingen: Hogrefe.

Fisseni, H.-J. (2004). Lehrbuch der psychologischen Diagnostik, 3. Auflage. Göttingen: Hogrefe.

Fried, L. (2004). Expertise zu Sprachstanderhebungen für Kindergartenkinder und Schulanfänger. Eine kritische Betrachtung. Deutsches Jugendinstitut. http://cgi.dji.de/bibs/271_2232_ExpertiseFried.pdf.

Frühauf, S. (2008). Bereichsspezifische schulische Selbstkonzepte bei Grundschulkindern. Operationalisierung und Validierung eines hypothetischen Konstrukts. Hamburg: Verlag Dr. Kovac`'.

Fuhrer, U., Marx, A., Holländer, A. & Möbes, J. (2000). Selbstbildentwicklung in Kindheit und Jugend. In W. Greve (Hrg.), Psychologie des Selbst (S. 39-57). Weinheim: Beltz.

Fürntratt, E. (1969). Zur Bestimmung der Anzahl interpretierbarer gemeinsamer Faktoren in Faktorenanalysen psychologischer Daten. In Diagnostica, 15, 62-75.

Gibson, E. J. & Levin, H. (1980). Die Psychologie des Lesens, 1. Auflage. Stuttgart: Klett.

Greve, W. (2000). Die Psychologie des Selbst – Konturen eines Forschungsthemas. In W. Greve (Hrsg.), Psychologie des Selbst (S. 15-36). Weinheim: Beltz.

Groeben, N. (2002). Zur konzeptuellen Struktur des Konstrukts „Lesekompetenz". In N. Groeben & B. Hurrelmann (Hrsg.), Lesekompetenz. Bedingungen, Dimensionen, Funktionen (S. 11-24). Weinheim und München: Juventa.

Guay, F., Marsh, H.W. Boivin, M. (2003). Academic Self-Concept and Academic Achievement: Developmental Perspectives on Their Causal Ordering. In Journal of Educational Psychology, Vol. 95, No. 1, 124–136.

Günther, K. B. (1995). Ein Stufenmodell der Entwicklung kindlicher Lese- und Schreibstrategien. In H. Balhorn & H. Brügelmann (Hrsg.), Rätsel des Schriftspracherwerbs. Neue Sichtweisen aus der Forschung (S. 98-121). Lengwil am Bodensee: Libelle.

Hannover, B. (1997). Das dynamische Selbst. Die Kontextabhängigkeit selbstbezogenen Wissens. Bern: Hans Huber.

Harter, S. (1983). Developmental perspectives on the self-system. In P. H. Mussen (Editor) & E. M. Hetherington (Volume Editor), Handbook of child psychology: Vol 4. : Socialization, personality, and social development (pp. 275-386). New York: Wiley.

Harter, S. (1999). The construction of the self: A developmental perspective. New York: The Guilford Press.

Harter, S. & Pike, R. (1984). The Pictorial Scale of Perceived Competence and Social Acceptance for Young Children. In Child Development, 55, 1969-1982.

Hasselhorn, M., Marx, H. & Schneider, W. (2003). Deutschsprachige Tests zur Erfassung von lern- und leistungsbezogenen Parametern der Motivation und des Selbstkonzepts bei Kindern und Jugendlichen. In J. Stiensmeier-Pelster & F. Rheinberg (Hrsg.), Diagnostik von Motivation und Selbstkonzept. Tests und Trends, Band 2, (S. 297-301). Göttingen: Hogrefe.

Heckhausen, H. (1989). Motivation und Handeln, 2. Auflage. Berlin Heidelberg: Springer Verlag.

Helmke, A. (1992). Selbstvertrauen und schulische Leistungen. Göttingen: Hogrefe.

Helmke, A. (1997). Entwicklung lern- und leistungsbezogener Motive und Einstellungen. Ergebnisse aus dem SCHOLASTIK-Projekts. In F. E. Weinert & A. Helmke (Hrsg.), Entwicklung im Grundschulalter (Kap. III, S. 59-76). Weinheim: Beltz.

Helmke, A. (1998). Vom Optimisten zum Realisten? Zur Entwicklung des Fähigkeitsselbstkonzeptes vom Kindergarten bis zur 6. Klassenstufe. In F. E. Weinert (Hrsg.), Entwicklung im Kindesalter (Kap. VI, S.115-132). Weinheim: Beltz.

Helmke, A. und van Aken, M. A. G.(1995).The Causal Ordering of Academic Achievement and Self-Concept of Ability During Elementary School: A Longitudinal Study. In Journal of Educational Psychology, Vol. 87, No. 4, 624-637.

Hörmann, H.-J. (1985). Selbstbeschreibungsfragebogen SDQ-III-G. In R. Schwarzer (Hrsg.), (1986), Skalen zur Befindlichkeit und Persönlichkeit (Forschungsbericht 5, S. 47-83). Berlin: FU, Institut für Psychologie.

Hurrelmann, B. (2002). Prototypische Merkmale der Lesekompetenz. In N. Groeben & B. Hurrelmann (Hrsg.), Lesekompetenz. Bedingungen, Dimensionen, Funktionen (S. 275-288). Weinheim und München: Juventa.

James, W. (1890). The principles of psychology, Vol. 1, (pp. 291-401). New York: Henry Holt & Co.

Kammermeyer, G. & Martschinke, S. (2004). KILIA – Selbstkonzept- und Leistungsent-wicklung im Anfangunterricht. In G. Faust, M. Götz, H. Hacker & H.-G. Rossbach (Hrg.), Anschlussfähige Bildungsprozesse im Elementar- und Primarbereich (S. 204-217). Bad Heilbrunn/Obb: Verlag Julius Klinkhardt.

Kaufmann, A. (2007) Merkmale und Einstellungen von Schülern. In H. Ditton (Hrsg.), Kompetenzaufbau und Laufbahnen im Schulsystem. Ergebnisse einer Längsschnitt-untersuchung an Grundschulen (Kap. 5, S. 117-143). Münster: Waxmann.

Krampen, G. (1991). FKK Fragebogen zu Kompetenz- und Kontrollüberzeugungen. Göttingen: Hogrefe.

Kirschhock, E.-M. (2003). Die Entwicklung schriftsprachlicher Kompetenzen im ersten Schuljahr. Dissertation, Universität Erlangen-Nürnberg, Erziehungswissenschaftli-che Fakultät. http://deposit.ddb.de/cgi-bin/dokserv?idn=972033114.

Köller, O., Klemmert, H., Möller, J. & Baumert, J. (1999). Eine längsschnittliche Überprü-fung des Modells des Internal/External Frame of Reference. In Zeitschrift für Päda-gogische Psychologie, 13 (3), 128-134.

Lankes, E.-M., Bos, W., Mohr I., Plaßmeier, N., Schwippert, K., Sibberns, H. & Voss, A. (2003). Anlage und Durchführung der Internationalen Grundschul-Lese-Untersuchung (IGLU) und ihrer Erweiterung um Mathematik und Naturwissen-schaften (IGLU-E). In W. Bos, E.-M. Lankes, M. Prenzel, K. Schwippert, R. Walter & R. Valtin (Hrsg.), Erste Ergebnisse aus IGLU. Schülerleistungen am Ende der vierten Jahrgangsstufe im internationalen Vergleich (Kap. II, S. 7-28). Münster: Waxmann.

Lenhard, W. & Schneider, W. (2006). Ein Leseverständnistest für Erst- bis Sechstklässler: ELFE 1-6. Göttingen: Hogrefe.

Leseman, P. P. M. & de Jong, P. F. (2004). Förderung von Sprache und Präliteralität in Familie und (Vor-)Schule. In G. Faust, M. Götz, H. Hacker & H.-G. Rossbach (Hrg.), Anschlussfähige Bildungsprozesse im Elementar- und Primarbereich (S. 168-189). Bad Heilbrunn/Obb: Verlag Julius Klinkhardt.

Lienert, G. A.& Raatz, U. (1998). Testaufbau und Testanalyse, 6. Auflage. Weinheim: Beltz.

Markus, H. & Wurf, E. (1987). The dynamic self-concept: A social psychological perspective. In Annual Review of Psychology, 38, 299-337.

Martschinke, S. & Frank, A. (2002). Wie unterscheiden sich Schüler und Schülerinnen in Selbstkonzept und Leistung am Schulanfang? Erste Ergebnisse aus dem Kooperationsprojekt Identitäts- und Leistungsentwicklung im Anfangsunterricht KILIA. In F. Heinzel & A. Prengel (Hrsg.), Heterogenität, Integration und Differenzierung in der Primarstufe (S. 191-197). Opladen: Leske + Budrich.

Martschinke, S., Kammermeyer, G., Frank, A. & Mahrhofer, C. (2002). Heterogenität im Anfangsunterricht – Welche Voraussetzungen bringen Schulanfänger mit und wie gehen LehrerInnen damit um? In Berichte und Arbeiten aus dem Institut für Grundschulforschung, Nr. 101. Erlangen-Nürnberg: Institut für Grundschulforschung, Universität Erlangen-Nürnberg.

Martschinke, S., Kirschhok, E.-M. & Frank, A. (2001). Der Rundgang durch Hörhausen. Das Nürnberger Erhebungsverfahren zur phonologischen Bewusstheit. Donauwörth: Auer Verlag.

Marsh, H. W. (1986). Negative item bias in rating scales for preadolescent children: A cognitive-developmental phenomenon. In Developmental Psychology, 22, 37-49.

Marsh, H. W. (1989). Age and sex effects in multiple dimensions of self-concept: Preadolescence to early adulthood. In Journal of Educational Psychology, 81, 417-430.

Marsh, H. W. (1990). Causal ordering of academic self-concept and academic achievement: A multiwave, longitudinal panel analysis. In Journal of Educational Psychology, 82, 646-656.

Marsh, H.W. & Hau, K.-T. (2004). Explaining Paradoxical Relations Between Academic Self-Concepts and Achievements: Cross-Cultural Generalizability of the Internal/External Frame of Reference Predictions Across 26 Countries. In Journal of Educational Psychology, Vol. 96, No. 1, 56–67.

Marsh, H.W. & Köller, O. (2003). Bringing together two theoretical models of relations between academic self-concept and achievement. In H. W. Marsh, R. G. Graven & D. N. McInerney (Ed.), International Advances in Self Research (pp. 17-47). Greenwich, Connecticut: IAP Information Age Puplishing.

Marsh, H. W, Byrne, B. M. & Shavelson, R. J. (1988). A Multifaceted Academic Self-Concept: Its Hierarchical Structure and Its Relation to Academic Achievement. In Journal of Educational Psychology, Vol. 80, No. 3, 366-380.

Marsh, H.W., Debus, R. & Graven, R.G. (1991). Self-Concepts of Young Children 5 to 8 Years of Age:Measurement and Multidimensional Structure. In Journal of Educational Psychology, Vol. 83, No. 3, 377-392.

Marsh, H.W., Debus, R. & Graven, R.G. (1998). Structure, stability, and development of young children´s self-concepts: A multicohort-multioccasion study. In Child Development, 69, 1030-1053.

Marsh, H., Ellis, L. & Graven R. (2002). How do Preschool children feel about themselves? Unraveling measurement and multidimensional Self-Concept Structure. In Developmental Psychology, Vol. 38, No. 3, 376-393.

Marx, H. (1998). KNUSPEL-L. Knuspels Leseaufgaben. Göttingen: Hogrefe.

Marx, H. (2004). Vorhersage von Lese-Rechtschreibschwierigkeiten und Konsequenzen für den Vor- und Grundschulbereich. In G. Faust, M. Götz, H. Hacker & H.-G. Rossbach (Hrsg.), Anschlussfähige Bildungsprozesse im Elementar- und Primarbereich (S. 90-104). Bad Heilbrunn/Obb: Verlag Julius Klinkhardt.

Marx, H., Jansen, H. & Skowronek, H. (2000). Prognostische, differentielle und konkurrente Validität des Bielefelder Screenings zur Früherkennung von Lese-Rechtschreibschwierigkeiten (BISC). In M. Hasselhorn, W. Schneider & H. Max (Hrsg.), Diagnostik von Lese-Rechtschreibschwierigkeiten (S. 9-34). Göttingen: Hogrefe.

Marx, P. & Schneider, W. (2000). Entwicklung eines Tests zur phonologischen Bewusstheit im Grundschulalter. In M. Hasselhorn, W. Schneider & H. Max (Hrsg.), Diagnostik von Lese- Rechtschreibschwierigkeiten (S. 91-114). Göttingen: Hogrefe.

Metze, W. (2005). Stolperwörter-Lesetest. www.lesetest1-4.de.

Mielke, R. (1984). Lernen und Erwartung. Zur Selbst-Wirksamkeits-Theorie von Albert Bandura. Bern: Verlag Hans Huber.

Mielke, R., Goy, M. & Pietsch, M. (2006). Das Leseselbstkonzept am Ende der Grundschulzeit. In W. Bos & M. Pietsch (Hrsg.), KESS 4 – Kompetenzen und Einstellungen von Schülerinnen und Schülern am Ende der Jahrgangsstufe 4 in Hamburger Grundschulen (Kap. V, S. 87-109). Münster: Waxmann.

Möller, J. & Köller, O. (2004). Die Genese akademischer Selbstkonzepte: Effekte dimensionaler und sozialer Vergleiche. In Psychologische Rundschau, 55 (1), 19-27.

Möller, J. & Schiefele, U. (2004). Motivationale Grundlagen der Lesekompetenz. In U. Schiefele, C. Artelt, W. Schneider & P. Stanat (Hrsg.), Struktur, Entwicklung und Förderung von Lesekompetenz (S. 101-124). Wiesbaden: VS Verlag für Sozialwissenschaften.

Morys, R. (2007). Die Leistungsselbstsicht von Grundschulkindern im Beziehungsgeflecht von Schule und Elternhaus. Schwerpunkt Leseleistung. Hamburg: Verlag Dr. Kovač.

Mummendey, H.D. (2006). Psychologie des „Selbst". Theorien, Methoden und Ergebnisse der Selbstkonzeptforschung. Göttingen: Hogrefe.

Mummendey, H.D. & Grau, I. (2008). Die Fragebogenmethode 5. Auflage. Göttingen: Hogrefe.

Mücke, S. (2008). Das schulische Selbstkonzept von Grundschulkindern im Anfangsunterricht – Pilotierung eines bildbasierten Testverfahrens im BLK-Modellprojekt FörMig plus Brandenburg. In J. Ramseger & M. Wagener (Hrsg.), Chancenungleichheit in der Grundschule. Ursachen und Wege aus der Krise (S. 121-124). Wiesbaden: VS, Verl. für Sozialwissenschaften.

Newman, R. S. (1984). Children's achievement and self-evaluations in mathematics: A longitudinal study. In Journal of Educational Psychology, 76, 857-873.

Pekrun, R. (1983). Schulische Persönlichkeitsentwicklung. Frankfurt: Lang.

Pekrun, R. (1987). Die Entwicklung leistungsbezogener Identität bei Schülern. In H. P. Frey & K. Haußer (Hrsg.), Identität, Entwicklungen psychologischer und soziologischer Forschung (S. 43-57). Stuttgart: Enke.

Pekrun, R. (1997). Schulleistung und Fähigkeitsselbstbild – Universelle Beziehungen oder kontextspezifische Zusammenhänge? Kommentar. In F. E. Weinert & A. Helmke (Hrsg.), Entwicklung im Grundschulalter (Kap. X, S. 351-358). Weinheim: Beltz.

Poerschke, J. (1999). Anfangsunterricht und Lesefähigkeit. Münster: Waxmann.

Pohlmann, B., Möller, J. & Streblow, L. (2006). Zur Bedeutung dimensionaler Aufwärts- und Abwärtsvergleiche. In Zeitschrift für Pädagogische Psychologie, 20 (1 / 2), 19-25.

Prücher, F. (2002). Selbstkonzepte von Grundschulkindern. Eine empirische Untersuchung über das Selbstkonzept sozialer Integration und das Selbstkonzept allgemeiner Fähigkeiten von Kindern der ersten Grundschulklasse. Osnabrück: Der andere Verlag.

Rauer, W., & Schuck K.D., (2004). FEESS 1-2. Fragebogen zur Erfassung emotionaler und sozialer Schulerfahrungen von Grundschulkindern erster und zweiter Klassen. Göttingen: Beltz.

Rosenberg, M. (1965). Society and the adolescent self-image. Princeton, New Jersey: Princeton University Press.

Rosenberg, M. & Kaplan, H. B. (1982). Social Psychology of the self-concept. Arlington Heights, Illinois: Harlan Davidson, Inc.

Rosenberg, M. J. & Hovland, C. I. (1969). Cognitive, affective, and behavioral components of Attitudes. In C. I. Hovland & M. J. Rosenberg (Eds.), Attitude organisation and change, 4. printing, (pp. 1-15). New Haven and London: Yale University Press.

Rost, D. H. & Lamsfuss, S. (1992). Entwicklung und Erprobung einer ökonomischen Skala zur Erfassung des Selbstkonzepts schulischer Leistungen und Fähigkeiten (SKSLF). In Zeitschrift für Pädagogische Psychologie, 6, 239-250.

Rost, D.H., Dickhäuser, O., Sparfeldt, J. R. & Schilling, S. R. (2004). Fachspezifische Selbstkonzepte und Schulleistungen im dimensionalen Vergleich. In Zeitschrift für Pädagogische Psychologie, 18 (1), 43-52.

Schneider, W., Brügelmann, H. & Kochan, B. (1995). Lesen- und Schreibenlernen in neuer Sicht: Vier Perspektiven auf den Stand der Forschung. In H. Balhorn & H. Brügelmann (Hrsg.), Rätsel des Schriftspracherwerbs. Neue Sichtweisen aus der Forschung (S. 98-121). Lengwil am Bodensee: Libelle.

Schnell, R., Hill, P. B. & Esser, E. (2008). Methoden der empirischen Sozialforschung, 8. Auflage. München: Oldenbourg.

Shavelson, R. J. & Bolus, R. (1982). Self-Concept: The Interplay of Theory and Methods. In Journal of Educational Psychology, Vol. 74, No. 1, 3-17.

Shavelson, R. J., Hubner, J. J. & Stanton, G. C. (1976). Self-Concept: Validation of Construct Interpretations. In Review of Educational Research, 46, 407-441.

Skaalvik, E. M. & Rankin, R. J. (1990). Math, Verbal, and General Academic Self-Concept: The Internal/External Frame of Reference Model and Gender Differences in Self-Concept Structure. In Journal of Educational Psychology, Vol. 82, No. 3, 546-554.

Skowronek, H. & Marx, H. (1989). Die Bielefelder Längsschnittstudie zur Früherkennung von Risiken der Lese-Rechtschreibschwäche. In Heilpädagogische Forschung, 15, 38-49.

Schneider, W. (2004). Frühe Entwicklung von Lesekompetenz: Zur Relevanz vorschulischer Sprachkompetenzen. In U. Schiefele, C. Artelt, W. Schneider & P. Stanat (Hrsg.), Struktur, Entwicklung und Förderung von Lesekompetenz. Vertiefende Analysen im Ramen von PISA 2000 (S. 13-36). Wiesbaden: VS Verlag für Sozialwissenschaften.

Stipek, D. J., & Mac Iver, D. (1989). Developmental change in children's assessment of intellectual competence. In Child Development, 60, 521-538.

Schneider, W. (2002). Schulleistungen im Bereich der muttersprachlichen Bildung. In F. E. Weinert (Hrsg.), Leistungsmessungen in Schulen, 2. Auflage, (Kap. 10, S. 143-152). Weinheim und Basel: Beltz.

Schöne, C., Dickhäuser, O., Spinath, B. & Stiensmeier-Pelster, J. (2002). Skalen zur Erfassung des schulischen Selbstkonzepts (SESSKO). Göttingen: Hogrefe.

Schöne, C., Dickhäuser, O., Spinath, B. & Stiensmeier-Pelster, J. (2003). Das Fähigkeitsselbstkonzept und seine Erfassung. In J. Stiensmeier-Pelster & F. Rheinberg (Hrsg.), Diagnostik von Motivation und Selbstkonzept (S. 3-14). Göttingen: Hogrefe.

Schwarzer, R. & Jerusalem, R. (2002). Das Konzept der Selbstwirksamkeit. In Jerusalem, M. & Hopf, D. (Hrsg.), Zeitschrift für Pädagogik, 44. Beiheft. Selbstwirksamkeit und Motivationsprozesse in Bildungssituationen. Weinheim und Basel: Beltz.

Schwippert, K., Bos, W. & Lankes E.-M. (2003). Heterogenität und Chancengleichheit am Ende der vierten Jahrgangsstufe im internationalen Vergleich. In W. Bos, E.-M. Lankes, M. Prenzel, K. Schwippert, R. Walter & R. Valtin (Hrsg.), Erste Ergebnisse aus IGLU. Schülerleistungen am Ende der vierten Jahrgangsstufe im internationalen Vergleich (Kap. II, S. 243-260). Münster: Waxmann.

Spinath, B. (2004). Determinanten von Fähigkeitsselbstwahrnehmungen im Grundschulalter. In Zeitschrift für Entwicklungspsychologie und Pädagogische Psychologie, 36 (2), 63-68.

Stipek, D. & Mac Iver, D. (1989). Developmental Change in Children´s Assessment of Intellectual Competence. In Child Development, 60, 521-538.

Streblow, I. (2004). Bezugsrahmen und Selbstkonzeptgenese. Münster: Waxmann.

Testkuratorium (2010). TBS-TK. Testbeurteilungssysthem des Testkuratoriums der Föderation Deutscher Psychologenvereinigungen. Revidierte Fassung vom 09. September 2009. In Psychologische Rundschau, 61, Heft 1, 52-56.

Trautwein, U. (2003) Schule und Selbstwert. Münster: Waxmann.

Tomé, G. (2000). Linguistische und psycholinguistische Grundlagen der Orthografie: die Schrift und das Schreibenlernen. In R. Valtin (Hrsg.), Rechtschreiben lernen in den Klassen 1-6. Grundlagen und didaktische Hilfen (S. 12-16). Frankfurt a. M.: Grundschulverband e. V.

Tunmer, W.E., Chapman, J. W. & Prochnow, J.E. (2003). The Structure of Relationships between Language-Related Factors, Achievement-Related Beliefs, Gender and Beginning Reading Achievement: Final Report. Report to the Ministry of Education, New Zealand. www.minedu.govt.nz.

Valtin, R., Bos, W., Buddeberg, I., Goy, M. & Potthoff, B. (2008). Lesekompetenzen von Schülerinnen und Schülern am Ende der vierten Jahrgangsstufe im nationalen und internationalen Vergleich. In W. Bos, S. Hornberg, K.-H. Arnold, G. Faust, L. Fried, E.-M. Lankes, K. Schwippert & R. Valtin (Hrsg.), IGLU-E 2006. Die Länder der Bundesrepublik Deutschland im nationalen und internationalen Vergleich (Kap. IV, S. 51-101). Münster: Waxmann.

Valtin, R., Wagner, C. & Schwippert, K. (2005). Schülerinnen und Schüler am Ende der vierten Klasse – schulische Leistungen, lernbezogene Einstellungen und außerschulische Lernbedingungen. In W. Bos, E.-M. Lankes, M. Prenzel, K. Schwippert, R. Valtin & G. Walther (Hrsg.), IGLU. Vertiefende Analysen zu Leseverständnis, Rahmenbedingungen und Zusatzstudien (Kap. VI, S. 187-238). Münster: Waxmann.

Van Aken, M.A.G., Helmke, A. & Schneider, W. (1997). Selbstkonzept und Leistung – Dynamik ihres Zusammenspiels: Ergebnisse aus dem SCHOLASTIK-Projekt. In F. E. Weinert & A. Helmke (Hrsg.), Entwicklung im Grundschulalter (Kap. X, S. 341-350). Weinheim: Beltz.

Voss, A. & Blatt, I. (2005). Lesetests für die Grundschule. Ein Überblick. In Praxis Deutsch. Heft. 194, 54-59.

Voss, A., Carstensen, C. H. & Bos, W. (2005). Textgattungen und Verstehensaspekte: Analyse von Leseverständnis aus den Daten der IGLU-Studie, In W. Bos, E.-M. Lankes, M. Prenzel, K. Schwippert, R. Valtin, G. Walther (Hrsg.) IGLU: Vertiefende Analysen zu Leseverständnis, Rahmenbedingungen und Zusatzstudien (Kap. I, S. 1-36). Münster: Waxmann.

Wagner, J. W. L. (1977). FSK 4-6 Fragebogen zum Selbstkonzept für 4.-6. Klassen. Weinheim: Beltz.

Weber, A. & Stefanek, J. (1998). Überblick über die Längsschnittstudie LOGIK. In F.E. Weinert (Hrsg.), Entwicklung im Kindesalter (Kap. II, S. 37-52). Weinheim: Beltz.

Weizman, Z. O. & Snow, C. E. (2001). Lexical Input as Related to Children's Vocabulary Acquisition: Effects of Sophisticated Exposure and Support for Meaning. In Developmental Psychology, Vol. 37, No. 2, 265-279.

Wünsche, P. & Schneewind, K. A. (1989). Entwicklung eines Fragebogens zur Erfassung von Selbst- und Kompetenzeinschätzungen bei Kindern (FSK-K). In Diagnostica, 35, 217-235.

Zöller, I., Roos, J. & Schöler H. (2006). Einfluss soziokultureller Faktoren auf den Schriftspracherwerb im Grundschulalter. In A. Schründer-Lenzen (Hrsg.), Risikofaktoren kindlicher Entwicklung. Migration, Leistungsangst und Schulübergang. Wiesbaden: VS Verlag für Sozialwissenschaften.

БАН, (1982), Граматика на съвременния български книжовен език. Том I. Фонетика. София.

Inhaltsverzeichnis des Anhangs im OnlinePLUS Programm

Auf den Anhang im OnlinePLUS-Programm kann unter www.springer.com auf der Produktseite dieses Buchs zugegriffen werden.

|||||||||||||||||||||||||||||||||||||||||||||||||||||||||||||||||||||||||||||||||||||||

The manufacturer's authorised representative in the EU is Springer
Nature Customer Service Centre GmbH, Europaplatz 3, 69115 Heidelberg,
Germany. If you have any concerns regarding our products, please
contact ProductSafety@springernature.com

Printed and bound by CPI Group (UK) Ltd, Croydon, CR0 4YY
27/04/2026
02097662-0002